DuMont Schnellkurs

DEUTSCHE GESCHICHTE

Heinz-Gerd Ries, geboren 1946, studierte Geschichte, Geographie und Politologie. Er leitet als Studiendirektor den Fachbereich Geschichte an einem Kölner Gymnasium. Mehrere Jahre lang hatte er einen Lehrauftrag für Didaktik der Geschichte an der Universität Köln.

ACHTUNG
Sie verlassen jetzt
West-Berlin

DuMont Schnellkurs

DEUTSCHE GESCHICHTE

VON DEN ANFÄNGEN BIS ZUR GEGENWART

Heinz-Gerd Ries

DUMONT

Impressum

Umschlagvorderseite von links nach rechts und von oben nach unten:
Die Proklamierung des Deutschen Kaiserreichs im Spiegelsaal von Versailles am 18. Januar 1871. König Wilhelm I. wird zum deutschen Kaiser ausgerufen (Gemälde von Anton von Werner) / Porträt des Reformators Martin Luther (Gemälde von Lukas Cranach d. Ä., 1528; Foto: picture-alliance/dpa) / Die Porta Nigra in Trier, das nördliche Stadttor der römischen Befestigungsanlagen, 2. Jh. (Foto: picture-alliance/akg-images/Hilbich) / Propagandaplakat der Nationalsozialisten / Die offizielle Feier zur Wiedervereinigung am 3. Oktober 1990 vor dem Berliner Reichstag (picture-alliance/dpa) / Die Germania auf der Wacht am Rhein (Deutsches Historisches Museum, Berlin)

Umschlagrückseite von links nach rechts und von oben nach unten:
Der Einzug der Mitglieder des Vorparlaments in die Frankfurter Paulskirche 1848 (Detail; Foto: picture-alliance/akg-images) / Willy Brandt am 7. Dezember 1970 in Warschau (Foto: picture alliance/dpa)

Frontispiz:
Berlin, das Brandenburger Tor im Oktober 1986 (oben) und im Juni 1999 (unten; Fotos von Armin Lindauer)

Bibliographische Information der Deutschen Bibliothek:
Die Deutsche Bibliothek verzeichnet diese Publikation in der Deutschen Nationalbibliographie; detaillierte bibliographische Angaben sind im Internet über http://dnb.ddb.de abrufbar.

Originalausgabe

Kartographie: Cartomedia, Karlsruhe
Druck: Rasch, Bramsche
Buchbinderische Verarbeitung: Bramscher Buchbinder Betriebe
Printed in Germany
ISBN 3-8321-7625-X

Inhalt

Inhalt

Vorwort

Eingebettet in eine gemeinsame Geschichte Europas und in ihrer durch die Jahrhunderte wechselvollen und vor allem im Mittelalter nicht immer eindeutigen Abgrenzung gegen andere Völker und Staaten, stellt sich die deutsche Nationalgeschichte auch als kompliziert und widersprüchlich dar, wohnt ihr doch in einem hohen Maße sowohl Bewahrendes als auch Zerstörerisches inne.

Wenn Nationen im Allgemeinen das Resultat politischer Entwicklung und gesellschaftlicher Integration sind, dann gilt es im Besonderen für die deutsche Geschichte an folgende wesentliche Prägungen zu erinnern:

- an die Verschmelzung der germanischen mit den romanischen Wurzeln, die die Genese des eigentlichen »deutschen Reiches« zur Folge hatte, in dem das Christentum zur wesentlichen ethisch-kulturellen Kraft wurde;
- an die jahrhundertelangen Auseinandersetzungen zwischen der kaiserlichen Zentralgewalt und den fürstlichen Partikularmächten, die als Ergebnis das bis heute wirkende Element des Föderalismus schufen;
- an die das christliche Abendland sprengende Kraft der Reformation und der so genannten Glaubenskriege, deren zerstörerische Auswüchse nicht nur in einem Dreißigjährigen Krieg mündeten, sondern auch den ›Protestantismus‹ hervorbrachten;
- an die mühsame Ausprägung eines einheitlichen Nationalstaates, in dem ein übersteigerter Patriotismus als bittere Folge den Ausbruch des Ersten Weltkriegs mit provozierte;
- an die verheerenden Folgen des Nationalsozialismus, die nicht nur zu einem beispiellosen Völkermord, sondern auch zu den kolossalen Schäden des Zweiten Weltkriegs führten, an dessen Ende das traumatische Erlebnis der Spaltung stand.

Aber auch hieran ist die deutsche Nation nicht zerbrochen, denn in einer friedlichen Revolution im Osten des geteilten Deutschlands konnte es gelingen, die offensichtlich missbrauchte Ideologie eines ›Sozialismus‹ abzuschütteln und die Wiedervereinigung in einem demokratischen Staat zu erlangen.

Über diese deutsche Geschichte, von ihren Anfängen bis zur Gegenwart, will dieser »Schnellkurs« einen Überblick vermitteln, Orientierungshilfe sein und ein differenziertes Basiswissen verschaffen: Einer stringenten Chronologie verpflichtet, werden die Linien der historischen Entwicklung in thematisch klar gegliederten Kapiteln nachgezeichnet; dass hierbei die Politik- und Ereignisgeschichte strukturell im Vordergrund steht, ergibt sich aus den gegebenen Rahmenbedingungen und den didaktischen Zwängen der Auswahl und Reduktion bekannter Wissensbestände.

Heinz-Gerd Ries

Die Germanen als Gruppe europäischer Völker sind hervorgegangen aus einer gemeinsamen indoeuropäischen Sprachgruppe, deren Herkunftsgebiet wahrscheinlich zwischen Mitteleuropa und Südrussland zu finden ist. Deren Aufsplitterung fand ca. **2000 v. Chr.** statt und führte zur Ausprägung germanischer, keltischer und slawischer Völkergruppen, die sich wiederum aufgliederten in vielfältige Verbände von Kultgemeinschaften, als sie schließlich nach Westen und Süden aufbrachen und sich endlich mit **Beginn unserer Zeitrechnung** als »Germanen« in den Auseinandersetzungen mit dem römischen Imperium profilierten.

Dabei war das Kulturgefälle zwischen dem Römischen Reich und **Germanien** gewaltig, was schon deutlich wird im Fehlen einer Schriftsprache: Bis zur Völkerwanderungszeit beschränkte sich die Schrift auf Runen, Zeichen meist magischen Inhalts. So resultieren die heutigen Kenntnisse über die Germanen fast ausschließlich aus der Interpretation antiker griechischer und römischer Autoren und aus archäologischen Funden.

Wirtschaft und Gesellschaft waren überwiegend agrarisch geprägt. Da der Boden wegen mangelnder technischer Fähigkeiten nur extensiv genutzt werden konnte, ließen die Erträge rasch nach, so dass von Zeit zu Zeit neue Gebiete durch (Brand-)Rodung erschlossen werden mussten. Diese ›erzwungene‹ Mobilität ließ eine über viele Generationen gehende Bewirtschaftung von Höfen nicht zu und führte so sukzessive zur Ausbreitung unzähliger Siedlungsinseln inmitten der weiträumigen Waldgebiete. Die Mobilität begünstigte also die Erschließung des Landes.

Nachbarn im Süden und Westen waren die Kelten (lat.: »galli«), die im Unterschied zu den Germanen über Kultur- und Handelszentren verfügten mit traditionellen Beziehungen zum kulturell hoch entwickelten Mittelmeerraum. Sofern sie auf dem europäischen Festland westlich des Rheins beheimatet waren, wurden sie jedoch im Zuge der Expansion des Römischen Imperiums kurz vor Beginn unserer Zeitrechnung vereinnahmt. In der Zeit der Völkerwanderung wurden die romanisierten Kelten (Romanen) von den Franken unterworfen und als zivilisatorisches Fundament dem aufsteigenden Frankenreich einverleibt.

Die Einbeziehung des ›freien‹ Germanien als Provinz in das **Römische Weltreich** erbrachte eine über Jahrhunderte andauernde politische Stabilität. Zugleich bewirkten **Romanisierung** und **Urbanisierung**, vor allem während der Kaiserzeit nach dem *1. Jh. n. Chr.*, und die damit einhergehende Vereinheitlichung von Lebensform und Kultur im gesamten Reichsgebiet eine tiefgreifende sozio-ökonomische Umgestaltung der germanischen Gesellschaft.

Anders als im ehemals hellenistischen Osten, wo die lange Tradition kommunaler Selbstverwaltung weitgehend bestehen blieb, gründeten die neuen Herren in den westlichen und nördlichen Provinzen ›ihres‹ Weltreiches eine Vielzahl städtischer Zentren, die einerseits Verwaltungs- und Gerichtsmittelpunkt für die ländliche Bevölkerung waren, andererseits auch Vollzugsorgane der übergeordneten römischen Behörden. Die

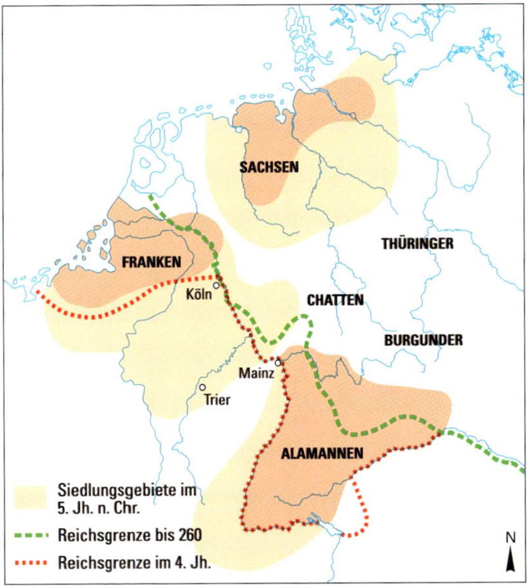

Siedlungsgebiete der Germanen in Nordwesteuropa im 3. und 4. Jh.

Romanisierung ging einher mit dem Verlust germanischer Traditionen, mit der (erzwungenen) Übernahme der lateinischen Sprache und der Angleichung der einheimischen an die römische Rechtsordnung sowie nicht zuletzt mit der Aneignung der zivilisatorischen Standards im Erscheinungsbild von Stadt und Land. Insbesondere die seit dem *4. Jh.* einsetzende ›Vereinheitlichung‹ im religiösen Sinne durch die Erhebung des **Christentums** zur Staatsreligion erbrachte kurz vor dem Zusammenbruch des Römischen Weltreiches ein kulturell zunehmend wichtiger werdendes ethisches Fundament für das sich neu konstituierende, nunmehr wieder ›freie‹ Germanien.

Während sich im deutschen Sprachgebrauch für die dramatische Umbruchzeit zwischen *Antike* und *Mittelalter* der eher verharmlosende Begriff der **Völkerwanderung** eingebürgert hat, finden sich in der französischen und englischen Literatur häufig Beschreibungen dieses Phänomens als »Invasionen von Barbaren« in das Römische Reich. Tatsächlich war ganz Europa von Griechenland bis an die Küsten des Atlantiks zum Aktionsfeld kriegerischer Auseinandersetzungen mit ›Barbaren‹ geworden.

›Völkerwanderungen‹ hatte es auch in vorrömischer Zeit gegeben. Die Ursachen hierfür waren vielfältig: Land- und Existenznot, Klimaschwankungen oder die expansive Politik kriegerischer Nachbarn. Gegen **Ende des 4. Jh.** bahnte sich jedoch mit den aus Innerasien abgedrängten Hunnen eine Katastrophe im Weströmischen Reich an: Die große Völkerwanderung verschiedener Germanenstämme führte zur Gründung eigener Herrschaftsbereiche, die mehr (wie das Reich der Franken) oder weniger (wie das der Vandalen in Nordafrika) lange überdauerten.

Ergebnis des Zusammenbruchs des Weströmischen Reiches war, anders als im Osten, wo der große Zivilisationsschwerpunkt Ostrom bzw. Byzanz noch Jahrhunderte weiterstrahlte, der Kollaps der römischen Reichsstrukturen, der zur Auflösung einer geordneten Verwaltung, zum fast totalen Verlust der Schriftlichkeit und dem Zerfall von Städten mitsamt ihrer baulich-technischen Infrastruktur führte.

Als größtes und stabilstes germanisches Nachfolgereich auf weströmischem Boden erwies sich das Reich der Franken, dessen militärische Mittel ausreichten, um gegen **Ende des 5. Jh.** zunächst unter ihrem König *Chlodwig* aus dem Geschlecht der Merowinger die letzten Reste römisch-politischer Herrschaft in Gallien zu beseitigen, um dann mit Hilfe eines schlagkräftigen Stammesadels ein Großreich zu errichten. Abgesehen von der Tatsache, dass sich die *Franken* eine ihnen kulturell überlegene Bevölkerung unterwarfen, gewannen sie durch den politisch klugen Akt der Taufe von *Chlodwig* und seinem Gefolge vor allem die Macht der Kirche mit ihrer straffen Organisation und dem an ihrer Spitze stehenden gallo-romanischen Adel mit seiner verwaltungstechnischen Kompetenz. Die Kirche, fortan konstitutives Element der fränkischen Herrschaft (als »Reichskirche«), spielte auch die entscheidende Rolle beim Dynastiewechsel **Mitte des 8. Jh.** von den Merowingern zu den Karolingern: Um den Griff nach der Königswürde vor oppositionellen Adelsgruppen zu rechtfertigen, ließ sich *Pippin* selber vom Papst in diesem Amt bestätigen. Umfangreiche Landschenkungen um Rom und Ravenna begründeten im Gegenzug den Kirchenstaat.

Damit begann eine Ära fränkischer Italienpolitik, die, von den deutschen Kaisern fortgesetzt, die ›deutsche‹ Geschichte mit einer großen Hypothek belastete: Die Verteidigung der römischen Kirche wurde eine der Hauptaufgaben des abendländischen Kaisertums. Für *Pippin* selber als »Gesalbten des Herrn« und für die Franken als das »von Gott geschaffene«, das »auserwählte Volk« bedeutete es eine gewaltige Steigerung ihrer Stellung in der Christenheit.

So war nach einer über 200 Jahre andauernden fränkisch-romanischen Integration die Kontinuität einer eigenständigen Staatlichkeit in West- und Mitteleuropa entstanden und die römisch-christliche Tradition aus der Antike in die Geschichte des europäischen Mittelalters eingemündet.

Mit der nun anbrechenden Epoche beginnt auch die eigentliche »deutsche« Geschichte. Bedeutete nämlich das Wort ›deutsch‹ (althochdeutsch: »diutisk«, mittellateinisch: »theodiscus«) im 8. Jh. ›volkssprachlich‹ bzw. ›nichtlateinisch‹, so wuchs diese Sprachbezeichnung bereits im 9. Jh. zum Volksnamen für die Stämme des Ostfrankenreiches (»gens theudisca«, »Teutisci«, »Theodisci« und »Teutonici«). Als geographisch-kulturräumlicher Begriff kommt ›Deutschland‹ im Mittelalter zunächst lediglich als zusammengesetzter Plural vor (»tiutschiu lant«) und wird erst im 15./16. Jh. zu einer Worteinheit.

Grundlagen des Frankenreiches in der Zeit der Karolinger

Die Entwicklung des Reiches unter Karl dem Großen

768–814
Karl der Große

Noch vor seinem Tod hatte *Pippin* das Reich unter seine beiden Söhne aufgeteilt; der ältere, *Karl,* erhielt den nördlichen und westlichen Teil, der jüngere Bruder, *Karlmann,* den Rest im Süden und Südwesten. Da jener aber bereits **771** starb, konnte die Reichseinheit wiederhergestellt werden und *Karl* als Alleinherrscher eine lange Reihe von Feldzügen beginnen, die das Frankenreich zu einer enormen territorialen Ausdehnung führen sollten. Bereits im Sommer **773** zog *Karl* mit einem schlagkräftigen Heer über die Alpen, einem Hilferuf Papst *Hadrians I.* folgend, der vom Langobardenkönig *Desiderius* angegriffen worden war. Nach langer Belagerung erzwang der fränkische König die Übergabe Pavias und die Kapitulation von *Desiderius* **(Juni 774)**, übernahm selbst die Nachfolge als König der Langobarden und führte fortan den Titel »Rex Francorum et Langobardum«. Zugleich erneuerte er die Schenkungen seines Vaters an die Kirche und bestätigte damit seine Stellung als Schutzherr des vom Papst beherrschten Kirchenstaates.

Während ein mit großem Aufwand angesetzter Feldzug nach Spanien zur Rückeroberung der von Arabern besetzten Gebiete **(778)** erfolglos blieb, gelang es *Karl,* die bereits von seinem Großvater begonnene Unterwerfung des rechtsrheinischen Germaniens fortzusetzen und in mehreren, teilweise äußerst brutal geführten Kriegszügen die Sachsen zu unterwerfen. War der erste Feldzug **(772)**, bei dem er einen der bedeutsamsten Kultgegenstände dieses Stammes, die Irminsul, zerstören ließ, nur eine der üblichen Strafexpeditionen zur Sicherung der fränkischen Grenzgebiete, so wurden die späteren Kriege immer grausamer. Vor allem das Strafgericht nach einem Aufstand breiter Volksmassen unter dem legendären westfälischen Adeligen *Widukind* in Verden an der Aller **782** – den Quellen nach sollen 4.500 an *Karl* übergebene Aufständische niedergemetzelt worden sein – schürte weiteren Widerstand der Sachsen, der in jährlichen Feldzügen erst 804 endgültig gebrochen werden konnte.

Bereits 802 hatten die Sachsen die »Lex Saxonum« erhalten, in der sich altes sächsisches Volksrecht mit karolingischem Reichsrecht verband. Mit der »Bekehrung der Heiden« und der erzwungenen Christianisierung erfasste auch eine neue umfassende kirchliche Organisation das Land, sodass die Unterwerfung vollständig war.

Obwohl Bayern bereits durch eine längere christlich-lateinische Bildungstradition geprägt worden war und obwohl es *Karl* 778 Heeresfolge nach Spanien geleistet hatte, geriet dieses Land in den (misstrauischen) Blick des nach Hegemonie im gesamten süddeutschen Raum strebenden *Karl*, da nämlich der bayerische Herzog *Tassilo* mit dem lombardischen Königshaus verschwägert war. Die Androhung militärischer Gewalt reichte jedoch schon: *Tassilo* unterwarf sich 787 dem fränkischen König und trug *Karl* mit der Übergabe seines Zepters sein Herzogtum auf, was dieser ihm dann als Lehen zurückgab.

In verschiedenen Feldzügen gegen die Slawenstämme von Böhmen bis zur Ostsee begnügte *Karl* sich mit Befriedungsmaßnahmen, sodass schließlich ein Kranz slawischer Tributärstaaten vor dem östlichen Reichsgebiet lag. Die Grenze selber

Die Ausweitung des Frankenreiches unter Karl dem Großen

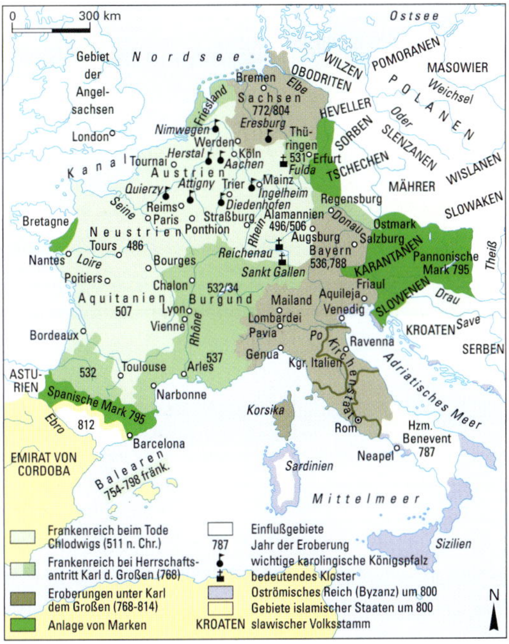

wurde zudem durch Kastelle gesichert, der Handelsverkehr mit den Slawen streng überwacht. Grundsätzlich wurden ohnehin an den besonders gefährdeten Grenzen des Reiches (so auch gegen die Araber) ›Marken‹ mit freien ›Wehrbauern‹ eingerichtet, die besonderen ›Markgrafen‹ unterstanden.

Am Ende hatte *Karl* also alle rechtsrheinischen Germanen seinem Reich eingegliedert; dennoch bildeten diese Gebiete keine politische Einheit, da die Stämme weitgehend ihre Eigenständigkeit bewahrten. Allerdings gewannen sie durch die auf allen Lebensgebieten wirksame fränkische Überschichtung einen kulturellen Gemeinbesitz, der die Voraussetzung für ihr späteres Zusammenwachsen als »deutsches Volk« bildete.

Rekonstruktion eines Mosaiks aus dem Lateranpalast in Rom, dem damaligen Sitz des Papstes. Leo III. hatte dieses Mosaik vor dem Besuch Karls erstellen lassen. Er selber erhält von Petrus das Pallium, das Zeichen höchster geistlicher Macht, Karl der Große die Fahne der Stadt Rom. Die Übersetzung der lateinischen Inschrift lautet: »Heiliger Petrus, gib Papst Leo Leben und König Karl Sieg«.

Höhepunkt der Regierungszeit *Karls des Großen* war sicherlich die Krönung und die Verleihung des Kaisertitels in der Peterskirche zu Rom durch Papst *Leo III.* am 25. **Dezember 800.** Eben jener war selber durch einen Aufstand vertrieben worden und 799 nach Paderborn gereist, um vor Ort *Karl* als Beschützer der römischen Kirche um Hilfe zu bitten. Dieser ließ den Papst unter starkem Schutz nach Rom zurück geleiten; eine Untersuchung wurde durchgeführt und die Verschwörer verhaftet. Als *Karl* im Jahre 800 nach Rom kam, wurden ihm schon beim Empfang kaiserliche Ehren zuteil. Am Weihnachtstage erfolgte dann das Zeremoniell der eigentlichen Krönung, was eine Emanzipation des päpstlichen Rom von Byzanz bedeutete.

Der dadurch hergestellten ›Kaisergleichheit‹ – eine Anknüpfung an das historische Vorbild eines Nebeneinanders von west- und oströmischem Reich – mit dem ›Basileus‹ in Byzanz verlieh *Karl* jedoch nur relativ bescheidenen Ausdruck, was die Staatssymbolik anbetraf. Immerhin sollte sich in der Pfalzkapelle zu Aachen Kaiserliches repräsentieren.

Der byzantinische Kaiser *Michael I.* erkannte schließlich im Vertrag von Aachen 812 die Kaiserwürde *Karls* an. Zunächst hatte man in Byzanz befürchtet, *Karl* werde auch versuchen, sich den Osten zu unterwerfen. Solche Pläne, so weiß sein Biograph *Einhardt* zu be-

Die doppelstöckige Pfalzkapelle in Aachen (790 – 805) nimmt römische und byzantinische Traditionen auf. Marmor und Gold schmücken das Innere, Säulen wurden aus Rom herbeigeschafft und ein Mosaik aus dem königlichen Palast in Ravenna. Das Obergeschoss war dem Kaiser und seinem Gefolge vorbehalten; hier befand sich auch der Thron Karls des Großen.

richten, habe es aber nie gegeben. *Karl* habe immer die Parität mit dem oströmischen Basileus im Auge gehabt. Zwar hatte er mit der Setzung der Devise einer »Renovatio romani imperii« auf seine Kaiserbullen an eine ›Reichserneuerung‹ gedacht, nicht aber an eine Wiederherstellung von Vergangenem. Deshalb ließ *Karl* auch die Reiterstatue *Theoderichs des Großen* von Ravenna nach Aachen überführen, um den germanischen Vorgänger in der Herrschaft über Rom zu ehren.

814–840
Ludwig der Fromme

Bereits 813, ein Jahr vor seinem Tode, hatte *Karl* in Aachen seinen Sohn *Ludwig* zum Mitkaiser gekrönt und damit zum Nachfolger eines ungeteilten König- und Kaisertums bestimmt. *Ludwig* übernahm von seinem Vater ein Reich, das innenpolitisch unfertig, sozial noch unausgewogen und in seiner regionalen und ethnischen Struktur sehr heterogen war.

Deshalb begann *Ludwig* im Sinne des Reichseinheitsgedankens rasch mit einer umfassenden weltlichen und kirchlichen Reformgesetzgebung. Familiäre Streitigkeiten infolge der Erhebung seines ältesten Sohnes *Lothar* zum Mitkaiser (817) und der jüngeren Söhne zu Unterkönigen über Aquitanien und Bayern führten jedoch bald zu lang andauernden und wechselvollen Machtkämpfen, die die Gesamtreichsidee nachhaltig schwächten. Hinzu kamen verlustreiche Einfälle in das Reich durch dänische und normannische Truppen, die den Eindruck erweckten, um die Handlungsfähigkeit des Kaisers sei es schlecht bestellt. Zeitweise galt *Lothar* sogar durch Gottesurteil für abgesetzt **(833)**, dann wurde er jedoch aus taktischen Gründen wieder eingesetzt, um einen Machtausgleich zwischen den drei rivalisierenden Söhnen herzustellen.

Als *Ludwig der Fromme* am 28. Juni **840** in Ingelheim starb, kam es erneut zum offenen Bruderkrieg, der schließlich nach langwierigen Verhandlungen zur Teilung des Frankenreiches im Vertrag von Verdun **(843)** führte. Trotz des Bemühens um eine gemeinsame Politik kam es nicht zu einer dauerhaften Wiedervereinigung der Reichsteile.

Vor allem war das Reichsvolk der Franken nun selbst zerteilt: Während das Mittelreich *Lothars,* das Aachen mit Rom und Italien vereinte, kaum ethnisch-kulturelle Zusammenhänge aufwies und deshalb bald zerfiel, bildeten das ost- und das westfränkische Reich, da sie jeweils überwiegend germanisches bzw. romanisches Volkstum umfassten, die politische Ausgangsbasis für die spätere Entstehung eines »deutschen« und eines »französischen« Volkes.

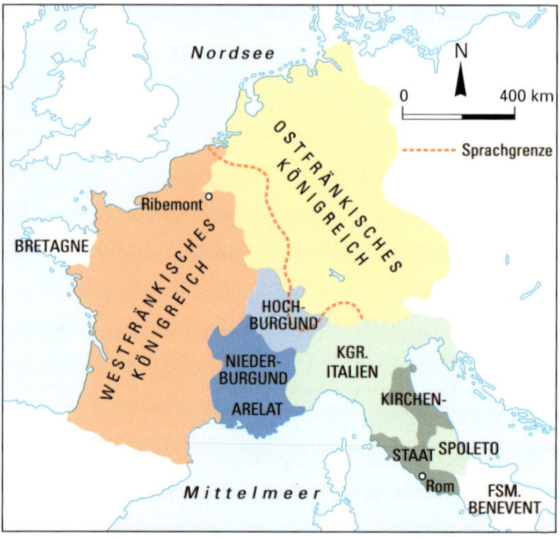

Ostfränkisches und Westfränkisches Reich nach dem Teilungsvertrag von Ribemont im Jahre 880. Die ›Sprachgrenze‹ entspricht in etwa der späteren Trennung zwischen ›Deutschland‹ und ›Frankreich‹.

Exkurs: Die Ausbildung der ›Grundherrschaft‹ im Karolingerreich

Die Grundherrschaft als die das gesamte Mittelalter bestimmende Organisationsform von Wirtschaft und Gesellschaft war ein Abhängigkeitssystem, das sich in Reaktion auf die Belastungen durch die Heeresfolge beinahe zwangsläufig entwickelte: Hatten die germanischen Bauern noch im frühen Mittelalter als ›freie‹ Bauern dem Gebot zum Kriegsdienst nachkommen und neben einer teuren Waffenrüstung auch noch für Helfer aufkommen müssen, die während ihrer Abwesenheit den Hof bewirtschafteten, so überstiegen die hierfür aufzubringenden materiellen Mittel bald die jeweiligen Ressourcen. Viele ›freie‹ Bauern verarmten deshalb und zogen es vor, sich in den »Schutz« eines adeligen Grundherrn zu begeben, der für die zu leistende Heeresfolge einen Ersatzmann stellte.

Dieser Eintritt in die ›Grundherrschaft‹ bedeutete allerdings den Verlust der Freiheit für die gesamte bäuerliche Familie: Der ehemals ›Freie‹ wurde zum »Hörigen«, der von seinem Grundherrn eine Bauernstelle (»Hufe«) zur Bewirtschaftung erhielt und als Gegenleistung (Natural-)Abgaben und (Hand- und Spann-) Dienste zu erbringen hatte. Als Gegenleistung garantierte der Grundherr wiederum Schutz und ggf. Versorgung, gleichzeitig fungierte er jedoch auch als Gerichtsherr.

Diese »Herrschaft über Land und Leute«, die sich überall im ländlichen Mitteleuropa sukzessive seit dem frühen Mittelalter ausbildete, entwickelte sich so zur einzigen Grundlage der Adels- und Königsherrschaft schlechthin. Mit der Durchsetzung der Geldwirtschaft seit dem 12. Jh. wurde es üblich, Abgaben und Dienste durch Geldzahlungen abzugelten, was wiederum zur Konsequenz hatte, dass die Bauern (agrarische) Überschüsse erwirtschaften mussten, die sie auf den Märkten im Umland und in den zu dieser Zeit aufblühenden Städten verkaufen konnten.

Nicht nur der Adel, auch Bischöfe und Klöster gaben Land aus, vor allem im Zusammenhang mit dem früh- und hochmittelalterlichen Landausbau seit dem 8. Jh., in dessen Gefolge sich durch Rodung und Melioration die Anbauflächen und damit die Bevölkerung vervielfachten. Dabei waren die Grundherrschaften durchaus verschieden groß: Es gab kleinere Grundherrschaften, die vom Grundherrn selber vom so genannten Herrenhof bewirtschaftet wurden, auf dem die Hörigen und »Leibeigenen« (auch Mägde und Knechte) ihre »Frondienste« ableisten mussten, aber auch ausgedehnte Grundherrschaften, die aus zahlreichen Dörfern und Hunderten von Menschen bestehen konnten.

Vom Ostfränkischen zum ›Deutschen‹ Reich

843–876 Ludwig II., der Deutsche

Die territoriale und wirtschaftliche Ausgangssituation war in dem *Ludwig dem Deutschen* zugefallenen ostfränkischen Reich nicht die günstigste, standen doch zum einen nur Teile des Rheins als entscheidende Nord-Süd-Verbindung zur Verfügung und war es zum anderen bezogen auf Einwohnerzahl und Fläche den beiden anderen Reichen deutlich unterlegen. Zudem war es ärmer und weniger wirtschaftlich erschlossen.

Andererseits jedoch war die Feudalisierung dieses relativ jungen fränkischen Reichsteiles noch nicht so weit fortgeschritten wie im Westen, sodass es *Ludwig* möglich war, sein Königtum durch Hofkapelle, Urkundenwesen, Kirchenregiment und Gerichtsherrschaft gegenüber dem Adel durchzusetzen. Geschickt taktierend gelang es ihm, die Kräfte des in den jeweiligen Heimatgebieten herrschenden Stammesadels an sich zu binden, indem er sie in wichtige Ämter hob.

Auch wenn die politische Bindung an den Westen noch stark war, da das Reich in seinem ›alten‹ Umfang immer noch als gemeinsames Herrschaftsgebiet des karolingischen Hauses gesehen wurde und es sogar sporadische Zusammenkünfte der drei Herrscher gab (so genannte Frankentage), entwickelte sich ein eigenes ostfränkisches ›Reichsbewusstsein‹, das sich zunehmend auch sprachlich in der Ausbildung einer althochdeutschen, fast ausschließlich geistlichen Literatur artikulierte.

911–918 Konrad I.

Politischer Ausdruck dieses neuen Selbstverständnisses war nach dem Tode *Ludwigs IV.* die Wahl des (ost-)fränkischen Stammesherzogs *Konrad* zum König, statt die karolingische Reichseinheit wiederherzustellen. Zwar setzten sich die Lothringer ab und unterstellten sich der Herrschaft des westfränkischen Karolingers *Karls des Einfältigen*, trotzdem betonte diese Wahl die neue politische Eigenständigkeit.

Die nach dem Tode *Lothars II.* im Vertrag von Meersen (870) erfolgte Aufteilung des Mittelreiches führte zu einer bedeutsamen Verschiebung der Grenze des ostfränkischen Reichs nach Westen. Die jedoch nach dem Tode *Ludwigs II.* eintretende (vorübergehende) Reichsteilung und die anhaltende Unfähigkeit der Könige, die äußeren Feinde (vor allem Ungarn und Normannen) nachhaltig zurückzudrängen, verstärkte in allen Stämmen die führende Stellung bestimmter Adelsfamilien und führte bei den unmittelbar bedrohten Stämmen, den Bayern und Sachsen, zur Ausprägung von starken Stammesherzogtümern.

Die strukturelle Ausprägung ›Deutschlands‹ zwischen dem 10. und 13. Jahrhundert

In dieser Zeit – dem so genannten Hochmittelalter – prägt sich ›Deutschland‹ territorial-politisch und ethnisch-kulturell so entscheidend aus, dass seine hier gewonnenen Konturen über Jahrhunderte dauerhaft sichtbar bleiben. Das gilt vor allem für folgende Aspekte:

Der geschichtliche Handlungsraum der Deutschen wächst zum einen durch die Einbeziehung Lothringens nicht nur nach Westen über die Grenzen des ›alten‹ ostfränkischen Reiches hinaus, sondern zum anderen beträchtlich durch die Expansion nach Osten. In Konkurrenz zu Dänen, Polen und Böhmen gelingt es, die kleineren westslawischen Stammes- und Herrschaftsgebiete zwischen südlicher Ostseeküste und Ostalpen zunächst politisch und kirchlich, dann auch durch eine intensivere Besiedlung kulturell einzubinden.

Hinsichtlich der Verfassungsentwicklung tritt das bis dahin noch mehr oder weniger unentschiedene Ringen des Königtums mit dem nach Eigenherrschaft strebenden Hochadel in ein abschließendes Stadium, da die (Stammes-)Fürsten nicht nur die Bestellung des Königsamtes durch Wahl endgültig durchsetzen, sondern sich zudem durch die Gewinnung königlicher Herrschaftsrechte für ihre Territorien eine politische Mitgestaltung im Reich sichern.

Das Reich unter der Herrschaft der Ottonen

919–936 Heinrich I.

Hatte *Konrad I.* zeit seines Lebens vergeblich versucht, durch ein Bündnis mit der Kirche die Macht der Stammesherzöge zu brechen, so gab er doch kurz vor seinem Tode den entscheidenden Anstoß zur Überwindung des Niedergangs, zum Aufstieg und zur Umwandlung des ostfränkischen in das deutsche Reich der Ottonen: Er bewegte seinen Bruder *Eberhard* zum Verzicht auf die Thronfolge und beeinflusste ihn hin zur Wahl Herzog *Heinrichs von Sachsen,* des stärksten seiner alten Gegner, zum neuen König.

Damit wurde nicht zuletzt einer realen Machtverschiebung Rechnung getragen, denn die Sachsen waren dank der klugen Politik ihres Herzogs *Otto* seit 880 gleichrangig neben die Franken getreten. Als jener 912 starb, vererbte er das Herzogtum an seinen Sohn *Heinrich,* der schließlich trotz anfänglicher Widerstände aus Bayern und Schwaben zum neuen König im ostfränkischen Reich gewählt wurde. Der ›alten‹ Reichseinheit verpflichtet, bemühte sich *Heinrich* sofort, durch militärischen und diplomatischen Druck Lothringen wieder aus dem westfränkischen Reich herauszulösen. Dieses gelang nach längeren Bemühungen 925. Lothringen wurde also, obwohl es keinen Stamm bildete, sondern eine aus der karolingischen Reichsteilung erwachsene historische Einheit war, als fünftes Stammesherzogtum in das deutsche Reich eingegliedert.

Lage und Ausdehnung der deutschen Stammesherzogtümer im 10. Jh.

Gegenüber den Slawenstämmen an der Ostgrenze des Reiches nahm *Heinrich* nach einer Neuorganisation des Heerwesens in Sachsen, bei der er vor allem die Reiterei stärkte, eine offensive Politik auf, unterwarf in rascher Folge alle wesentlichen Nachbarstämme und machte sie, wie zu karolingischer Zeit, tributpflichtig.

Einen legendären Sieg feierte *Heinrich* jedoch am **15. März 933**, als er bei Riade, einem nicht sicher identifizierbaren Ort wohl an der Unstrut, mit einem schlagkräftigen Heer aus Angehörigen aller deutschen Stämme die Ungarn entscheidend besiegte. Vor allem dieser Sieg über den seit Jahren gefürchteten Feind bestätigte und festigte die Stellung *Heinrichs,* auch im Hinblick auf die bereits im September 929 erlassene »Quedlinburger Hausordnung«, in der er die alleinige Nachfolge seines zweitgeborenen Sohnes *Otto* durchgesetzt hatte. Diese ›Hausordnung‹ hatte nämlich in einer entschiedenen Abweichung von der karolingischen Praxis die künftige Unteilbarkeit der deutschen Königsherrschaft festgesetzt. Von den Zeitgenossen letztlich besonders gewürdigt wurde die Sicherung der Nordgrenze durch die Errichtung der dänischen Mark zwischen Eider und Schlei, da hiermit auch die Basis für die Ausbreitung des Christentums nach Norden geschaffen wurde.

Otto I. mit seiner ersten Frau Adelheid und seinem Sohn Otto II. zu Füßen Christi (Elfenbeinschnitzerei als Buchdeckel, um 963)

936–973
Otto I., der Große

Die frühzeitige Designation seines Sohnes *Otto* hatte *Heinrich* kurz vor seinem Tode noch einmal auf einem Hoftag bestätigen lassen, weshalb es nun auch zu einer symbolträchtigen und eindrucksvollen Inthronisierung des neuen Königs in Aachen kam.

Innenpolitisch symbolisierte dieses Zeremoniell in Aachen unmissverständlich die Absicht des jungen *Otto,* die königliche Gewalt nachdrücklich zur Geltung zu bringen, dennoch wurde rasch deutlich, dass dieses nicht ohne Widerstände zu realisieren war. Der Widerstand des auf seine Eigenrechte bedachten Adels kam nicht überraschend. Dass sich jedoch auch Mitglieder seiner eigenen Familie in Aufständen gegen ihn empörten, macht deutlich, dass die Wirren in einem inneren Zusammenhang mit der Einsetzung *Ottos* als alleinigem Thronfolger standen. So musste der junge

Eine der Reichsinsignien, die Kaiserkrone, vermutlich für die Krönung Ottos I. geschaffen

König zunächst Erhebungen seines Halbbruders *Thankmar* (938), dann seines jüngeren Bruders *Heinrich* (939 und 940) niederschlagen. Da jene auch von einzelnen Stammesherzögen unterstützt worden waren, nutzte *Otto* seine Siege, um das Verhältnis von Königtum und Stammesherzogtum neu zu regeln.

Als eine der größten Leistungen *Ottos* in kirchlicher Hinsicht gilt die Verbreitung des Christentums weit nach Osten über die Elbe hinaus, vor allem durch die Gründung mehrerer Bistümer. Überragende Bedeutung hierbei erhielt vor allem das Erzbistum Magdeburg. Im Dom zu Magdeburg ließ *Otto* sich auch beisetzen.

Außenpolitisch war einerseits der Sieg des Königs über die Ungarn am **10. August 955** auf dem Lechfeld südlich von Augsburg ein glänzender von weltgeschichtlicher Bedeutung, da die Ungarn so schwer geschlagen waren, dass sie seßhaft wurden und (christianisiert) in die abendländische Kultur hineinwuchsen. Andererseits war jedoch die Erneuerung des Kaisertums von höherer universaler Bedeutung, blieb doch seitdem der (west-)römische Kaisertitel dem deutschen König vorbehalten. So führte dann der zweite Italienzug *Ottos*, ausgelöst durch einen Hilferuf Papst *Johannes' XII.*, am **2. Februar 962** zu Salbung und Krönung, übrigens auch für seine Frau *Adelheid*.

Ausdrücklich bekundete *Otto* wenige Tage nach seiner Kaiserkrönung, dass er diese als Erneuerung und Fortsetzung der karolingischen Tradition verstand. Deshalb bestätigte er dem Papsttum auch die Schenkungen früherer Zeit. Jedoch verschärften Eroberungen, die *Otto* anlässlich seines dritten Italienzuges

(966–972) in Süditalien anstrebte, das ›Zweikaiserproblem‹ mit Byzanz, das seine territorialen und politischen Ansprüche dort beeinträchtigt sah. Der Konflikt wurde schließlich auf diplomatischem Wege beigelegt, durch die Vermählung von *Ottos* Sohn und Nachfolger mit der Nichte des byzantinischen Kaisers.

973–983
Otto II.

Als sein Vater starb, war *Otto II.* kaum 18 Jahre alt, also verwundert es nicht, dass es bei seinem Machtantritt zu Empörungen im Inneren und zu Grenzunruhen im äußeren Bereich des Reiches kam. Zunächst vor allem beraten von seiner Mutter *Adelheid,* später dann von seiner Frau *Theophano,* brauchte der junge Kaiser volle sieben Jahre, um in Bayern und an der Nord- und Westgrenze seines Reiches seinen Anspruch zu behaupten. Dann jedoch widmete er sich, intensiver und leidenschaftlicher als sein Vater, seinem eigentlichen Interesse: der Italienpolitik.

Auf seinem Zug nach Italien (980–983) hatte er vor allem, entsprechend seinem Selbstverständnis als »Romanorum imperator augustus« – so der neue Kaisertitel, den er seit 982 in bewusster Provokation gegen Byzanz führte –, auch die Eroberung Süditaliens im Blick. Nach katastrophalen Verlusten scheiterte dieses Unternehmen jedoch kläglich. *Otto* starb am 7. Dezember 983 an den Folgen einer Malariaerkrankung und wurde als einziger deutscher Kaiser (in St. Peter) in Rom begraben.

983–1002
Otto III.

Noch wesentlich jünger als sein Vater bei Regierungsantritt war *Otto III.,* der als Dreijähriger am Weihnachtsfest 983 in der Pfalzkapelle *Karls des Großen* gekrönt wurde. Die vormundschaftliche Regierung fiel an seine Mutter *Theophano,* deren umsichtige Reichsleitung jedoch nur von kurzer Dauer war. Kaum 35 Jahre alt, starb sie am 15. Juni 991. Mit dem Übergang der Regentschaft an *Ottos* Großmutter, die mehr als sechzig Jahre alte Kaiserin *Adelheid,* geriet die Königsgewalt in starke Krisen, sodass der junge Kaiser mit der Erlangung seiner Mündigkeit sofort zu militärischen

Mitteln greifen musste, um die Reichsgrenzen im Osten gegen die Slawen zu sichern.

Trotz seiner Jugend widmete er sich schon bald intensiv der von seinem Vater überkommenen Konzeption einer »Renovatio imperii Romanorum«, einer »Erneuerung« des römischen Reiches. Hatte er bereits beim ersten Italienzug (996) seinen Vetter *Brun von Kärnten* als ersten deutschen Papst *(Gregor V.)* inthronisiert, von dem er auch die Kaiserkrone empfing, so machte er beim zweiten Italienzug (997–1000) überdeutlich, welche kaiserliche Macht er gegenüber dem Papsttum ausüben wollte. In ostentativer Ablehnung der früheren Schenkungen an den Kirchenstaat machte er Rom zu seiner Residenz und ließ eine Hofhaltung nach byzantinischem Vorbild organisieren. Ganz im Zeichen seines imperialen Anspruchs stand auch seine Politik den östlichen Nachbarstaaten gegenüber, allerdings mit missionarischer Tendenz und tatkräftiger Unterstützung durch den Papst. Durch die Gründung von Bistümern wurde sowohl Polen als auch Ungarn organisatorisch mit der römischen Kirche verbunden und damit in ein christliches Universalreich konzeptionell einbezogen.

Otto III. überreicht Adalbert von Prag den Bischofsstab und setzt ihn damit in sein Amt ein (Bronzerelief am Dom von Gnesen aus dem 12. Jh.)

Im Inneren des Reiches brachte *Otto* wie sein Vater und sein Großvater konsequent die Herrschaft über die Kirche zur Geltung. Konstituierendes Element war hierbei das von weltlicher Seite (noch) beanspruchte Recht des Königs, durch die Übergabe von Stab und Ring (Investitur) an bestimmte Personen Einfluss zu nehmen auf die Führung von Reichsabteien und Reichsbistümern.

1002–1024
Heinrich II.

Dass das Reich im Inneren gefestigt war, erwies sich nach dem frühen Tod *Ottos III.*, der kinderlos starb und auch keinen Nachfolger designiert hatte. Gegen seine Mitbewerber konnte sich *Heinrich IV. von Bayern*, ein Urenkel *Heinrichs I.*, schnell durchsetzen und somit verhindern, dass das Reich ähnlich wie fast hundert Jahre zuvor auseinanderzufallen drohte.

Christus krönt Kaiser Heinrich II. und seine Frau Kunigunde (Miniatur aus einem Evangelienbuch des frühen 11. Jh.)

In deutlicher Abkehr von der imperialen Politik seines Vorgängers sah *Heinrich* den Schwerpunkt seines Wirkens in Deutschland (die Devise lautete bewusst: »Renovatio regni Francorum«: »Erneuerung des fränkischen Reiches«), gerade weil es zunehmend zu Streitigkeiten in Franken und Böhmen kam. Zwar erlangte auch *Heinrich* auf seinem zweiten Italienzug (1013–1014) am 14. Februar 1014 die Kaiserkrone, der von *Otto III.* eingeleitete Zwist mit dem Papsttum konnte jedoch nicht beigelegt werden. Immerhin beschloss man in gemeinsamer Anstrengung auf einer Synode in Pavia 1022 weitreichende Dekrete für eine Kirchenreform, die in der Folge vor allem die Klöster erfasste.

Die Salier: Kaiser und Papst im Investiturstreit

1024–1039
Konrad II.

Nach dem Aussterben der Dynastie der Liudolfinger im Mannesstamm wurde der fränkische Salier *Konrad,* ein Urenkel *Ottos I.,* zum König gewählt. Nach kirchlicher Krönung und Salbung in Mainz, der Erhebung auf den Stuhl *Karls des Großen* in Aachen und dem üblich gewordenen Umritt durch das Reich empfing der neue König auf seinem ersten Italienzug am **26. März 1027** in Rom die Kaiserkrone.

Abgesehen von kleineren gewaltsamen Auseinandersetzungen im Inneren und im Osten gegen die Polen und die Ungarn ist besonders zu erwähnen, dass *Konrad* das Erbrecht auf Burgund übertragen wurde und er somit nach dem Tode König *Rudolfs III.* (1032) die Insignien des burgundischen Reiches empfing und am 2. Februar 1033 zum burgundischen König erhoben wurde. Seit dieser Zeit ruhte das Kaisertum also auf der dreifachen Königswürde des deutschen Reiches, Italiens und Burgunds. Nach dem Tode seines Vaters *Konrad* hatte der bereits Jahre zuvor designierte Sohn

1039–1056
Heinrich III.

Heinrich keine Schwierigkeiten, die Nachfolge anzutreten. Nach der Anerkennung seiner Königswürde in Deutschland, Italien und Burgund hatte auch er jedoch zunächst diverse Querelen militärisch zu schlichten, vor allem an der Ostgrenze des Reiches.

Zu seinen großen politischen Leistungen zählen vor allem der Ausbau des Kirchenwesens im Siedlungsgebiet der Obodriten, wo aus dem alten Missionsbistum die Diözesen Oldenburg, Mecklenburg und Ratzeburg gebildet wurden, sowie die Schlichtung der Papstwirren auf seinem ersten Italienzug 1046. Auf zwei Synoden in Sutri und Rom setzte er die durch verfeindete römische Adelsfamilien ›bestellten‹ (drei) Päpste ab, berief den (deutschen) Bischof von Bamberg als *Clemens II.* auf den Stuhl Petri und ließ an sich und seiner Gemahlin *Agnes* durch diesen am ersten Weihnachtstag die Kaiserkrönung vornehmen.

Idealtypische Darstellung der ›zwei Gewalten‹: Christus verteilt die Aufgaben an Gleichrangige (französische Buchmalerei aus dem 13. Jh.)

Mit dem Zurückdrängen des Einflusses des römischen Adels auf die Papstwahl fasste endlich auch das kirchliche Reformdenken Fuß in Rom. Da es *Heinrich III.* zudem gelang, bei seinem zweiten Italienzug (1055) die Reichsgewalt gegen Aufstände in Oberitalien endgültig durchzusetzen, konnte am Ende seines Lebens mit Fug und Recht festgestellt werden, dass seine Regierungszeit den Abschluss einer Episode des Aufstiegs in der deutschen Geschichte darstellte. Eingeleitet hatte er vor allem eine bedeutsame Phase der Kirchenreform, die nach der Spaltung in eine »römisch-katholische« und eine »byzantinisch-orthodoxe« Kirche 1054 in der Regierungszeit seines Sohnes in der Machtfrage über die Führung der Reichskirche kulminieren sollte.

1056–1106
Heinrich IV.

Der frühe Tod seines Vaters machte es notwendig, dass für den jungen König *Heinrich IV.* eine längere Vormundschaftsregierung ausgeübt wurde, in der sich das Papsttum entscheidend aus den Bindungen an die Kaisermacht befreien und ebenso die Reichsfürsten ihre Rechte gegenüber dem Königtum erweitern konnten.

›Klassische‹ Darstellung der Investitur: Der König vergibt Lehen an weltliche und geistliche Fürsten (aus der Heidelberger Handschrift des Sachsenspiegels, 13. Jh.)

Nachdem *Heinrich* **1065** persönlich die Regierungsgeschäfte übernommen hatte, zunächst aber durch die Erhebungen von Slawen und Sachsen politisch beschäftigt war, eskalierte die Auseinandersetzung zwischen Rom und dem deutschen König, als mit dem Mönch *Hildebrand* 1073 ein entschiedener Verfechter der Kirchenreform als Papst *Gregor VII.* auf den Stuhl Petri kam.

Als *Heinrich* sich trotz scharfer Warnungen des Papstes in die italienische Kirchenpolitik einmischt und Einfluss auf die Besetzung des vakanten Erzbistums Mailand nimmt, zudem eine Reichsversammlung nach Worms einberuft, auf der die Mehrheit des deutschen Episkopats die Absetzung des Papstes ausspricht, bannt ihn dieser auf einer Synode im **Februar 1076** in Rom. In Form eines Gebetes untersagte *Gregor* dem Kaiser zudem die Regierung in Deutschland und Italien und löste alle Untertanen vom Treueid. Dieses Vorgehen des Papstes, das er in einem Rundschreiben an die Gläubigen begründete, stellte etwas noch nie Dagewesenes dar: Es war das erste Mal, dass der Papst es wagte, den »Gesalbten des Herrn« zu verfluchen.

Wie die Ereignisse im Folgenden zeigten, hatte *Heinrich IV.* seine Machtstellung offensichtlich überschätzt. Um der drohenden Vereinigung von Fürstenopposition und Papsttum zuvorzukommen, sah er sich gezwungen, nach Oberitalien zu ziehen, um durch

Heinrich IV. bittet die Markgräfin Mathilde von Tuszien und den Abt Hugo von Cluny um eine Vermittlung zur Versöhnung mit dem Papst (Buchmalerei, um 1114)

dreitägige Bußleistungen vor der Burg von **Canossa** am **28. Januar 1077** durch den Papst die Absolution erteilt zu bekommen und wieder in die Kirche aufgenommen zu werden. Zwar hatte der König damit seine politische Handlungsfreiheit wiedergewonnen, jedoch hatte er, der noch wenige Monate zuvor die ›Gottunmittelbarkeit‹ seiner Herrschaft verkündet hatte, sich dem Papst als Richter unterworfen.

1106–1125 Heinrich V. *Heinrich V.* hielt zunächst wie sein Vater an einer starken königlichen Machtstellung in der Reichskirche fest, musste sich jedoch bald nach seinem Eingriff in die innersächsischen Verhältnisse einer starken Fürstenopposition gegenübersehen, die seine Truppen in einer Schlacht bei Mansfeld am 11. Februar 1115 vernichtend schlugen. Diese Niederlage bildete die entscheidende Wende in seiner Regierungszeit: Im Kampf zwischen Königtum und Fürstentum war er unterlegen, auch der Episkopat begann sich jetzt von ihm zu trennen.

Lange Beratungen unter maßgeblicher Beteiligung der Fürsten führten schließlich am **23. September 1122** zum **Wormser Konkordat**, in dem *Heinrich V.* zugunsten des Papsttums auf die Investitur mit Ring und Stab verzichtete. Zwar gestand der Papst die Anwesenheit des Königs bei den Wahlen der Bischöfe und Äbte des deutschen Reiches zu, auch eine Mitentscheidung bei zwiespältigen Wahlen. Fakt war aber, dass der König das herkömmliche Reichskirchensystem hatte preisgeben müssen.

Das Verhältnis von Königtum und Reichskirche wurde künftig lehensrechtlich interpretiert, Bischöfe und Reichsäbte waren fortan nur noch Vasallen des Königs.

Auch wenn das Wormser Konkordat insgesamt ein Kompromiss war nach fast fünfzigjähriger Auseinandersetzung, so war doch der moralische Gewinn für das Papsttum nicht zu unterschätzen.

Die Staufer: Mythos einer Dynastie

Als *Heinrich V.* als letzter Salier kinderlos starb und das salische Hausgut an seine staufischen Neffen, den Herzog *Friedrich II. von Schwaben* und dessen Bruder *Konrad,* fiel, schien nach Geblütsrecht die Nachfolge klar zu sein. Da den kirchlichen Kreisen die neue Machtstellung des Schwabenherzogs jedoch zu groß war, arrangierte Erzbischof *Adalbert von Mainz* eine Wahlversammlung der deutschen Fürsten für den 24. August 1125 und lenkte die Wahl auf den (welfischen) Sachsenherzog *Lothar III.* **(1125–1137)**. Zwar erhoben die Parteigänger der Staufer daraufhin *Konrad* zum Gegenkönig, da dieser aber 1135 den Titel wieder ablegte und sich mit *Lothar* versöhnte, schwächten sich die Konflikte zwischen Staufern und Welfen vorübergehend ab. Als jedoch nach *Lothars* Tod nicht dessen welfischer Schwiegersohn, *Heinrich der Stolze,* Herzog von Bayern und Sachsen und zudem Herr eines reichen Hausgutes, sondern eben jener *Konrad* (*Konrad III.,* **1138–1152**) zum deutschen König gewählt wurde – auch hierbei hatte die Kirche nicht unwesentlichen Anteil –, kam es zum offenen Kampf zwischen beiden Dynastien.

Erst nach dem Tode *Konrads,* dessen außenpolitisches Engagement u. a. zur ersten Teilnahme eines deutschen Königs an einem Kreuzzug (dem zweiten, 1147–1149), geführt hatte, kam es zum Ausgleich zwischen den verfeindeten Parteien, da sein Neffe *Friedrich III. von Schwaben,* dessen Mutter *Judith* eng mit den Welfen verwandt war, einhellig von den Fürsten zum König gewählt wurde.

Exkurs: Das Lehnswesen

Das Lehnswesen, das der feudalistischen Gesellschaft des Mittelalters seinen Namen gibt (lat.: »feudum«, Lehen), hat seine Wurzeln zum einen in den ökonomischen und militärischen Zwängen des 8. Jh., als im Frankenreich durch die Bedrohung seitens der Araber und Ungarn schwer bewaffnete berittene Truppen aufgestellt werden mussten, die durch eiserne Rüstungen besonders geschützt waren. Hatte im fränkischen Reich von jeher nach germanischer Tradition noch die allgemeine Wehrpflicht aller freien und waffenfähigen Männer bestanden, so änderten die hohen Aufwendungen für Pferd, Panzerung und Waffen die Lage beträchtlich: Wirksamen und regelmäßigen Kriegsdienst konnte nur der leisten, der über genügende materielle Sicherheit verfügte.

Um für die Kriegszüge also genügend ›Panzerreiter‹ zur Verfügung stellen zu können, gingen die mächtigen Adelsfamilien, aber auch die kirchlichen Herren dazu über, Leute aus ihrem Gesinde mit so viel Land als ›Leihgabe‹ auszustatten, dass diese als ihre Vasallen (lat.: »vassus«, Knecht) regelmäßig Kriegsdienst leisten konnten. Die Vasallen waren also eine Art Berufskrieger, die von ihrem Lehnsherrn Land auf Lebenszeit zur Verfügung gestellt bekamen und diesem dafür gelobten, ihm zu dienen und gehorsam zu sein.

Fränkische Panzerreiter (Buchmalerei aus dem 9. Jh.)

Zum anderen resultiert das Lehnswesen auch aus den neuen staatlichen Aufgaben, die sich seit dem Niedergang des Römischen Reiches mit der erobernden Landnahme ergaben: Das neue fränkisch-karolingische Großreich ließ sich nicht mehr wie ein germanisches Kleinkönigtum durch den König und seine Gefolgsleute regieren. Um fähige (und ergebene) Männer für den Verwaltungsdienst am Königshof gewinnen zu können, mussten die Dienste durch die Vergabe von Land ›bezahlt‹ werden. Geld wie zur heutigen Besoldung eines Beamtenapparates stand nicht zur Verfügung; Quellen des Reichtums waren Ländereien und die Menschen, die diese bearbeiteten. Auch der König ›verlieh‹ also Lehen an Herzöge, Grafen, Bischöfe oder Äbte; diese wiederum konnten einen Teil ihres Lehensbesitzes an Untervasallen weiter verleihen. So ergab sich über die Jahrhunderte ein schwer durchschaubares kompliziertes System als Stufenfolge von Herrschaftsrechten und Vasallenpflichten – weshalb man dieses Staatsgebilde auch als ›Personenverbandsstaat‹ bezeichnet –, konnte doch sogar ein Lehensträger zur gleichen Zeit Vasall zweier Herren sein.

Die Unterwerfung des Vasallen wurde durch den so genannten Handgang besiegelt. Ein Schreiber hält die Vereinbarungen fest.

Immanent in diesem System begründet war natürlich von Beginn an, dass die ›Lehensleute‹, vor allem also die einflussreichen großen Adelsfamilien, danach strebten, über das erhaltene Lehen auf Dauer verfügen zu können, dieses selber in der Familie bzw. Sippe vererbbar zu machen.

In Zeiten einer schwachen Königsherrschaft konnte es dazu kommen, dass nicht nur Lehensrechte an den starken Hochadel abgetreten werden mussten, sondern auch spezifische Königsrechte wie der Burgenbau, die Münzprägung oder die Verleihung von Stadt- und Marktrechten gegen ›Dienste‹ (vor allem in kriegerischer Hinsicht) übertragen wurden.

Dieser kontinuierliche königliche Machtverzicht bildete schließlich die Grundlage zur Ausprägung einer Landesherrschaft von Fürsten über Territorien (Länder), die vor allem seit den **Fürstengesetzen** von **1220** und **1231/32** unter dem staufischen Kaiser *Friedrich II.* nicht mehr rückgängig zu machen war. So konnte in Deutschland der Aufbau eines zentralen einheitlichen Herrschaftsgebietes nicht gelingen.

1152–1190 Friedrich I. Barbarossa

Vordringlichste Aufgabe des neuen Herrschers musste die Wiederherstellung des inneren Friedens und der Ausgleich mit den Welfen sein. Dieses gelang ihm vor allem durch den Erlass mehrerer Landfriedensgesetze, die die Strafen gegen Friedensbrecher gegenüber früheren Friedensordnungen verschärften, und durch die Zuerkennung des Herzogtums Bayern an (den Welfen) *Heinrich den Löwen,* der zudem das Königsrecht der Investitur in den Bistümern Oldenburg, Ratzeburg und Mecklenburg erhielt. Ohnehin in Schwaben begütert, trachtete *Friedrich* auch danach, seine königliche Stellung dadurch zu verstärken, dass er die Königsgut- und Hausmachtpolitik *Konrads III.* weiterführte, denn nur dadurch konnte er über Menschen und Einkünfte verfügen, um Herrschaft im Reich durchzusetzen.

Das Kyffhäuser-Denkmal in Thüringen mit dem sitzenden Kaiser Barbarossa (das Denkmal wurde in Anwesenheit von Kaiser Wilhelm II. am 18. Juni 1896 eingeweiht).

Fast 15 Jahre seiner Amtszeit verbrachte der Kaiser in Italien, wo er auf sechs so genannten Italienzügen vor allem bestrebt war, die alten königlichen Rechte in Oberitalien wiederherzustellen. Dabei ging es nicht um ›ideelle Titel‹, sondern um Steuern und andere Abgaben beträchtlichen Ausmaßes, hatten doch jene lombardischen Städte, nicht zuletzt gefördert durch die Kreuzzugsbewegung, einen enormen wirtschaftlichen Aufschwung erlebt und durch das Fernbleiben der deutschen Könige, die seit Jahrzehnten nur noch sporadisch italienischen Boden betreten hatten, an Autonomie gewonnen, indem sie kurzerhand Reichsrechte und Reichsgüter usurpiert hatten. Nach diversen militärischen Auseinandersetzungen kam es **1183** endgültig zum Friedensschluss, allerdings nur zur Durchsetzung finanziell deutlich reduzierter Kaiserrechte.

Der Mythos, der Kaiser ›Barbarossa‹ nach seinem Tode umgab, der auch in Teilen der neueren Geschichtsschreibung dazu führte, die Regierung *Friedrichs I.* als »Höhepunkt der deutschen Kaiserzeit« einzuschätzen, ist maßgeblich darin begründet, dass der Kaiser während des Dritten Kreuzzugs (1189–1192) gestorben ist.

Kaiser Friedrich I. Barbarossa (in Italien so genannt wegen seiner rotblonden Haare), zwischen seinen Söhnen Heinrich VI. (links) und Friedrich, Herzog von Schwaben (Buchmalerei aus dem 12. Jh.).

Unter der Führung des Sultans *Saladin* hatten türkische Seldschuken im Oktober 1187 Jerusalem und die anderen heiligen Stätten der Christenheit (zurück-)erobert. Die dadurch in Europa wieder aufgeflammte Kreuzzugsbewegung hatte auch *Friedrich* veranlasst, auf dem Mainzer Reichstag im März 1188 zusammen mit anderen Großen »das Kreuz zu nehmen«; die Befreiung des Heiligen Grabes sollte die Krönung seines Lebenswerkes bedeuten. Kurz vor Erreichen Palästinas ertrank der Kaiser jedoch am **10. Juni 1190** im Fluss Saleph im Südosten Kleinasiens. In Erwartung seiner künftigen Wiederkehr als »Retter in schwerer Not« wurde Barbarossa im 19. Jh. zum Nationalmythos.

Die kurze Regentschaft *Heinrichs VI.* **(1190–1197)** war vor allem gekennzeichnet durch die Eroberung des normannischen Königreiches von Sizilien, das nach dem Eintreten des Erbfalls durch den Tod König *Wilhelms II.* (1189) widerrechtlich an den Grafen *Tankred von Lecce* gekommen war. Um die Erbansprüche seiner Gemahlin, der Tochter des verstorbenen Königs, jedoch militärisch durchsetzen zu können, musste *Heinrich* zunächst einen erneuten Ausgleich mit den Welfen finden, denn *Heinrich der Löwe* war überraschend aus seinem Exil zurückgekehrt. Durch Vermittlung der Erzbischöfe von Köln und Mainz gelang dieses, sodass *Heinrich* bei seinem zweiten Italienzug (nach dem Tod *Tankreds*) das Normannenreich mühelos erobern und am 25. Dezember 1194 in Palermo die sizilische Königskrone empfangen konnte.

Seine Bestrebungen, durch einen ›Erbreichsplan‹ die Verbindung Deutschlands mit dem sizilischen Königreich für alle Zeiten sicherzustellen und das

Unter der Herrschaft Friedrichs I. mehrten Städte- und Pfalzgründungen sowie die Verleihung von Marktrechten die steuerlichen Einnahmen. Erbschaften begünstigten die Erweiterung des staufischen Herrschaftsbereichs so, dass wichtige Passlandschaften der Alpen unter Kontrolle gebracht werden konnten. Schließlich sicherte sich der Kaiser durch die Ehe mit Beatrix von Burgund (1156) unmittelbare Herrschaftsrechte in Hochburgund und in der Provence.

deutsche Königtum erblich werden zu lassen, scheiterten jedoch am klaren Widerstand der Fürsten. Diese wählten immerhin im Dezember 1196 seinen Sohn *Friedrich* zum künftigen deutschen König. Mitten in den Vorbereitungen zu einem erneuten Kreuzzug starb der junge Kaiser am **28. September 1197** in Messina an der Malaria.

Damit stürzte Deutschland auf der Höhe der Kaisermacht plötzlich in die zwanzigjährigen Wirren des staufisch-welfischen Thronstreits zurück (Doppelwahl von **1198**; *Philipp von Schwaben*, 1198–1208, und *Otto IV.*, 1198–1215). Statt zum ›Erbreich‹, wie *Heinrich VI.* es geplant hatte, wurde es durch die Macht der Territorialfürsten (insbesondere der späteren ›Kurfürsten‹) endgültig zum Wahlreich, während sich gleichzeitig in Frankreich und England die Erblichkeit der Krone durchsetzte. Nutznießer dieses innerdeutschen Konflikts wurden nun endgültig die Reichsfürsten, die sich als selbstständige Landesherren etablieren konnten.

1212–1250
Friedrich II.

König *Friedrich von Sizilien* war elternlos aufgewachsen, bereits mit 14 Jahren für mündig erklärt und verheiratet worden mit einer Tochter König *Peters I. von Aragon*, die mindestens zehn Jahre älter und bereits verwitwet war. Trotz seiner Jugend und wohl vor allem wegen seines außergewöhnlichen Bildungsgrades gelang es ihm jedoch bei seinem Erscheinen in Deutschland, sich gegen *Otto IV.* durchzusetzen, seinen fünfjährigen Sohn *Heinrich (VII.)* 1216 zum König und sich selber zum Kaiser **(22. November 1220)** krönen zu lassen. Möglich wurde dieses jedoch nur durch die Unterstützung seitens des Papstes *Honorius III.* (1216–1227), da *Friedrich* an seinem Krönungstag der Kirche durch eine Reihe wichtiger Gesetze entgegenkam. So wurden z. B. Klerus und Kirchengut von weltlicher Gerichtsbarkeit und Besteuerung befreit und ein Zusammenwirken bei der Ketzerbekämpfung vereinbart.

Der Schwerpunkt der Herrschaft *Friedrichs* verlagerte sich rasch in sein Erbreich Sizilien – wozu im

Übrigen auch Apulien in Süditalien gehörte, ein im 13. Jh. in jeder Hinsicht ›reiches Land‹ im Schnittpunkt lateinischer, byzantinischer und islamischer Kultur.

Mit außergewöhnlicher Energie ging der Kaiser daran, sein Erbreich in einen straff organisierten (zentralistischen) Beamtenstaat umzubauen, in dem, anders als in Deutschland, nur der Wille des Herrschers galt. Alles entfremdete Königsgut und alle von lokalen Machtgrößen und den Städten usurpierten Rechte und Einkünfte wurden zurückverlangt, alle eigenmächtig erbauten Burgen zerstört oder enteignet, kurz: der Lehnsadel wieder vom König abhängig gemacht. Für die Ausbildung seiner Beamten wurde eigens 1224 die Universität Neapel gegründet, der Reichtum des Landes durch ein System straffer Steuern und Zölle erfasst.

Nicht nur *Friedrichs* Toleranz gegenüber den Muslimen – Zehntausenden erlaubte er die Ansiedlung in Apulien und stellte sie unter seinen besonderen Schutz – brachte ihn jedoch zeit seines Lebens in einen unlösbaren Konflikt mit dem Papsttum. Obgleich er nämlich bereits 1215 und dann nochmals bei seiner Kaiserkrönung die Kreuzfahrt gelobt hatte, zog er erst 1228/29 und wurde ob dieser Verzögerungen von Papst *Gregor IX.* mit dem Kirchenbann belegt. Gleichwohl war der Kaiser auf seinem Zug erfolgreich: Ohne Kampf, nur durch kluges Verhandeln erreichte er, dass die heiligen Stätten zunächst für zehn Jahre den Christen (wieder) überlassen wurden.

Friedrich II. als König von Sizilien; Miniatur aus seinem Lehrbuch über die Falkenjagd (Biblioteca Vaticana, 13. Jh.).

In Deutschland überließ Friedrich die Regentschaft bis zur Regierungsfähigkeit seines Sohnes Heinrich (1228) zunächst Erzbischof Engelbert von Köln, nach dessen Tod Herzog Ludwig von Bayern. Gleichzeitig verzichtete er hier auf die Ausübung wichtiger Königsrechte zugunsten der geistlichen Territorien.

Nach der Rückkehr des Kaisers wird zwar zunächst ein Ausgleich zwischen beiden Konfliktparteien gefunden, da *Friedrich* in Sizilien kirchenrechtliche Zugeständnisse macht, erneut und endgültig wird er dann jedoch **1239** gebannt, als er gegen die mit dem Papst verbündeten feindlichen Lombardenstädte einen Reichskrieg eröffnet.

Letztendlich siegte die brachiale militärische Gewalt: Alle Widerstände wurden im Keime erstickt, die Städte ihrer Autonomie beraubt und fast das gesamte Italien (bis auf kleine Reste des Kirchenstaates) wie in Sizilien durch ein straffes Beamtenregiment geleitet. Da jedoch auch *Innocenz IV.*, der Nachfolger *Gregors IX.*, den Kaiser als ›Ketzer‹ behandelte, wurde *Friedrich* den Bann bis zu seinem Tode nicht mehr los.

Deutschland selber hatte sich nicht gegen den gebannten Kaiser aufwiegeln lassen; allerdings begann der Sohn *Friedrichs, Heinrich VII.*, mit 18 Jahren der fürstlichen Regentschaft ledig, eine eigenwillige Politik zugunsten der Fürsten, der der Kaiser notgedrungen zustimmen musste. So garantierte das große »Statutum in favorem principum« (Gesetz zugunsten der Fürsten) vom **23. Januar 1231** – bestätigt von *Friedrich* im Mai 1232 – den Verzicht des Königtums auf die Ausübung seiner Hoheitsrechte u. a. über Gericht, Münze und Zoll, Burgen- und Städtebau in Gebieten fürstlicher Landesherren und verwehrte den Städten, der fürstlichen Territorienbildung entgegen zu wirken. *Heinrichs* allzu eigenmächtige Politik führte jedoch zu seiner Entthronung **(1235)** und Gefangensetzung in Süditalien, wo er 1242 starb.

Da Papst *Innozenz IV.* nach seiner Flucht aus Italien den Kaiser auf einem Konzil in Lyon am **17. Juli 1245** für abgesetzt erklärt hatte, kam es auf Betreiben einer Gruppe rheinischer Kirchenfürsten zur Wahl von Gegenkönigen (*Heinrich Raspe*, 1246–1247, und *Wilhelm von Holland*, 1247–1256); politisch blieb dieses jedoch ohne Konsequenz, da *Friedrich* mit Waffengewalt nicht zu bezwingen war. Am **13. Dezember 1250** starb der Kaiser. Er wurde im Dom von Palermo beigesetzt.

Aufbruch in die Moderne

Dynastische Politik und Reichsreform

Zwischen dem letzten Stauferkaiser und dem ersten Habsburgerkönig liegt der Tiefpunkt einer langen Krise der Zentralgewalt, die, als **Interregnum** bezeichnet, sogar dazu führte, dass das deutsche Königtum als Basis eines Kaisertums zum Spielball europäischer Politik wurde. Kristallisationspunkt dieser Thronkrise war die durch unterschiedliche Interessen provozierte Doppelwahl von 1257 (*Richard von Cornwall,* Bruder des englischen Königs *Heinrich III.*, und *Alfons X.*, König von Kastilien).

Konnte sich König *Richard* zwar im Rheingebiet einen ansehnlichen Anhang verschaffen, so vermochten seine kurzen Aufenthalte jedoch nicht, ihm zur

Hausmachtpolitik im 13. und 14. Jahrhundert

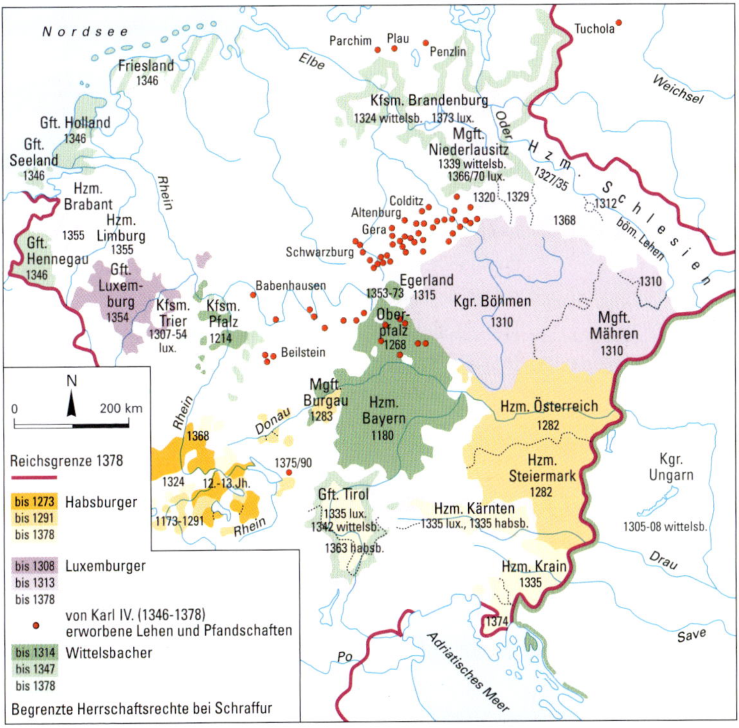

Durchsetzung zu verhelfen. König *Alfons* indessen kam nie ins Reich und wurde deshalb auch gar nicht erst gekrönt. Beide Herrscher blieben in Deutschland ohne eigene Hausmacht und waren deshalb auf eine Bündnispolitik angewiesen, die auf Dauer nicht erfolgreich sein konnte. Als *Richard* am **2. April 1272** verstarb – der Tod des Königs *Alfons* 1284 hatte verfassungsrechtlich keine Bedeutung –, machte sich vor allem Papst *Gregor X.* für ein endlich handlungsfähiges Kaisertum durch eine eindeutige deutsche Königswahl stark, da er dieses instrumentalisieren wollte, um sein Lebensziel, die Befreiung des Heiligen Landes, zu erreichen.

1273–1291 Rudolf I. von Habsburg

Er also machte sich stark für den damals vermögendsten und erfolgreichsten Territorialherrn im Südwesten Deutschlands, *Rudolf I. von Habsburg,* der von den Kurfürsten einhellig am **1. Oktober 1273** in Frankfurt am Main zum neuen deutschen König gewählt wurde.

Ihm gelang es, die Rückforderung (»Revindikation«) der seit 1245 entfremdeten, verpfändeten oder usurpierten Güter und Rechte des Reiches durchzusetzen und die Verwaltung durch königliche Kommissionen festzuschreiben. Stärkster Rückhalt für ihn blieb jedoch sein eigener Territorialbesitz, den er als Hausgut durch den gewonnenen Krieg gegen den Böhmenkönig *Ottokar II.* um Österreich und die Steiermark beträchtlich erweitern konnte.

Ohne jedoch die Kaiserwürde erlangt zu haben – *Rudolfs* Förderer, Papst *Gregor X.,* war bereits 1276 gestorben –, gelang es den Habsburgern zu jener Zeit noch nicht, dauerhaft die Königskrone zu besitzen, da auch andere mächtige Dynastien ihre jeweiligen politischen Interessen durchsetzen konnten. So ›wetteiferten‹ neben den Habsburgern vor allem die Wittelsbacher und die Luxemburger um die deutsche Königskrone, bis sich schließlich nach dem Tode des letzten Luxemburgers die Dynastie der Habsburger durchsetzen und als »Erbwahlmonarchie« bis zum

Kaiser Karl IV. und die Kurfürsten; von links die Erzbischöfe von Trier, Köln und Mainz, rechts der König von Böhmen, der Pfalzgraf bei Rhein, der Herzog von Sachsen und der Markgraf von Brandenburg.

Ende des Heiligen Römischen Reiches 1806 behaupten konnte.

Neben die Frage nach dem Zusammenhalt des Reiches angesichts der Dynastiewechsel über diese rund 150 Jahre tritt also als zweites Grundproblem im ausklingenden Mittelalter die Kontinuitätsfrage. Denn die Zentralgewalt ist häufig geschwächt, und nicht zuletzt durch die die Kommunikation erschwerende Größe des Reiches richtet sich das Interesse der meisten politischen Kräfte auf den Ausbau regionaler Bereiche.

Zeugnis dieses verfassungsrechtlichen Abgrenzungsprozesses zwischen Zentral- und Regionalgewalt war der Erlass der **Goldenen Bulle** als Reichsgesetz am **10. Januar 1356** (um einige Artikel ergänzt am 25. Dezember d. J.) über die Königswahl und die Kurfürstenrechte unter *Karl IV. von Luxemburg* **(1346–1378)**. Dieses relativ umfangreiche Gesetzeswerk, zweifellos nach langen Auseinandersetzungen ein kluger Kompromiss zwischen Kaiser/König und Kurfürsten, regelte das Königswahlverfahren und sicherte die Rechte der Kurfürsten als Wähler und privilegierte Landesherren. Bezeichnenderweise ist vom Papst und (s)einem Vorschlagsrecht oder irgendwelcher Mitwirkung bei der Königswahl in der Goldenen Bulle nicht die Rede.

Exkurs: Der Aufschwung der Städte

Auf Reichsebene hatten sich ›Städte‹ zwar wiederholt gegen die finanzielle Ausbeutung und politische Bedrückung durch Könige oder Fürsten mehr oder weniger erfolgreich zu wehren versucht, jedoch hatte gerade die Reichsreform in der Goldenen Bulle von 1356 z. B. ›Städtebündnisse‹ als politische Zusammenschlüsse ausdrücklich noch verboten. Zwar erschienen ›Städte‹ erstmalig um die Mitte des 13. Jh. unter König *Wilhelm von Holland* auf einem Reichstag, aber ihre Teilnahme an Beratungen und Entschließungen dieser Gremien entbehrte einer gesetzlichen Grundlage, sodass sie, trotz ihrer sozialen und wirtschaftlichen Bedeutung in verfassungsrechtlicher Hinsicht auf Reichsebene nur eine marginale Rolle spielten. Erst der Westfälische Frieden am Ende des so genannten Dreißigjährigen Krieges erkannte ihnen 1648 das Stimmrecht auf Reichstagen zu und erhob viele von ihnen in den Status von Reichsständen.

Trotz dieser verfassungsrechtlichen ›Missachtung‹ kann festgestellt werden, dass das wohl bedeutendste Element des Hochmittelalters der Aufschwung der Städte war, auch wenn die Verwendung des Begriffs ›Stadt‹ nach heutigen Maßstäben zu relativieren ist. Bei einer geschätzten Gesamtbevölkerung Deutschlands im 14. Jh. von ca. 12 bis 15 Mio. Menschen lebten sicherlich mehr als 80 % auf dem Lande und nur knapp 10 bis 15 % in ›Städten‹. Das Gros der mittelalterlichen Städte – von ihrer Rechtsstellung her – waren nämlich ausgewiesene Kleinstädte mit weniger als 1.000 Einwohnern, deutsche ›Großstädte‹ waren z. B. Köln mit ca. 40.000 (um 1500), Nürnberg mit ca. 22.000 (1431), Frankfurt/M. mit ca. 10.000 und auch Hamburg mit ca. 10.000 (1350) Einwohnern.

Anders als in Norditalien, wo es seit der Römerzeit eine Kontinuität der Städte gegeben hatte und diese sich vor allem seit dem 11. Jh. zu autonomen Stadtstaaten entwickelten – die Widerstände gegen die kaiserlichen Ansprüche aus dem deutschen Raum sind bekannt –, kommt es in Mitteleuropa vor allem zu zahllosen Neugründungen. Als das Weströmische Reich unterging und der agrarische Charakter der germanischen Folgestaaten dominierte, harrten meist die Bischöfe in den verfallenden Städten aus und wuchsen in die Funktion von Stadtherren hinein.

So bildeten diese ›Bischofssitze‹ ebenso Kristallisationskerne für eine spätere Stadtentwicklung wie seit der Karolingerzeit die Pfalzen, Burgen und Klöster, um die sich Kaufmannssiedlungen bildeten, die wiederum eine vielfältige Handwerkerschaft anlockten. Als sich im 9. und 10. Jh. mit der territorialen Ausdehnung des Reiches nach Osten und der diese begleitenden Christianisierung auch hier neue kirchliche ›Verwaltungszentren‹ bildeten, war damit auch im »römerfreien« Deutschland der Keim zur Ausbildung städtischer Siedlungen gelegt.

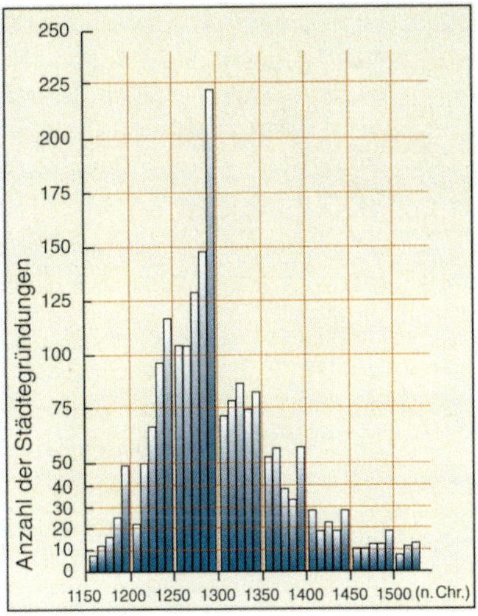

Städtegründungen in Mitteleuropa im Mittelalter

Nach heutigen wissenschaftlichen Kriterien sollten u. a. folgende Merkmale erfüllt sein, um eine hochmittelalterliche Siedlung als »Stadt« bezeichnen zu können: eine ökonomische Verbindung zum ländlichen Umland, ein Funktions- und Bedeutungsüberschuss der Stadt dem Umland gegenüber sowie eine politische Organisation der sozial differenzierten Einwohner (Bürger).

Ihren eigentlichen Aufschwung nahm die Entwicklung des Städtewesens jedoch seit dem Ende des 12. Jh., als neben dem Königtum auch geistliche und weltliche Herren systematisch daran gingen, Städte in großer Zahl zu ›gründen‹ – d. h. auch, sie mit Privilegien auszustatten –, sei es aus wirtschaftlichen oder politischen Gründen. Vor allem die staufischen Könige gründeten auf Reichsgut neue Städte mit durchschaubarer strategischer Absicht: Befestigte Ansiedlungen im Umkreis von Königshöfen trugen einerseits zum Schutz desselben bei, andererseits brachte der Handel auf den städtischen Märkten die eine oder andere nützliche Einnahme für den Stadtherrn; andererseits hatte dieser jedoch dafür zu sorgen, dass die Verkehrswege zu diesen Märkten ausgebaut und geschützt wurden.

In wirtschaftlicher Hinsicht entwickelten sich diese Städte also bald zu Zentren gewerblicher Produktion und des Handels, vor allem deshalb, weil ihre ökono-

Blick auf die Stadt Nürnberg von Süden (Hans Wurm, um 1515).

Zu den charakteristischen baulichen Elementen der mittelalterlichen Stadt gehörte die Befestigungsanlage, die die Stadt gegenüber ihrem Umland schützte. Das Zentrum der Stadt bildete der Marktplatz, der auch politisch-rechtliches und religiöses Zentrum war; hier befanden sich Rathaus, Gericht, Zeughaus, Pranger, Kirche sowie die städtische Waage. Auffällig und oft weithin sichtbar waren zudem die Herrschaftssitze der jeweiligen Stadtherren (Burgen oder sonstige befestigte Anlagen).

mische Vorrangstellung dem Umland gegenüber rechtlich durch verschiedene Privilegien kodifiziert war. Damit erlangten die Städte auch »zentrale Funktionen« für ihre Umgebung, die allerdings nach Größe und sozio-ökonomischer Bedeutung der jeweiligen Stadt stark variierten.

Beherrscht wurde die städtische Selbstverwaltung zunächst von den Ministerialen der Stadtherren (besonders im süddeutschen Raum) und den reichen Kaufleuten, die jedoch wegen ihrer rasch wachsenden wirtschaftlichen Macht bald in Konflikte mit den Stadtherren gerieten, besonders in bischöflichen Städten wie etwa in Köln im Jahre 1074.

Da trotz der relativen Größe der Städte der lokale Markt begrenzt blieb, erzwang der (Fern-)Handel der Kaufleute, bedingt durch die Art des Handels und durch das Vorherrschen von Sonderprivilegien, deren genossenschaftlichen Zusammenschluss in Form von »Gilden«. Im 11. Jh. zunächst noch Schutzverband zur Wahrung gemeinsamer Interessen, bildete die Kaufmannschaft derartiger Gilden zunehmend die Oberschicht in einer sich ständig mehrenden städtischen Gesellschaft und leitete als »Patrizier« die Geschicke der Stadt.

Je stärker sich jedoch in berufsspezifischer Hinsicht das Handwerk differenzierte und sich über Niveau und Leistung wirtschaftlich verstärkte, desto vehementer artikulierte es sich und forderte eine Beteiligung am Stadtregiment. Die Handwerker waren genossenschaftlich in den »Zünften« zusammengeschlossen – für jeden Gewerbetreibenden herrschte in der Regel der

›Zunftzwang‹, die Beschränkung, dass nur Mitglieder der Zunft das jeweilige Handwerk ausüben durften. Die Zünfte reglementierten nicht nur die Produktion, sondern auch Qualität und Preisgefüge. Zunächst vorrangig als Schutz gedacht gegen herumreisende Konkurrenz, wurden die Zünfte zunehmend zur allgemeinen Organisationsform des städtischen Lebens. Sie wahrten in vielerlei Hinsicht die Traditionen und Interessen ihrer Mitglieder, boten Gemeinschaft und Zusammenhalt, ja übten in Teilbereichen auch eine eigene Gerichtsbarkeit aus.

Seit dem 13. Jh. begannen die Zünfte auch verstärkt politische Ambitionen zu verfolgen und verlangten, an der Verwaltung der Stadt, vor allem an der Kontrolle des Finanz- und Steuerwesens, beteiligt zu werden. Vor allem im 14. Jh. verstärkten sich die Spannungen in den Städten, hervorgerufen zum einen durch die kolossalen Auswirkungen der Pestwellen, die, aus dem Mittelmeerraum kommend und sich entlang der kontinentalen Handelswege ausbreitend, wegen der vielfach unhygienischen Verhältnisse zu großen Bevölkerungsverlusten führten, und zum anderen durch die immer neuen steuerlichen Belastungen für die Stadtbevölkerung. So lassen sich als bedeutende städtische ›Revolten‹ unter maßgeblicher Führung durch die Zünfte z. B. nennen die in Nürnberg (1348 u. 1349), Frankfurt/M. (1355 u. 1356), Augsburg (1368) und Köln (1370, 1371 u. 1396).

Nicht überall endeten die Kämpfe wie in Augsburg und Regensburg, wo die Patrizier unterlagen und teilweise sogar die Stadt verließen, um auf ihren Landgütern zu leben. In vielen Städten

Das Gewerbe in Nürnberg im Jahre 1353

	Anzahl der Meister
Tuchweber	10
Schneider	76
Mantelschneider	30
Hut- und Putzmacher	20
Färber	34
Ledergerber	60
Kürschner	57
Taschenmacher	22
Handschuhmacher	12
Schuster	81
Sattelmacher	17
Plattner (Harnischmacher)	12
Eisenhandschuhmacher	21
Kettenhemdmacher	4
Nadelmacher u. Drahtzieher	22
Helmschmiede	6
Schlosser	4
Zaumzeugmacher	19
Nagelschmiede	6
Zirkelschmiede, Werkzeugmacher, Schleifer	9
Hufschmiede	22
Pfannenschmiede	5
Kesselschmiede	8
Messermacher	17
Klingenschmiede	8
Messingschmiede, Zinngießer	33
Goldschmiede	16
Steinmetzen	9
Zimmerleute	16
Schreiner	10
Fassmacher	34
Wagner	200
Spiegel- und Glasmacher, Rosenkranzhersteller	23
Müller	12
Bäcker	75
Metzger	71

kam es zum Ausgleich und die Zünfte wurden mehr oder weniger deutlich am Stadtregiment beteiligt.

Abschließend sei jedoch darauf hingewiesen, dass in der gesamten Bürgerschaft ›Bürger‹ nicht gleich ›Bürger‹ waren. Große Teile der städtischen Bevölkerung blieben ›Nichtbürger‹ und gehörten sozial den Unterschichten an, die auf die Unterstützung der Wohlhabenden angewiesen waren. Die mangelnde Aufnahme- und Integrationsfähigkeit der städtischen Wirtschaft und Gesellschaft schuf Randgruppen, für die große Städte Aufsicht und Armenfürsorge zu organisieren begannen.

Dennoch geht mit dem Aufstieg des Bürgertums die geschlossene hochfeudale Gesellschaft und deren Welt zu Ende, da mit der Dynamik und Aktivität dieser neuen Gesellschaftsschicht, orientiert an Arbeit, Geld, Leistung und Gewinn, ein neues Ethos wirksam wurde, das die traditionelle Ordnung veränderte.

Die Vielfalt der unternehmerischen Aktivitäten auch über die nationalen Grenzen hinaus, wie z. B. durch große Kaufmannsgesellschaften wie die Hanse, zwischen dem 13. und 15. Jh. führt zur Intensivierung der Wirtschaft und zur zunehmenden Rationalisierung ihrer Methoden. Trotzdem darf nicht verkannt werden, dass der Drang nach wirtschaftlicher Macht und Reichtum (noch immer) gebändigt wurde durch die Idee einer gottgewollten, im Jenseits verankerten ständischen Gliederung der Gesellschaft und durch eine in der Religion verankerten Ethik, die die Wirtschaft (noch) nicht zum Selbstzweck werden ließ.

Übergang des Stadtregiments an die Zünfte in Augsburg im Jahre 1368 (Malerei aus dem Ratsbuch von Augsburg)

Die Überwindung der alten Ordnung: das Zeitalter der Glaubenskämpfe

Reichsreform und Aufstieg der Habsburger

Die innenpolitischen Verhältnisse in Deutschland während der letzten Jahrzehnte des 14. Jh. sind charakterisiert durch einen Zustand ständiger politischer und sozialer Unruhe, deren Ursachen in den allgemeinen Entwicklungstendenzen jener Epoche begründet liegen. Zum einen war hierfür verantwortlich der in vollem Gange befindliche Prozess der Territorienbildung, den die königliche Zentralgewalt nicht mehr in der Lage war aufzuhalten und den sie sogar ausdrücklich den Kurfürsten gegenüber anerkannt hatte. Zum anderen führte aber gerade dieser Prozess notwendigerweise immer wieder zu Reibereien mit denjenigen Elementen, die sich der Eingliederung in diese neuen ›Staatsgebilde‹ widersetzten. Dies waren vor allem die durch ihre Wirtschaftskraft selbstbewusster gewordenen (größeren) Städte, die nicht nur ihre reichsunmittelbare Stellung behaupten, sondern zudem selber ihre Autorität über den Umkreis ihrer Mauern hinaus ausdehnen wollten. Außerdem übten die städtischen Freiheiten eine für den Landesherrn bedrohliche Anziehungskraft auf seine ländlichen Untertanen aus, sei es, dass diese unmittelbar in die Stadt abwanderten, sei es, dass sie sich, in ihren ländlichen Wohnsitzen verbleibend, unter städtischen Schutz stellten.

Während das Bestreben der Städte also auf der einen Seite häufiger darauf hinauslief, die umliegenden Ländereien ihrer wirtschaftlichen Herrschaft zu unterstellen, arbeiteten die Fürsten auf der anderen Seite mit eben solcher Zielstrebigkeit und Rücksichtslosigkeit daran, ihre stadtherrlichen Rechte – soweit sie sie besaßen – immer weiter zu verstärken oder aber die ihnen unabhängig gegenüberstehenden Reichsstädte in ihre wachsenden Territorien einzubeziehen.

Zur gegenseitigen Unterstützung bildeten sich deshalb diverse Städtebünde, wie der 1376 gegründete Schwäbische Bund, der sich unter der Führung Ulms erfolgreich gegen zu hohe Geldforderungen *Karls IV.* behaupten konnte, oder der Rheinische Städtebund, der sich am 17. Juni 1381 in Speyer sogar offiziell in Form eines militärischen Bündnisses zusammenschloss.

1378–1400 Wenzel von Luxemburg

Der amtierende, insgesamt politisch recht glücklos operierende König *Wenzel* versuchte vergebens, der inneren Unruhe im Reich durch eine königliche Landfriedensgesetzgebung Herr zu werden. Letztlich siegten jedoch die Fürsten dank ihrer militärischen Überlegenheit: Nach dem Ersten Städtekrieg müssen die Städte im **Landfrieden von Eger 1389** zunächst auf ihre Bündnisse verzichten. Nach dem Zweiten Städtekrieg 1449/50 mit dem Höhepunkt des Konflikts zwischen Nürnberg und dem Markgrafen *Albrecht von Braunschweig* kann sich Nürnberg zwar behaupten, aber die Zeit gemeinsamen Handelns der Städte auf Reichsebene war vorbei. Diese blieben zwar vielfach Brennpunkte eines wirtschaftlich und kulturell reichen Lebens, aber nur noch die größeren vermochten sich selbstständig zu behaupten, viele kleinere wurden abhängig und verkümmerten politisch. Insgesamt förderten die häufigen Sonderbestrebungen der größeren Städte aber im Laufe der weiteren Geschichte Deutschlands den Partikularismus.

Auswirkungen des Schismas auf die Reichspolitik

Entstanden war das Schisma, die Kirchenspaltung, im Jahre 1378, als sich erstmals nach 75-jährigem Exil im südfranzösischen Avignon das 16-köpfige Kardinalskonklave – darunter 11 Franzosen – wieder in Rom versammelt hatte, um nach dem Tode *Gregors XI.* einen neuen Papst zu wählen. Die großen Hoffnungen der Römer auf einen Italiener im höchsten kirchlichen Amt erfüllten sich zwar rasch mit der Ernennung des Erzbischofs von Bari als *Urban VI.* Als dieser jedoch allen gleichermaßen seinen Reformwillen aufzwingen wollte, kündigten ihm die »ultra-montanen«, d. h. die nicht-italienischen Kardinäle den Gehorsam auf. Sie wählten den Kardinal *Robert von Genf* als *Clemens VII.* und kehrten nach Avignon zurück.

Stand man dort mehr oder weniger unter der politischen Obhut des französischen Königs, so hatte das deutsche Königtum mit dem Blick auf die Kaiserkür andere Interessen. Hatte König *Wenzel* noch 1398 bei einem Treffen mit dem französischen König *Karl VI.* in Reims erfolglos versucht, das Schisma zu überwinden, so engagierte sich in dieser Angelegenheit vor allem Wenzels Bruder *Sig(is)mund.*

1410–1437 Sig(is)mund von Luxemburg

Dieser war nach der förmlichen Absetzung *Wenzels* als deutscher König am 20. August 1399 durch die Mehrheit der Kurfürsten und die kurze Amtszeit von dessen (gewähltem) Nachfolger *Ruprecht von Wittelsbach* (1400–1410) mit den Stimmen aller Kurfürsten in das Amt gekommen. Zwar hielten ihn zunächst außenpolitische Probleme – Bedrohung Ungarns, zu dessen König er am 5. August 1403 gewählt worden war, durch die neu aufkommende Großmacht der osmanischen Türken – von einer Einmischung in die kirchlichen Angelegenheiten ab, die Beilegung des Schismas blieb jedoch *das* entscheidende Ziel (und Ergebnis) seiner Reichspolitik.

Der Feuertod des Jan Hus (Miniatur aus dem Jahre 1415)

Auf Betreiben des Königs fand so von 1414 bis 1418 die bis dahin größte Kirchenversammlung, das **Konzil von Konstanz**, auf deutschem Boden statt, das eine Reihe von Reformen initiierte, allerdings auch durch die Verurteilung und Hinrichtung des (vermeintlichen) Ketzers *Johannes Hus* am 6. Juli 1415 jahrelange heftige Kämpfe vor allem in Böhmen auslöste. Zum Kampf gegen die Hussiten hatte der Papst sogar am 1. März 1420 als »Kreuzzug« aufgerufen. Auf eben jenem Konzil wurde aber vor allem die Papstwahl per Dekret endgültig geregelt, die noch amtierenden

Päpste für abgesetzt erklärt und mit der Wahl des Kardinals *Otto Colonna* zum Papst *Martin V.* am 11. November 1417 das Schisma überwunden.

Diese in Konstanz begonnene kirchliche Reformbewegung wird durch das **Konzil von Basel** (zwischen 1431 und 1449) weitergeführt und endet u.a. 1433 in einer Vereinbarung mit den Hussiten, denen der Laienkelch zugestanden wird. Im gleichen Jahr wird *Sig(is)mund* von Papst *Eugen IV.* zum Kaiser gekrönt.

Die Durchsetzung der Monarchie der Habsburger

1440–1493 Friedrich III. von Habsburg

Nach dem Tode des letzten Luxemburgers blieb den Kurfürsten kaum eine andere Möglichkeit, als *Albrecht V.*, Herzog von Österreich und Gemahl der einzigen Tochter *Sig(is)munds*, zum König zu wählen. Dessen sehr kurze Regierungszeit (1438–1439) konnte jedoch kaum Akzente setzen, sodass nach seinem plötzlichen Tode die Königswürde wiederum an das Haus Habsburg überging: *Friedrich III.* folgte ihm auf dem Thron. Allerdings war damit der landesherrliche Mittelpunkt des Königtums in den äußersten Südosten des Reiches gerückt, was angesichts der Fülle der zu bewältigenden Aufgaben umso problematischer wurde.

Abgesehen von der Bedrohung des Reiches im Westen – Frankreich begann seine alte, gegen den Rhein gerichtete Ausdehnungspolitik wiederaufzunehmen – und im Osten – slawischer Druck und Türkengefahr –, verlangte vor allem das Problem der Reichsreform nach einer dauerhaften Lösung. Da im Brennpunkt der Interessen *Friedrichs* jedoch die Größe und Macht seines Hauses lag (1458 erbt er Niederösterreich und nach schweren Kämpfen mit seinem Bruder *Albrecht VI.* nach dessen Tod 1463 auch Oberösterreich), kann sich das hegemoniale Gefüge im Reich durch zahlreiche Kriege und Gewalttaten umschichten: Wenige Größere machen viele Kleinere von sich abhängig. Die Schwäche und Ferne des Kaisers – 1452 war er als letzter deutscher Herrscher in Rom vom Papst zum Kaiser gekrönt worden –, die in krassem Gegensatz zu seiner verbrieften Verfassungsposition stand, machte ein Übereinkommen über Reformen im Reich unmöglich und ließ auch diverse Landfriedensbemühungen ohne wirklichen praktischen Erfolg bleiben.

1493–1519
Maximilian I.

Friedrichs Sohn *Maximilian,* noch zu Lebzeiten des Vaters 1486 von den Kurfürsten zum Römischen König und damit zum Thronnachfolger gewählt, muss sich deshalb energisch den reichsständischen Reformbestrebungen widmen, bevor auch er in den Strudel der Reformation hineingezogen wird.

Auf dem Reichstag zu **Worms 1495** kommt es deshalb zu einigen grundlegenden Reformbeschlüssen, die die Voraussetzungen für die Ausbildung des Reiches als eines – zumindest bis zu den ›Religionswirren‹ – einheitlichen Friedens- und Rechtsraumes schaffen. Neben der bedeutenden Verkündung eines »Ewigen Landfriedens« und der Erhebung des »Gemeinen Pfennigs« wird vor allem ein ständig tagendes ›Reichskammergericht‹ installiert, das als höchste rechtliche Institution des Reiches über die Einhaltung des Landfriedens wachen und seine praktische Durchführung ermöglichen soll. *Maximilian* selber hat – eingeschätzt als »der letzte Ritter« seit seiner legendären Brautfahrt nach Burgund 1477 zur Eheanbahnung mit *Maria,* der Tochter und Erbin

Der König und die Kurfürsten: Rudolf von Habsburg belehnt auf dem Reichstag zu Augsburg 1282 seine beiden Söhne mit Österreich und der Steiermark (von 1440 bis 1806 stammten alle Kaiser aus dem Hause Habsburg).

Karls des Kühnen – die Phantasien seiner Zeitgenossen und Nachfahren beschäftigt wie nur wenige deutsche Kaiser. Nicht nur, weil er nach der Erwerbung Burgunds und Tirols (nach der Abdankung seines Vetters *Sigmund)* und dem Ausgreifen nach Ungarn, das 1526 dank eines Heiratsvertrages an Österreich fiel, die Machtgrundlage eines europäischen ›Großstaates‹ geschaffen hatte, sondern weil *Maximilian* sich auszeichnete durch eine volkstümliche Leutseligkeit, sich als großzügiger Mäzen für alle Künste interessierte, zudem als couragierter ›Landsknechtsführer‹ trotz diverser Niederlagen, vor allem in Italien, zu Ansehen gekommen war. Als entscheidender Mehrer des Hauses Habsburg und Begründer seiner Weltstellung hat er sich bleibendes Verdienst erworben, auch wenn seine Kaiserpolitik – am 6. Februar 1508 hatte *Maximilian* mit päpstlicher Zustimmung im Dom von Trient den Titel eines erwählten Römischen Kaisers angenommen, ohne je vom Papst gekrönt worden zu sein – sprunghaft und von zahllosen Misserfolgen und phantastischen Projekten geprägt war. Vor allem konnte er auch seiner Rolle als Verfechter der Christenheit und Schutzherr der Kirche nicht mehr gerecht werden. Nicht von ungefähr beginnt in Deutschland noch in seiner Regierungszeit mit dem legendären Anschlag von 95 Thesen an die Wittenberger Schlosskirche durch *Martin Luther* am **31. Oktober 1517** die **Reformation.**

Der Zusammenbruch der Glaubenseinheit

Staat und Kirche vor der Reformation

Seit den großen Kirchenversammlungen des ausklingenden 15. Jh. war der Ruf nach Reformen in der Kirche »an Haupt und Gliedern« nicht mehr verstummt. Zwar hatte die Papstkirche über die Versuche, ihre Macht zu begrenzen, äußerlich triumphiert, ihre Herrschaft als geistliches Prinzip ließ sich im alten Umfang jedoch nicht erneuern. Vor allem hatte sich in England,

Frankreich und Spanien, wo der fürstliche Absolutismus in stetigem Ausgreifen alle verfügbare materielle Macht und die säkularen Hoheitsrechte subsumierte, der werdende nationale Staat auch die ausgedehnte klerikale Organisation und den weit verzweigten kirchlichen Besitz untergeordnet und über Konkordate mit der römischen Kurie Staatskirchen gegründet.

Martin Luther
1483 geboren in Eisleben.
1488–1501 Schulbesuch in Mansfeld, Magdeburg und Eisenach.
1505 Abbruch des Jurastudiums in Erfurt und Eintritt in das Kloster der Augustiner-Eremiten.
1507 Priesterweihe, ab **1508** theologische Vorlesungen an der Universität Wittenberg.
1512 Promotion

In Deutschland waren derartige Bestrebungen aus verfassungsrechtlichen Gründen gescheitert, weil es dem Kaisertum in der Auseinandersetzung mit den Ständen nicht gelungen war, eine zentrale Staatsgewalt und den modernen Machtstaat auf nationaler Basis zu schaffen; deswegen hatte auch keine einheitliche Ordnung des deutschen Kirchenwesens erfolgen können.

Im Unterschied also zu Westeuropa, wo die Bildung von Staatskirchen vornehmlich im Dienste ihrer Ausbeutung für weltliche Zwecke stand, begründeten die emporgestiegenen deutschen Landesherren ihre kirchlichen Aufsichtsrechte vor allem mit der Notwendigkeit einer grundlegenden Reform. Sie betrachteten sich als »Hüter der Gerechtigkeit« und »Schirmherr der Schwachen«, als »Amtsleute Gottes«, die für das Wohl der Kirche und das Seelenheil ihrer Untertanen Verantwortung trugen und so ein landesherrliches Kirchenregiment geradezu ›provozierten‹.

Klagen über die Missstände in der Kirche wurden in ungewöhnlicher Einmütigkeit von allen Ständen und Gruppen in Deutschland bei allen sich bietenden Gelegenheiten in Wort und Schrift vorgetragen.

Bereits 1456 in den »Gravamina deutscher Nation« zum ersten Mal formuliert, auf allen Reichstagen und Ständeversammlungen wiederholt, ständig erweitert und schließlich von Luther in seiner Schrift »An den christlichen Adel deutscher Nation« wieder aufgenommen, führte man vor allem Klage über die prunkvolle Hofhaltung der Kurie, die allzu große Vermehrung

Holzschnitt von Jörg Breu d. Ä. um 1530: Hohe Kirchenvertreter auf Pferden schauen zu, wie Christen gegen Geld einen Ablassbrief erstehen und damit die Vergebung ihrer Sünden erkaufen. Den Menschen im 15. Jh. muss die Kirche wie ein Unternehmen erschienen sein, das Gnadengüter schnöde kommerzialisierte und bei Eintreibung seiner Forderungen auch vor schwersten Strafen, wie dem Kirchenbann, nicht zurückschreckte.

ihrer Verwaltungsstellen, ihre Käuflichkeit und Profitgier, den Nepotismus bei der Vergabe großer und kleiner Pfründen, insgesamt über die finanzielle Aussaugung Deutschlands durch den päpstlichen Fiskalismus.

Vor allem fand die Kritik immer neue Nahrung an der Verweltlichung und dem oft wenig vorbildlichen Lebenswandel hoher und niedriger Geistlicher, die damit an Glaubwürdigkeit als Verwalter und Vermittler des göttlichen Heils verloren. Die deutschen Schultheologen hielten deshalb auch vornehmlich die seelsorgerische Praxis für reformbedürftig: Wiederherstellung, nicht Neubau der gesunkenen Papstkirche war ihr Ziel. Wo sich in Deutschland einzelne revolutionäre Geister regten und mit den Waffen wissenschaftlicher Theologie gegen die dogmatischen Traditionen andrangen (z. B. *Wessel Gansfort* oder *Johann von Wesel*), da blieben sie auf einen kleinen Kreis beschränkt und ohne weitreichende Resonanz. Die stets wachsame Inquisition war schnell zur Stelle, sie zum Widerruf zu zwingen. Erst *Luther* hat beides geleistet: der öffentlichen Kritik am Kirchenwesen die unüberhörbare Stimme gegeben und damit den Neubau der Kirche aus sich selber heraus erzwungen.

Der Reichstag zu Worms 1521

1519–1556
Karl V.

Nach dem Tode *Maximilians* erbte sein Enkel *Karl,* seit 1516 König des vereinigten Spanien, die habsburgischen Erblande (Österreich, Tirol, Steiermark, Kärnten, Vorderösterreich und die burgundischen Besitzungen). Bei seiner einstimmigen Wahl zum Römischen König und Kaiser am 28. Juni in Frankfurt/M. siegte *Karl* über den von Papst *Leo X.* unterstützten – überraschend kandidierenden – französischen König *Franz I.*, wobei wohl weniger die vom augsburgischen Bankhaus Fugger verbürgten hohen Bestechungsgelder für den Stimmenkauf der Kurfürsten als vielmehr deren Misstrauen gegen den Papst und den französischen König ausschlaggebend war. Der Wahl vorausgegangen war zudem eine **Wahlkapitulation**, ein Vertrag, in dem der zu Wählende den Wählern für den Fall seiner Wahl bestimmte Versprechungen und Zugeständnisse macht, in der *Karl* also auf die von den Kurfürsten vertretenen Interessen verpflichtet wurde. Diese erste Wahlkapitulation eines Römischen Königs und Kaisers diente allen späteren bis zum Ende des Reiches als Vorbild und galt als eine Art ›Reichsgrundgesetz‹.

Auch wenn – oder gerade weil? – *Karl V.* bei seinem Machtantritt Gebiete übernahm, die an Umfang, Bevölkerung und Reichtum alles vereinigten, was jemals seit dem Reich der Karolinger von einer Hand regiert wurde, so hatte sich die politische Landschaft in Deutschland am Ende seiner Regierungszeit beträchtlich verändert. Ausgelöst wurde dieser Strukturwandel bereits in den ersten beiden Jahren nach der Wahl, als *Karl V.* nicht in Deutschland weilte und vor allem durch *Martin Luther* eine nationale Bewegung großen Ausmaßes ausgelöst wurde.

Karl V. als junger Mann (um 1516)

Nachdem *Luther* in einer akademischen Disputation mit dem Ingolstädter Theologen *Johannes Eck*, einem der Hauptgegner der Reformation, Mitte des Jahres 1519 in Leipzig neben dem Papst auch Konzile für irrtumsfähig erklärt hatte, war der Bruch mit der tradierten Überlieferung der römischen Amtskirche im Grunde schon vollzogen. Getragen von den vielfältigen Richtungen der humanistischen Opposition und lautstark unterstützt von deren Protagonisten wie *Ulrich von Hutten*, wurde der Wittenberger Mönch zum

Sprecher der deutschen Nation. ›Seine‹ Universität, in der seit 1518 einer der bedeutendsten Humanisten, *Philipp Melanchthon*, lehrte, konnte den Zustrom an Studenten nicht mehr fassen. Neben zahllosen seelsorgerischen Schriften verfasste *Luther* vor allem die drei großen **Reformwerke** des Jahres 1520, die ein geradezu gewaltiges Echo fanden:

»An den christlichen Adel deutscher Nation von des christlichen Standes Besserung«,
»De captivitate ecclesiae babylonica« und
»Von der Freiheit eines Christenmenschen«.

Trotz unterschiedlicher Thematik durchzieht alle drei Werke die gleiche Forderung nach der wahren Kirche als Gemeinschaft der Gleichgestellten und Freien, nicht als der Gefangenen in einem tradierten Herrschaftssystem, in dem die kirchliche Hierarchie alle Wahrheit und alles Heil vermittelt. Noch vor Erscheinen der großen Reformschriften wurde jedoch auf Betreiben *Johann Ecks* das kirchliche Anklageverfahren wieder aufgenommen: Am 15. Juni 1520 erging dann die päpstliche Bulle »Exsurge Domine«, die 41 Sätze *Luthers,* nicht einmal die wesentlichsten, als ketzerisch verurteilte. Allen Christen wurde geboten, seine Bücher zu verbrennen. Er selbst und seine Anhänger wurden aufgefordert, innerhalb von 60 Tagen zu widerrufen, anderenfalls verfielen sie dem Bann. In einem symbolischen Akt in Gegenwart von Kollegen und Studenten verbrannte *Luther* jedoch am 12. Dezember 1520 vor dem Elstertor in Wittenberg einen Plakatdruck der Bulle und einige Schriften des kanonischen Rechts, womit er sich auch förmlich von der römischen Kirche trennte.

Als *Karl V.* am **27. Januar 1521** in Worms seinen ersten Reichstag eröffnete, standen für ihn im Vordergrund zunächst die Umsetzung der Wahlkapitulation und die damit zu erzielenden Vereinbarungen mit den Reichsständen. Was *Luther* betraf, der seit dem 5. Januar rechtswirksam gebannt war, so wurde er unter Zusicherung freien Geleits nach Worms zitiert, freilich nicht zur Diskussion seiner Lehre, sondern zum Widerruf. *Luther* allerdings verweigerte diesen am 18. April 1521 in lateinischer Rede, womit das »protestantische« Prinzip in die Welt trat.

Für den Kaiser war damit die Angelegenheit entschieden. Am nächsten Tag erschien er mit einem eigenhändig entworfenen Schriftstück vor der Versammlung, in dem er sich auf die Traditionen seines Hauses als Beschützer von Glauben und Kirche berief und beantragte, gegen *Luther* als Ketzer vorzugehen. Die Reichsstände versuchten noch ein letztes Mal, in erneuten Ausschussverhandlungen ohne kaiserliche und päpstliche Vertreter *Luther* zu Äußerungen zu bewegen, die sich als Widerruf seiner Lehre auslegen ließen. Dieser jedoch, weil er sich strikt einer aus der Hl. Schrift entnommenen ›Wahrheit‹ verpflichtet sah, lehnte jede Unterwerfung ab und wurde deshalb gegen Ende des Reichstages von den wenigen noch anwesenden Ständen durch ein Edikt des Kaisers vom 8. Mai gebannt. Es erklärte *Luther* in die Acht, befahl jedem, der seiner habhaft werden konnte, ihn dem Kaiser auszuliefern, und verbot die Lektüre und weitere Verbreitung seiner Schriften.

An die Durchführung der im Edikt geforderten Maßnahmen war jedoch nicht mehr zu denken, hatte doch die Empörung gegen die Kirche in Deutschland bereits zu weit um sich gegriffen. Trotz Einhaltung des kaiserlichen Geleits lässt Kurfürst *Friedrich der Weise Luther* zur Sicherheit auf seiner Rückreise von Worms auf die

Auf dem Reichstag zu Worms 1521 bekennt Martin Luther vor Kaiser Karl V. und den Kurfürsten: » ... ich glaube weder dem Papst noch den Konzilien allein, weil es am Tage ist, daß sie zu mehreren Malen geirrt und sich selbst widersprochen haben –, so bin ich überwunden durch die Stellen der Hl. Schrift, die ich angeführt habe, und gefangen in meinem Gewissen an dem Wort Gottes. Deshalb kann ich nicht und will ich nichts widerrufen, weil wider das Gewissen zu handeln beschwerlich, nicht ratsam und gefährlich ist. Gott helfe mir, Amen« (kolorierter Holzschnitt aus dem Jahre 1557).

Der Teufel benutzt Luthers Kopf als Dudelsack (Flugblatt, um 1520)

Wartburg ›entführen‹, wo dieser in wenigen Monaten konzentrierten Arbeitens das Neue Testament aus der Vulgata ins Deutsche überträgt. Diese Bibelübersetzung *Luthers* wird die Grundlage für die neuhochdeutsche Schriftsprache. Da die außenpolitischen Unternehmungen des Hauses Habsburg im Kampf um die Vormacht in Europa gegen Frankreich *Karl V.* neun Jahre vom Reich fernhalten, kann sich die lutherische Reform voll entfalten.

Der deutsche Bauernkrieg

Unmittelbar vor dem eigentlichen ›Bauernkrieg‹ hatte bereits das deutsche ›Rittertum‹ als soziale Gruppe versucht, seine Interessen mit denen der religiösen Bewegung zu verbinden.

Schwerwiegende gesellschaftliche ›Verwerfungen‹ bahnten sich zu Beginn des 16. Jh. an durch den Verlust politischer Funktionen im sich ausprägenden Landesfürstentum und das gleichzeitige konservative Beharren auf der überkommenen Feudalordnung. Wichtigster humanistischer Ratgeber für die Ritterschaft war *Ulrich von Hutten*. Das Aufbegehren hatte jedoch nur zum Raubrittertum geführt und in der Person *Franz von Sickingens* (1481–1523) den prominentesten Standesgenossen gefunden.

Unter Berufung auf spezifische Ausprägungen der reformatorischen Bewegung sucht dieser jedoch einen Ausweg aus der ohnmächtiger werdenden Stellung der Ritter zwischen aufblühendem Bürgertum und sich im Landesfürstentum abschließendem hohem Adel in Überfällen auf Städte (Worms, Metz) und städtische Kaufleute und in einem friedensbrecherischen Krieg gegen ein geistliches Territorium, das Kurfürstentum Trier. Diesen Raub- und Plünderungszügen im württembergischen Franken und im Odenwald 1522/23 wurde jedoch durch ein Heer des Schwäbischen Bundes unter *Georg Truchseß von Waldburg* ein rasches Ende bereitet. Damit war die deutsche Ritterschaft als eine das Reich gestaltende politische Kraft schon vor der Bauernschaft ausgeschaltet worden.

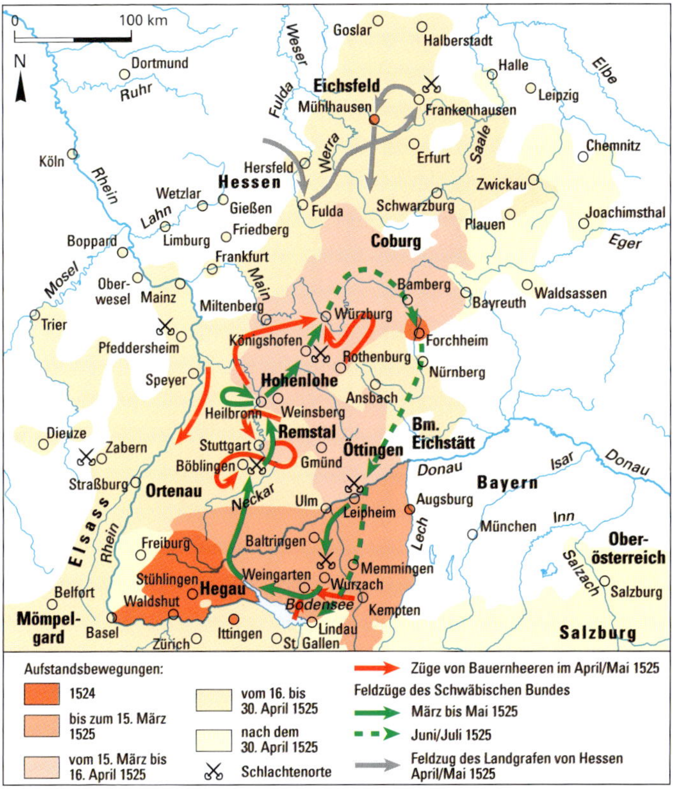

Anders als bei den Kämpfen des Rittertums hatte der Bauernkrieg, die bis dahin größte politisch-soziale Massenbewegung der deutschen Geschichte, mit der reformatorischen Bewegung ihrem Ursprung nach nichts zu tun. Auch wenn sich die bäuerlichen Lebens- und Rechtsverhältnisse in den verschiedenen deutschen Landschaften, selbst innerhalb des gleichen Herrschaftsraumes kaum auf einen gemeinsamen Nenner bringen lassen, so lässt sich doch aus der großen Zahl dokumentierter lokaler und regionaler Unruhen um die Jahrhundertwende ein Grundmotiv herausschälen, nämlich die Abwehr des Bauerntums gegen die Anstrengungen der Landesherrschaft, einen einheitlichen geschlossenen Untertanenverband her-

Die bäuerlichen Aufstandsbewegungen in den Jahren 1524/25

zustellen. Im Kampf um das »alte Recht« wehrte man sich auch gegen die Steigerung von Abgaben und Dienstleistungen, gegen Willkür und Missbräuche im Rechtswesen, gegen Einschränkungen der bäuerlichen Autonomie, des Gemeinbesitzes und seiner Nutzung. Es war demnach nicht so sehr die wirtschaftliche Bedrängnis der Armen, obwohl sie nicht fehlte, sondern das Gefühl der Rechtsunsicherheit, das vor allem auch wohlhabende Bauern die Führung des Widerstandes übernehmen ließ.

Die in den bäuerlichen Aufständen zutage tretende Kritik an der bestehenden gesellschaftlichen Ordnung rückte durch die reformatorische Bewegung in einen neuen Zusammenhang. War schon die weltliche Obrigkeit fragwürdig geworden, so wurde jetzt sogar die höchste Autorität, die kirchliche, nicht nur angezweifelt, sondern sogar als antichristlich gebrandmarkt.

Die Summe von Aufständen, die ihren Anfang nahmen im Juni 1524 in einigen Dörfern der Herrschaft Stühlingen am Südostrand des Schwarzwaldes, in Salzburg, Tirol, im Allgäu, in Schwaben, am Oberrhein, in Franken und in Thüringen, macht diesen ›Bauernkrieg‹ aus.

Programmatisch wurden dessen vielfältige rechtliche, wirtschaftliche und soziale Forderungen in den »Zwölf Artikeln der Bauernschaft« durch den bibelkundigen Kürschnergesellen *Sebastian Lotzer* zu einem Katalog zusammengefasst, der im Grunde kein radikales Programm darstellte. In Augsburg im März 1525 gedruckt – und im gleichen Jahr mindestens 25 mal nachgedruckt –, waren diese »Artikel« in kürzester Zeit in ganz Deutschland verbreitet; sie wurden das Manifest der Bauernbewegung, an dem sich alle formulierten Beschwerden ausrichteten. Ihr großer

Aufständische Bauern bedrohen einen Ritter (Holzschnitt von 1525)

Erfolg erst weitete die regionalen Aufstände zum Bauernkrieg aus, an dem auch Ritter und Bürger führend beteiligt waren (z. B. *Florian Geyer* und *Götz von Berlichingen*).

Luther selber hatte auf die »Zwölf Artikel«, die ihn zum Gutachter über die Bibelgemäßheit von sozialen Pflichten aufriefen, zunächst im April 1525 mit der »Ermahnung zum Frieden« mäßigend zum Vergleich nach beiden Seiten geantwortet. Als er allerdings selber miterlebte, welche Folgen die radikalen Forderungen des thüringischen Theologen *Thomas Müntzer,* eines religiösen ›Revolutionärs‹, hatten, schrieb er im Mai 1525 das harsche und folgenschwere Büchlein: »Wider die räuberischen und mörderischen Rotten der Bauern«, in dem er deren rücksichtslose Niederwerfung forderte.

Und dieses taten die ›Herren‹ dann auch! Dank ihrer militärischen Überlegenheit wurde unter den Aufständischen ein furchtbares Blutbad angerichtet: Zehntausende von Bauern wurden regelrecht niedergemetzelt, darüber hinaus erhebliche Summen von Entschädigungszahlungen gefordert für die Brandschatzung der Schlösser und Klöster.

Letztendlich markiert der Bauernkrieg in der Geschichte der Reformation eine tiefe Zäsur. Abgesehen davon, dass die Ausschaltung der Bauernschaft als politischer Faktor jahrhundertelang weiter wirkte, wandten sich gerade geweckte Teile der Bevölkerung – jetzt eben durch die Haltung *Luthers* – wieder von der evangelischen Lehre ab, kehrten zum alten Glauben zurück oder sonderten sich ins Sekten- und Täufertum ab. Die Reformation als Volksbewegung hatte damit an Bedeutung verloren.

Auf dem Weg zum Augsburger Religionsfrieden

Hatte der erste Reichstag zu Speyer im Jahre 1526 in seinem zwischen den Ständen ausgehandelten Kompromiss bereits deutlich gemacht, dass die ›Altgläubigen‹ zwar die weitere Ausbreitung der neuen Anschauungen verhindern, die ›Neugläubigen‹ jedoch nicht hinter das bereits Erreichte zurückgehen wollten – was die Entfaltung des landesherrlichen Kirchenregiments zu einer ›Gewissensentscheidung‹ der Obrigkeit machte –, so setzte der zweite Reichstag zu Speyer im Jahre 1529 noch deutlichere Akzente.

In Abwesenheit *Karls V.*, der immer noch in kriegerischen Verwicklungen mit Frankreich verhaftet war, wurde in einem Reichtagsabschied am 22. April zwar erklärt, dass alle religiösen Neuerungen zu unterbleiben hätten; die evangelischen Reichsstände fassten daraufhin jedoch ihre Bedenken notariell in einer feierlichen »protestatio« an den Kaiser zusammen. Unter diesen ›Protestanten‹ waren u. a. der Kurfürst *Johann von Sachsen*, Markgraf *Georg von Brandenburg*, Landgraf *Philipp von Hessen*, dazu kamen 14 Städte; die bedeutendsten unter ihnen waren Straßburg, Nürnberg, Ulm und Konstanz. Seitdem trennten sich beide Konfessionen im verfassungsrechtlichen Sinne.

Kurfürst Johann Friedrich von Sachsen im Kreise seiner Reformatoren. Rechts mit erhobenem Zeigefinger Philipp Melanchthon, der Luther – ganz links – bei der Übersetzung des Alten Testaments half (Detail eines Gemäldes von Lukas Cranach d. Ä. aus dem Jahre 1535).

Nachdem *Karl* im Februar 1530 als letzter Römischer König gemäß mittelalterlicher Tradition vom Papst zwar in Bologna und nicht in Rom zum Kaiser gekrönt und im Juni nach Augsburg zurückgekehrt war, um zum ersten Mal nach neun Jahren wieder einen Reichstag zu eröffnen, stand er zwar auf dem Höhepunkt seiner Macht, in konfessioneller Hinsicht hatte er jedoch an Flexibilität nicht gewonnen. Da sich in seiner Meinung über *Luther* seit dem Wormser Reichstag nichts geändert und sich die Kirche selber bisher als unfähig erwiesen hatte, aus eigener Kraft mit der lutherischen ›Ketzerei‹ fertig zu werden, sollte nun endlich ein Schlussstrich gezogen werden.

So wurde als Antwort auf das »Augsburgische Bekenntnis« (CA, Confessio Augustana), das von *Melanchthon* in deutscher und lateinischer Sprache verfasst, von den protestantischen Reichsfürsten und -städten unterzeichnet und am 25. Juni dem Kaiser übergeben worden war, die katholische Gegenerklärung, die »confutatio« (Verfasser u.a. *Johannes Eck* und *Johannes Chochläus*) gesetzt, die allerdings nicht zu der von *Karl* angestrebten Unterwerfung der Protestanten führte.

Da nach einem Reichstagsabschied – in Abwesenheit der bereits abgereisten Protestanten – das Reichskammergericht die Prozesse gegen die religiösen ›Abweichler‹ wieder aufnahm, traten die Stände nun endgültig in Konfessionsparteien auseinander. Gescheitert waren damit auch die Erwartungen einer Reformation des Reiches, die noch 1520 ganz Deutschland erfüllt hatten. Jeder Versuch, dem alten Glauben die verlorenen Territorien zurückzugewinnen, konnte sich in Zukunft nur noch auf Gewalt stützen.

Vorsorglich als Verteidigungsbündnis schließen sich deshalb am 23. Februar 1531 mehrere protestantische Reichsstände zum **Schmalkaldischen Bund** (Schmalkalden liegt am Südhang des Thüringer Waldes) unter der Führung Kursachsens und Hessens zusammen. Erfolge verzeichnet der Bund zunächst 1532 im so genannten Nürnberger »Anstand«, da der Kaiser immer wieder im gesamten Reich um militärische Unterstützung gegen die andrängenden Türken nachsuchen muss. So wird in diesem Abkommen, ohne dass die katholischen Reichsstände zustimmen, den Protestanten vorläufig (bis zu einem Konzil oder einem weiteren Reichstag) die freie Religionsausübung zugestanden.

1545 kommt es zur Einberufung einer Kirchenversammlung nach **Trient**, der Bischofsstadt an der Grenze zwischen dem deutschen und dem italienischen Sprachgebiet. Die Beratungen über eine durchgreifende Kirchenreform, später auch als Beginn der »Gegenreformation« bezeichnet, schleppen sich jedoch mit zahlreichen Unterbrechungen über 18 Jahre hin. Am Ende hatte sich der katholische Glauben klar gegen die reformatorischen Lehren abgegrenzt, dabei die kirchliche Tradition, z. B. die Schriften der Kirchen-

Reich und Reformation unter Karl V.

1516
Karl erbt Spanien
1517
Thesen Martin Luthers
1519
Wahl Karls V. zum Kaiser
1521
Reichstag zu Worms
1522/23
Erhebung der Reichsritter
1524/25
Bauernkrieg
1525
Schlacht bei Pavia
1529
Türken belagern Wien
1530
Kaiserkrönung Karls V.
1530
Reichstag zu Augsburg
1531
Schmalkaldischer Bund
1534/35
Wiedertäufer in Münster
1544
Frieden von Crépy
1545
Konzil von Trient eröffnet
1545/46
Schmalkaldischer Krieg
1547/48
Augsburger Interim
1550
Fürstenrebellion im Reich
1552
Metz, Toul und Verdun an Frankreich
1552
Passauer Vertrag
1555
Augsburger Religionsfrieden
1556
Karl V. dankt ab

väter und Konzilsbeschlüsse, als gleichrangig neben die Bibel gestellt und die Kirche als allein zuständig für die Auslegung der Hl. Schrift erklärt. Der Papst blieb ohnehin oberste Autorität. Zur tiefen Enttäuschung großer Teile der Bevölkerung lieferte das Konzil selber jedoch keinen Beitrag mehr für die Beseitigung des konfessionellen Zwiespalts in Deutschland.

Trotz mehrerer Versuche, in reichsinternen Religionsgesprächen (so auf den Regensburger Reichstagen 1541 und 1546) einen Ausgleich im Glaubensstreit zu erlangen, kommt es schließlich **1546/47** zum **Schmalkaldischen Krieg**, den *Karl V.* erfolgreich als Exekution der Reichsacht vor allem gegen Kurfürst *Friedrich von Sachsen* und *Philipp von Hessen* führt. Beide Häupter der Schmalkaldener müssen lange Haftstrafen antreten, ihr Bund verliert jegliche Macht.

Vom Kaiser selber noch einberufen – *Karl V.* lebte seit Februar 1553 in Brüssel und kehrte bis zu seinem Tode am 21. September 1558 in einem westspanischen Kloster nicht mehr ins Reich zurück –, kommt es schließlich unter der Leitung seines Sohnes *Ferdinand* auf dem **Reichstag zu Augsburg** zu einem Friedenswerk, das den endgültigen Verzicht auf ein einheitliches Bekenntnis im Reich bedeutete. Als mühsam ausgehandelter Kompromiss sanktionierte diese Friedensordnung vom **25. September 1555**, was längst Wirklichkeit war: das Nebeneinander der römisch-katholischen und der lutherisch-augsburgischen Konfession unter Ausschluss der Zwinglianer (*Ulrich Zwingli*, 1484–1531), der Calvinisten (*Jean Calvin*, 1509–1564) und der Täufer.

Das Reich verlor also die Religionshoheit zugunsten der Territorien, allerdings wurde die Wahlfreiheit zwischen den beiden Konfessionen nur den Reichsständen zugestanden und nicht den Untertanen selbst. Nach dem Motto »cuius regio, eius religio« bestimmte also der Landesherr das Bekenntnis für sein Land, den Untertanen blieb für den Fall, dass sie mit dem Bekenntnis ihrer Herrschaft nicht übereinstimmten, nur das Recht, Hab und Gut zu verkaufen und auszuwandern. Ein Nebeneinander beider Konfessionen wurde nur den Städten zugestanden. Der »Geistliche Vorbehalt« – von den protestantischen Reichsständen nicht akzeptiert, kraft königlicher Macht jedoch von *Ferdinand* in das Friedenswerk eingefügt – bestimmte für den Fall des Übertritts eines geistlichen Reichsfürsten zum lutherischen Bekenntnis, dass er seine Ämter niederlegen musste und das entsprechende Dom- oder Stiftskapitel das Recht, nicht die Pflicht besaß, einen katholischen Nachfolger zu wählen.

Wir sind es zwar gewohnt, in der Mitte des 16. Jh. eine Zäsur vorzunehmen und die folgenden 100 Jahre als Epoche der **»Gegenreformation«** zu bezeichnen. Allerdings kann die inhaltliche Auslegung dieses Begriffs auch zu Missverständnissen führen, setzte doch im gleichen Zeitraum im Gebiet der europäischen Christenheit eine zweite große Ausbreitungswelle der Reformation unter dem Vorzeichen des Calvinismus ein, die von Ungarn und Polen bis nach Holland, England, Schottland und Frankreich zu gewaltigen Auseinandersetzungen führte. Calvinismus und Gegenreformation erreichten also etwa gleichzeitig den Höhepunkt ihrer Wirksamkeit.

Die Zeit der Gegenreformation

Ganz allgemein betrachtet, war die Gegenreformation, sieht man von dem innerkirchlichen und religiösen Erneuerungsprozess einmal ab, nichts anderes als eine meist militante Wiederherstellung des Katholizismus in Ländern, Städten und Regionen, die ganz oder teilweise protestantisch geworden waren. In sehr vielen Fällen erfolgte diese Wiederherstellung auf Befehl von oben, verordnet von der Staatsgewalt und durchgeführt unter Mithilfe des Staatsapparates. Dabei gab es unzählige Formen der Gegenreformation: Je nach Maßgabe der gegebenen Umstände konnte sie von Ort zu Ort und von Region zu Region ein anderes Gesicht annehmen. Dabei verfügten die weltlichen Regierungen gewöhnlich über eine reiche Skala von Mitteln und Methoden, um zu rekatholisieren. In der Regel ging es dabei jedoch nicht ohne Druck, Gewalt und Schikanen ab.

Der Kampf um die Auslegung des Religionsfriedens

1556–1564
Ferdinand I.

Kurioserweise verzögerte sich die Proklamierung *Ferdinands* zum Römischen Kaiser noch bis zum März 1558, da der bis dahin in der deutschen Geschichte einmalige Vorgang des Thronverzichts durch einen amtierenden Kaiser (*Karl V.* am 12. September 1556) von den Kurfürsten zunächst rechtlich nicht akzeptiert wurde. Als die auf den Reichstagen wieder aufgenommenen Religionsgespräche zu keiner Annäherung zwischen den Konfessionen führten, rief *Ferdinand* den Orden der **Jesuiten**, der auf der dritten Periode des Konzils von Trient (1562/63) maßgeblich an Einfluss gewonnen hatte, zur Wiederherstellung des Katholizismus im Reich und insbesondere in den habsburgischen Erblanden auf.

1564–1576
Maximilian II.

Allerdings scheute sich *Ferdinands* Nachfolger *Maximilian,* die gerade verkündeten (konservativen) Beschlüsse des Konzils von Trient zu propagieren, da zu Beginn seiner Regierungszeit das deutsche Reich einen Höhepunkt der Ausbreitung des Protestantismus erlebte. Nach zuverlässigen zeitgenössischen Quellen sollen zu jener Zeit etwa sieben Zehntel des Reiches lutherisch gewesen sein.

Erst auf dem Reichstag zu Augsburg 1566 werden vom Kaiser und von den katholischen Reichsständen die Konzilsbeschlüsse offiziell angenommen und in der Folgezeit die Jesuiten verstärkt mit seelsorgerischen Aufgaben und Schul- und Hochschulunterricht betraut. Gegen Ende der Regierungszeit *Maximilians II.* verschärfen sich die konfessionellen Spannungen wieder, da der Kaiser versucht, eine gemäßigt-zentralistische Umgestaltung des Reiches herbeizuführen und sich das Reichskriegswesen zu unterstellen.

Ignatius von Loyola übergibt Papst Paul III. die Ordensregeln der Jesuiten (Gemälde aus dem 16. Jh.).

1576–1612
Rudolf II.

Im Zeichen kulminierender Auseinandersetzungen wird die Regierungszeit des im Grunde menschenscheuen Kaisers *Rudolf,* der sich schon in frühen Jahren auf den Hradschin nach Prag zurückgezogen hatte, beherrscht von einer permanenten Auseinandersetzung um die Auslegung des Augsburger Religionsfriedens, der in der Tat nicht in allen Punkten eindeutig formuliert war. Dies galt vor allem hinsichtlich des Umfangs obrigkeitlichen Rechts, das Bekenntnis der Untertanen zu bestimmen, des »Geistlichen Vorbehalts« und der (möglichen) Säkularisierung landsässiger Stifte und Klöster durch protestantische Reichsstände. Vor allem trat auch der 1555 nicht berücksichtigte Calvinismus stärker hervor. Angesichts einer passiven kaiserlichen Regierung nahmen sich die Reichsstände mit einer größer werdenden Entschiedenheit der religiösen Interessen an und gruppierten sich zu militanten Konfessionsparteien um.

So verließen die Protestanten den Reichstag zu Regensburg (1608) und gründeten unter der Führung der Kurpfalz mit weiteren süddeutschen Ständen und 17 oberdeutschen Städten die zunächst auf zehn Jahre befristete **Union** zur Abwehr von Rechtswidrigkeiten und Gewalttätigkeiten. Als Pendant schlossen sich katholische Reichsstände unter der bayerischen Führung zur **Liga** zusammen, ebenso mit dem defensiven Zweck, Landfrieden und katholische Religion zu verteidigen.

Erstmals sollten sich beide konfessionellen ›Schutzbündnisse‹ offensiv 1609–1614 im Erbfolgestreit um die Vereinigten Herzogtümer Cleve-Jülich-Berg gegenüberstehen. Dass sich in diesen Konflikt auch das Ausland einmischte und das Reich damit zum Schauplatz ausländischer Interessen wurde, machte diesen regionalen Krieg zu einem kleinen Vorspiel des großen Dreißigjährigen Krieges. Denn dessen (überwiegende) Mächtekonstellationen wurden hier vorweggenommen: Spanien, Österreich und die **Liga** auf der einen und Holland, Frankreich und die deutschen Protestanten auf der anderen Seite.

Der Dreißigjährige Krieg

Wenige Jahre vor seinem Tod hatte *Rudolf II.* durch seinen »Majestätsbrief« vom 9. Juli 1609 den böhmischen Ständen als Zeichen des Entgegenkommens und um seine Herrschaft in Böhmen zu retten, die volle Religionsfreiheit und weitere ständische Privilegien garantiert. Dennoch blieb die Rechtslage zwischen dem Herrscherhaus der Habsburger und den Ständen sowie zwischen den Konfessionen angespannt.

1612–1619 Matthias

Insbesondere weil der neue Kaiser *Matthias* seinem streng katholischen Vetter, Erzherzog *Ferdinand*, gegen den Widerstand der protestantischen Stände die Nachfolge in Böhmen, Ungarn und dem Reich sichert, kommt es zu Zusammenstößen zwischen den Konfessionen. Diese wiederum bieten den Anlass, am 23. Mai 1618 einen Protestantentag nach Prag einzuberufen, was wiederum dazu führt, dass zwei kaiserliche Statthalter aus ihren Büros im Hradschin durch das Fenster in den Burggraben geworfen werden. Dieser »Prager Fenstersturz« eröffnete sinnfällig den Aufstand des eingesessenen, vorwiegend evangelischen Adels gegen die katholische Landesherrschaft.

Der »Prager Fenstersturz« (Kupferstich von M. Merian um 1635)

Der Dreißigjährige Krieg begann als lokaler Streit zwischen Ständen und Fürstentum, zog jedoch immer weitere Kreise und endete schließlich als allgemeiner umfassender Kampf, an dem zuletzt kaum eine der europäischen Mächte unbeteiligt blieb.

Voller Selbstbewusstsein konstituierten die Aufständischen in Böhmen zunächst einen Landtag, gaben sich am 31. Juli 1619 eine eigene Verfassung, erklärten den böhmischen König (und späteren Kaiser) am 22. August für abgesetzt und wählten an seiner Statt den Führer der **Union**, den Kurfürsten *Friedrich V. von der Pfalz,* am 26./27. August zum böhmischen König.

1619–1637
Ferdinand II.

Als sich dieser tatsächlich in diese heikle Angelegenheit hineinziehen und sich in Prag krönen ließ, dort zudem seine Residenz nahm, weitete sich der habsburgische Konflikt zu einer Reichsangelegenheit aus. Die Reaktion *Ferdinands,* seit dem 28. August Kaiser, war energisch: Nicht nur ließ er sich seine Absetzung nicht gefallen, noch war er gesonnen, einem weiteren Umsichgreifen des Protestantismus in Böhmen und seinen Nebenländern ruhig zuzusehen. Da seine eigene Armee jedoch zu schwach war, suchte er um Hilfe nach und fand sie im Heer der **Liga** unter Führung *Maximilians I. von Bayern.*

Mangelhaft unterstützt durch die **Union**, wurde das böhmische Heer schließlich in der Schlacht am Weißen Berge bei Prag am 8. November 1620 mühelos geschlagen, der »Winterkönig« flüchtete – über ihn wurde die Reichsacht verhängt, zudem verlor er die Kurwürde, die 1623, wie vorher versprochen, an Bayern fiel – und die ständische Regierung (wie übrigens die **Union** auch) löste sich auf. Für Böhmen hatte diese Entscheidungsschlacht weit reichende politische, soziale und religiöse Folgen: Die Anführer des Aufruhrs wurden hingerichtet, alle sonst Beteiligten mussten das Land verlassen, ihre Güter wurden konfisziert und an landfremde Geschlechter verteilt, die fortan eine neue kaisertreue gesellschaftliche Oberschicht im Lande bildeten. Der Katholizismus wurde wiederherge-

Die Chronologie des Krieges

1608
Protestantische »Union«
1609
Katholische »Liga«
1618
Aufstand in Prag
1618–1623
Böhmisch-Pfälzischer Krieg
1620
Schlacht am Weißen Berg
1623
Kurwürde an Bayern
1625–1629
Niedersächs.-Dänischer Krieg
1626
Wallenstein Oberbefehlshaber
1629
Frieden von Lübeck, Restitutionsedikt
1630–1635
Schwedischer Krieg
1630
Landung Gustav Adolfs
1632
Schlacht bei Lützen
1635
Frieden zu Prag
1635–1648
Schwedisch-Französischer Krieg
1644
Friedensverhandlungen in Münster und Osnabrück
1648
Westfälischer Frieden

stellt, was vielerorts zur Massenemigration evangelischer Bevölkerungsteile führte.

Wäre der Krieg eine rein deutsche Angelegenheit gewesen, dann hätte jetzt wohl Frieden geschlossen werden können. Aber ob des Erfolges und des gestiegenen internationalen Gewichts des Hauses Habsburg trat das Ausland auf den Plan: Zunächst unterstützten Holland, England und Frankreich den Krieg des (protestantischen) dänischen Königs *Christian IV.* in Norddeutschland. Dieser hatte sich mit einigen evangelischen Fürsten zusammengeschlossen, in der Hoffnung, sich die Bistümer Bremen und Osnabrück einverleiben zu können. Der Krieg endete jedoch mit der dänischen Niederlage bei Lutter am Barenberge (1620) und dem Frieden von Lübeck am 22. Mai 1629, in dem der dänische König auf sein Bündnis mit den norddeutschen Fürsten und die niedersächsischen Bistümer verzichten musste.

Noch vor dem Friedensvertrag mit Dänemark – vermeintlich auf dem Höhepunkt seiner Macht – hatte der Kaiser am 6. März 1629 das **Restitutionsedikt** erlassen, in dem die Rückführung aller von den Protestanten eingezogenen geistlichen Güter gefordert wurde. Vor allem gegen den norddeutschen Protestantismus gerichtet, hätte die Umsetzung dieses Ediktes nicht nur eine entscheidende Gewichtsverlagerung zugunsten des Katholizismus im Reich eingeleitet, sondern zudem eine ungeahnte Machtsteigerung des Kaisers bedeutet – was logischerweise wieder innere und internationale Reaktionen hervorrufen musste. Beides zusammen führte schließlich eine Wende des Krieges herbei.

Zum einen erzwangen die höchsten Reichsstände auf dem **Regensburger Kurfürstentag 1630**, zu dem *Ferdinand* geladen hatte, um seinen gleichnamigen Sohn zum Römischen König wählen zu lassen, nicht nur die Absetzung *Wallensteins,* der mit seinen Söldnern die Voraussetzung für die kaiserliche Handlungsfreiheit darstellte, sondern auch die zahlenmäßige Verringerung der kaiserlichen Armee und die Kontrolle seiner Außenpolitik durch die Reichsstände. Zum ande-

Albrecht Wallenstein (1583–1634), seit 1626 Oberbefehlshaber der kaiserlichen Armee, bediente sich für den Unterhalt seiner Truppen gänzlich neuer Mittel. Während nämlich Tilly, der andere bedeutende kaiserliche Heerführer, noch nach älterer Methode die Bevölkerung gleichmäßig und gegen Entgelt durch ordentliche Heeresintendanten zu den Kriegslasten heranzog, praktizierte Wallenstein den neuen Grundsatz, dass der Krieg den Krieg zu ernähren habe. Ohne Unterschied von Freund und Feind ließ er das Land ohne Gegenleistung für Sold, Quartier und Verpflegung aufkommen und Städte, die er mit Einquartierung verschonte, Abstandsgelder zahlen. Kaiser und Feldherr blieben bei dieser Methode finanziell unabhängig, Wallenstein selber wurde, zumindest vorläufig, wichtigstes Instrument kaiserlicher Politik, weil er sich als Feldherr bewährte und mit seinen Truppen Ferdinands Macht bis an die Ostsee ausdehnte.

ren landete zeitgleich der schwedische König *Gustav II. Adolf* mit einem Heer, von Frankreich beträchtlich finanziell unterstützt, in Vorpommern (am 6. Juli), um den norddeutschen Protestantismus zu stützen und durch die Eingliederung von Teilen Deutschlands die schwedische Ostseeherrschaft zu erweitern.

Die sich anschließenden kriegerischen Handlungen führten nicht nur zu diversen verlustreichen Schlachten, z. B. für die katholische Seite 1631 bei Breitenfeld oder für die protestantische 1634 bei Nördlingen, sondern auch zu einer erneuten Annäherung zwischen *Ferdinand* und den Reichsständen: Im Frieden von Prag im Mai 1635 verzichtete der Kaiser auf die Durchführung des Restitutionsedikts von 1629, im Gegenzug erhielt er den Oberbefehl über eine Reichsarmee, deren Aufstellung jedoch die Stände kontrollierten. In konfessioneller Hinsicht blieb der Calvinismus ausgeschlossen, die territoriale Fixierung der Bekenntnisse sollte (zunächst auf 40 Jahre befristet) dem Stand von 1627 entsprechen, das Reichskammergericht wurde paritätisch besetzt.

1637–1657
Ferdinand III.

Trotz (oder gerade wegen) der gestärkten Position des deutschen Kaisers ging die internationale Ausdehnung der kriegerischen Handlungen mit dem Ziel der Schwächung des Hauses Habsburg weiter in ihre letzte furchtbarste Phase. Nun trat auch Frankreich (oder besser: das Haus Bourbon) zur offenen Kriegführung über und drang mehrmals über das Rheinland bis nach Bayern vor. Die Schweden agierten vornehmlich in Mitteldeutschland, ohne sich jedoch dauerhaft behaupten zu können.

Allerdings ließen die militärischen Kräfte langsam aber stetig nach und das Hin und Her der Feldzüge wurde zunehmend von Verhandlungen begleitet. Jedoch beendete sogar die Einleitung der Friedensverhandlungen 1644 von Kaiser und Reich mit Schweden in Osnabrück und mit Frankreich in Münster den Krieg noch nicht, da bei der Vielzahl der Kongressteilnehmer (neben den Hauptverhandlungspartnern eben

Der Söldner ist der beherrschende Sozialtypus des Dreißigjährigen Krieges. Musketier (Kupferstich von J. de Gheyn, um 1630). Der Feldherr und Kriegsunternehmer Ernst von Mansfeld charakterisiert ihn in der so genannten »Mansfeldischen Apologia« von 1621: »Soll der Soldat leben, so gehört Geld dazu. Gibt man es ihnen nicht, so nehmen sie es, wo sie es finden … Sie nehmen alles. Sie plündern alles. Sie schlagen und erschlagen, was ihnen Widerstand tun will … Es ist ihnen kein Ort frei noch heilig.«

die Vielzahl des deutschen Partikularismus) unzählige Interessensgegensätze ausgehandelt werden mussten. Schließlich kamen die Verhandlungen zu einem deutschen (und internationalen) **Frieden** doch am **24. Oktober 1648** durch Unterzeichnung der Vertragswerke zum endgültigen Abschluss.

Insgesamt lassen sich die Kriegsauswirkungen bis heute nicht hinreichend beschreiben, auch wenn bekannte Zeitgenossen wie *H. J. Ch. von Grimmelshausen* (um 1621–1676) in seinem »Simplizissimus« ausdrucksstark das Leid der Bevölkerung beklagt haben. Die Verheerungen verteilten sich jedenfalls nicht gleichmäßig über das Reich. Neben großen, vom Kriege völlig verschonten Gebieten mit nahezu ungestörter Weiterentwicklung gab es andere, die in wiederholtem Maße Zerstörungen und Plünderungen ausgesetzt waren. Hinsichtlich des Bevölkerungsrückganges muss von bis zu 40 % in ländlichen und bis zu 30 % in städtischen Gebieten ausgegangen werden, was wiederum zu erheblichen Veränderungen in der Wirtschaftsstruktur geführt haben dürfte. Allerdings stehen auch hier Regionen mit einer Verringerung der Anbauflächen und des Viehbestandes, eines Rückgangs von Handel und Gewerbe und von Besitzumschichtungen solchen gegenüber, die von kriegsbedingten positiven Impulsen für das Wirtschaftsleben gekennzeichnet waren.

Grundsätzlich lässt sich auch feststellen, dass das Bürgertum wohl weniger gelitten hat, es fehlte ihm aber zunächst an Kraft und Kapital, um sich aus dem schon vor dem Krieg in Gang gekommenen Wirtschaftsverfall wieder zu erheben.

Hinsichtlich der politischen Folgen trug der Westfälische Frieden Entwicklungen und Realitäten Rechnung, die bereits vor 1618 eingesetzt hatten, er festigte sie jedoch durch sein Vertragswerk in den wesentlichen Grundzügen auch bis zum Ende des Reiches 1806.

Der Westfälische Frieden

Nach langen und diffizilen Verhandlungen einigten sich die 148 Bevollmächtigten auf ein Friedenswerk, das zugleich ein Religions-, National- und Völkerfrieden war, denn der Frieden entschied über die noch offenen Konfessionsprobleme in den Territorien und im Reich, er regelte das Verhältnis der Stände zum Reich und zum Kaiser und die Beziehungen Deutschlands zum Ausland.

• Für die Ordnung der konfessionellen Rechts- und Besitzverhältnisse legte man zwar grundsätzlich die Abmachungen von 1555 zugrunde, erweiterte und präzisierte sie jedoch, sodass Unklarheiten über die Auslegung der Bestimmungen nicht mehr aufkommen konnten. Deshalb wurden Kaiser und Reich als Schiedsinstanzen in Religionssachen ausgeschaltet und die Reichsbehörden paritätisch besetzt.

Das Prinzip »cuius regio, eius religio« wurde zwar beibehalten (d. h., der Territorialherr bestimmte die Landeskonfession), aber Ausgangspunkt wurde das ›Normaljahr‹ 1624. Es entschied ein für allemal über den Bekenntnisstand der Bevölkerung und enthob diese damit der unwürdigen Lage, jeden Religionswechsel ihrer Obrigkeit mitmachen zu müssen.

Im Unterschied zu 1555 erreichte der Calvinismus den Status einer im Reich anerkannten Konfession

• Grundlegende Basis für die Wiederherstellung der innerdeutschen Ordnung bildeten die Prinzipien »Amnestie« und »Restitution«: Die Amnestie hob die Reichsacht unterschiedslos für alle Kriegsteilnehmer auf, sodass auch die Kurpfalz und andere Geächtete wieder in den Genuss ihrer Reichsstandschaft mit allen daran hängenden Rechten kamen.

Die Restitution sah – mit wenigen Ausnahmen – eine Wiederherstellung des territorialen Besitzes nach dem Stande von 1618 vor, was zur Folge hatte, dass für die restituierte Pfalz eine neue, achte Kur eingerichtet wurde. Zum »ewigen und allgemeinen Reichsgrundgesetz« erhoben, schuf der Frieden auch neue Bestimmungen für die Reichsverfassung: Die kaiserliche Gewalt wurde auf ein Minimum beschränkt, gleichzeitig ein volles Übergewicht der reichsständischen Freiheiten statuiert. Auch in der Außenpolitik wurde der Kaiser abhängig von den Reichsständen, indem ihm das alleinige Recht über Bündnisabschluss, Krieg und Frieden entzogen, gleichzeitig aber den Ständen größtmögliche Bewegungsfreiheit – auch das Recht zum Bündnisabschluss – zuerkannt wurde.

• Zwar hatten Schweden und Frankreich auch bei der Regelung der Religions- und Verfassungsfragen ein entscheidendes Wort mitgeredet, aber hauptsächlich ging es den beiden Mächten um Landgewinn. So erhielt Schweden Vorpommern mit Rügen, das Erzstift Bremen, das Stift Verden und Wismar, zudem die Summe von fünf Millionen Talern zur Abfindung seiner Soldaten. An Frankreich fielen alle habsburgischen Besitztitel im Elsass, dazu Breisach und die lothringischen Bistümer Metz, Toul und Verdun.

Darüber hinaus erhielten die Eidgenossen und die Holländer die volle Souveränität; die Schweiz und die Niederlande schieden damit aus dem Reichsverband aus.

Während also im Westen Engländer, Franzosen und Holländer der politischen und ökonomischen Erstarkung im Inneren die Ausdehnung nach außen folgen ließen, während zudem im Norden Schweden die deutschen Strommündungen Elbe, Oder und Weser beherrschte und im Südosten das Osmanische Reich eine ständige Bedrohung darstellte, gab es in der (deutschen) Mitte Europas wohl noch die Form einer Einheit, aber keinen einheitlichen Willen mehr. Stärker als das Reichsbewusstsein bestimmte das eigene Interesse die Politik der verschiedenen Reichsstände, vor allem bei den größeren Herren, deren Wille zur Eigenstaatlichkeit und zu selbstständigem Handeln wuchs, je entschiedener es ihnen gelang, ihre Macht im Inneren der jeweiligen Herrschaftsgebiete zu konsolidieren. Dieses galt nicht nur für Österreich, das trotz des Scheiterns der kaiserlichen Restaurationspolitik anerkannter Gegner im europäischen Kräftespiel geblieben war, sondern zunehmend auch für Brandenburg und Bayern.

Das Reich zwischen Westfälischem Frieden und Französischer Revolution

Auseinandersetzungen mit Frankreich

Der frühe Tod des designierten Kaisers und Römischen Königs *Ferdinand IV.* (am 9. Juli 1654) erzwang neue Verhandlungen der Reichsstände über die Kaiserwahl; als am 2. April 1657 gar noch der amtierende Kaiser *Ferdinand III.* überraschend starb, leitete diese Situation ein 15 Monate dauerndes **Interregnum** (kaiserlose Zeit) ein, das die Zerrissenheit und Ohnmacht Deutschlands klar hervortreten ließ. Überschattet von einem neuen Krieg in Nordeuropa, der auch die Interessen des Reiches berührte – brandenburgische Truppen unterstützten erfolgreich Schweden im Krieg gegen Polen –, führten die Verhandlungen der Kurfürsten jedoch am 18. Juli 1658 zur Wahl *Leopolds I.* zum Kaiser, womit die Kontinuität der habsburgischen Dynastie erhalten blieb.

1658–1705 Leopold I.

Der neue Kaiser musste in seiner Wahlkapitulation vor allem auf Drängen Kurbrandenburgs den Territorialfürsten erhebliche Zugeständnisse machen, die eine deutliche Weiterentwicklung des frühmodernen Staates und die Entwicklung von Elementen einer Staats- und Regierungsform ermöglichten, der man später die Bezeichnung »Absolutismus« (oder »absolute Monarchie«) gegeben hat. So wird den Landständen jede Disposition über die Landessteuern entzogen, zudem waren ständische Versammlungen ohne fürstliche Genehmigung und eine mögliche Klageerhebung gegen den Landesherrn verboten.

In außenpolitischer Hinsicht zeigte sich deutlicher denn je, dass von einer einheitlichen Reichspolitik keine Rede sein konnte, vor allem seit sich Frankreich anschickte, seine dominierende Rolle in Europa weiter auszubauen. Nach dem Tode *Mazarins* (9. März 1661) hatte König *Ludwig XIV.* die politische Führung des Landes in die eigene Hand genommen, um in den nächsten Jahrzehnten die Nachbarstaaten rücksichtslos mit seiner Expansionspolitik zu drangsalieren.

Nützliches Instrument für die Interessen Frankreichs in Deutschland war zunächst der (Erste) **Rheinbund**, der sich 1658 aus den Unionsbestrebungen der in der Rheinischen Allianz (von 1654) zusammengeschlossenen Reichsfürsten gebildet hatte, um als antihabsburgische Opposition zu fungieren. Auch als sich dieser nach dem so genannten Devolutionskrieg, den die Franzosen gegen die Niederlande führten, 1668 wegen zunehmender Gegensätze zwischen den rheinischen Fürsten und den norddeutschen Mitgliedern wieder auflöste, blieben die Spannungen zwischen Deutschland und Frankreich virulent.

Ludwig XIV. empfängt den Kurfürsten Johann Georg III. von Sachsen (um 1680), der für seine frankreichfreundliche Politik bekannt war.

Nach der Kriegserklärung des Regensburger Reichstages 1674 und mehreren Schlachten einigte man sich zunächst 1679 im **Frieden von Nimwegen**, in dem die französische Vormachtstellung bestätigt wurde – nur um sich in der Folgezeit der »Reunionspolitik« *Ludwigs XIV.* gegenüber zu sehen.

Zunächst als Defensivpolitik bezeichnet, um die angestrebte Grenze mit dem Reich lückenlos zu schließen und Frankreich unangreifbar zu machen, entpuppten sich die ›Reunionen‹ rasch als Annexionen auf dem Rechtswege, die sich in eigens geschaffenen ›Reunionskammern‹ letztlich auf Auslegungen des mittelalterlichen Lehnswesens beriefen.

Natürlich löste diese Politik des »Sonnenkönigs« nicht nur Empörung, sondern im Reich auch eine entschiedene Stimmung des Aufbegehrens aus: Man be-

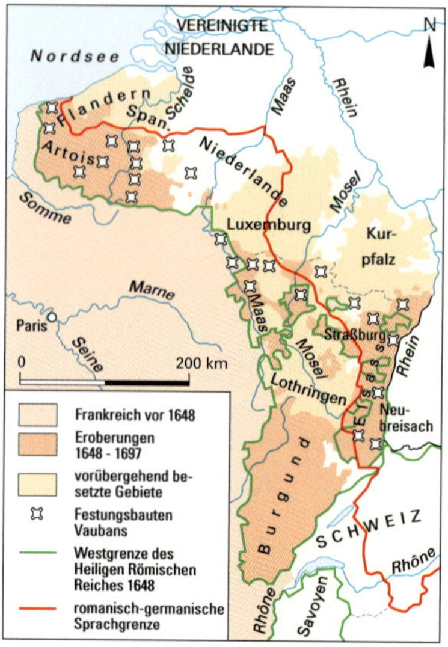

Grenze zwischen Frankreich und dem Deutschen Reich 1648–1713

schloss nicht nur eine neue Reichskriegsverfassung, nach der auch in Friedenszeiten ein Heer von 40.000 Mann bestehen bleiben sollte, sondern fand zudem zunehmend zu Allianzen mit dem deutschen Oberhaupt. Vor allem als sich im Pfälzischen Krieg (1688–1697) *Ludwig XIV.* in Erbstreitigkeiten für seine Schwägerin militärisch einmischte und es zu einer Vielzahl von Gewalttaten und Zerstörungen durch die Franzosen an Rhein und Mosel kam, erfolgte die (erneute) Kriegserklärung eines Regensburger Reichstages (1688) an Frankreich.

Kriegsmüde einigt man sich schließlich am **30. Oktober 1697** südlich von Den Haag im **Frieden von Rijswijk**, in dem Frankreich zwar auf die Reunionen außerhalb des Elsasses und auf die Stadt Freiburg verzichten muss, es erreicht jedoch die endgültige Anerkennung des Elsass selber als zum Staatsgebiet gehörend, einschließlich der Stadt Straßburg – womit sich die Hegemonialpolitik *Ludwigs XIV.* gegenüber dem Reich letztlich erfolgreich durchgesetzt hatte.

Der Aufstieg Brandenburg-Preußens

Wie in anderen reichsständischen Territorien auch, hatte sich bereits Mitte des 16. Jh. unter dem Kurfürsten *Joachim II.* ein religiöser und kirchenrechtlicher Wandel in der Mark Brandenburg ergeben, als nämlich die Reformation eingeführt, die kirchlichen Güter eingezogen und die Kirche 1543 einem landesherrlichen Konsistorium unterstellt wurde.

1613 jedoch trat Kurfürst *Johann Sigismund* zum Calvinismus über, die lutherischen Untertanen waren aber nicht gezwungen worden, den erneuten Konfessionswechsel des Herrscherhauses mitzuvollziehen.

Trotz eines 1614 erlassenen Edikts, in dem die Anhänger beider protestantischen Bekenntnisse aufgefordert wurden, sich gegenseitig zu tolerieren, kam es zunehmend zu Spannungen zwischen den calvinistisch erzogenen Führungskräften des landesherrlichen Regiments und den lutherisch gebliebenen Bevölkerungsgruppen.

1640–1688
Friedrich Wilhelm von Brandenburg, der Große Kurfürst

Insbesondere Kurfürst *Friedrich Wilhelm* war in seiner Jugend stark von den calvinistischen Niederlanden beeindruckt worden: Nicht nur hatte er dort in Leyden studiert, Handel und Gewerbe und ein modernes Militärwesen kennengelernt und eine Prinzessin aus dem Hause Oranien geheiratet, sondern aus der calvinistischen Prädestinationslehre auch ein starkes politisches Selbstbewusstsein entwickelt.

Friedrich Wilhelm von Brandenburg, der Große Kurfürst (B. Matthisen, um 1639)

Wegen seiner Zielsetzung, die Herrschaft des Hauses Brandenburg-Hohenzollern zu festigen, musste es deshalb zwangsläufig zu Auseinandersetzungen mit den Landständen kommen. Ebenso war abzusehen, dass seine außenpolitischen Bestrebungen der Abrundung und Zusammenfassung der verstreuten Landesteile Brandenburg in das Kräftespiel der größeren europäischen Mächte Frankreich, Schweden und Polen hineinziehen würden.

Im Inneren nutzte *Friedrich Wilhelm* als erster die rechtlichen Möglichkeiten, die den Territorien mit dem Westfälischen Frieden, dem »Jüngsten Reichsabschied« und der Wahlkapitulation *Leopolds I.* gegeben waren, indem er das traditionelle Steuerbewilligungsrecht der Landstände (1653) weitgehend einschränkte, um mit diesen Ressourcen ein stehendes Heer von annähernd 30.000 Mann finanzieren zu können, ohne das er den führenden europäischen Mächten nicht ebenbürtig zu sein glaubte. Zudem unternahm er nachhaltige Schritte zur Zentralisation der Verwaltung, indem er durch die Schaffung einer Hofkammer, neuer Finanzbehörden und eines Generalkriegskommissariats die Staatsführung straffte.

Wirtschaftspolitische Weitsicht bewies der Kurfürst, als er wenige Tage nach der Aufhebung des Toleranzedikts von Nantes durch *Ludwig XIV.* am 18. Oktober 1685 mit dem **Edikt von Potsdam** auf die Vertreibung der Hugenotten aus Frankreich reagierte, diesen Asyl in Brandenburg anbot und versprach, sie über Jahre finanziell zu unterstützen. Etwa 20.000 handwerklich und wissenschaftlich gut ausgebildete Glaubensflüchtlinge kamen tatsächlich und bildeten in den kommenden Jahren, auch durch die Einführung neuer Berufszweige, einen bedeutsamen Wirtschaftsfaktor.

Außenpolitisch griff *Friedrich Wilhelm* erstmals militärisch im Juli 1656 in der Schlacht von Warschau in den Kampf zwischen Schweden und Polen um die Vormachtstellung an der Ostsee ein, mit dem Ergebnis,

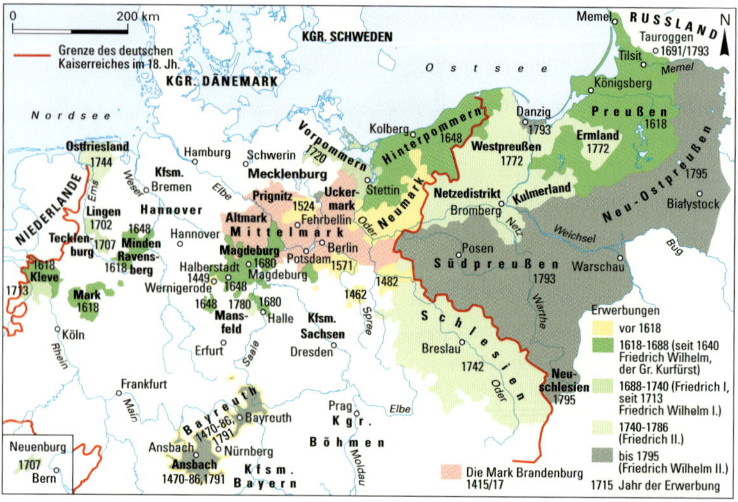

Die Entwicklung Brandenburg-Preußens 1415/17–1795

dass er im **Frieden von Wehlau** im **September 1657** die Anerkennung seiner Souveränität im Herzogtum Preußen erhält.

Als *Friedrich Wilhelm,* der Große Kurfürst, am 9. Mai 1688 starb, hinterließ er seinem Nachfolger, dem einzigen überlebenden Sohn aus seiner Ehe mit der Oranierin *Luise Henriette,* einen Staat mit einem starken Heer, einer nicht mehr von Ständen, sondern vom Fürsten abhängigen Verwaltung und einer Wirtschaft, die gerade in den letzten Jahren durch eine planmäßige Manufakturförderung starken Auftrieb erlangt hatte.

1688–1713 Friedrich III., seit 1701 Friedrich I., König in Preußen

Die Erhöhung des persönlichen Standes eines Landesherrn und damit auch des dynastischen Ranges eines Fürstenhauses war im Deutschland des 17. Jh. nichts Außergewöhnliches. Da das Herzogtum Preußen souveränes Gebiet war, außerhalb des Reichsgebietes lag und damit nicht der Lehnsgewalt des Kaisers unterstand, lag es nahe, dass *Friedrich III.* der neuen brandenburgischen Machtstellung mit einer Königswürde für Preußen äußere Anerkennung zu verschaffen suchte. Da dieses jedoch ohne Einwilligung des Kaisers schwer möglich war, wurde seit 1690 mit dem habsburgischen Hof verhandelt, aber ein Erfolg im Sinne des brandenburgischen Kurfürsten zeichnete sich erst ab, als der Kaiser sich im vorhersehbaren Streit um die spanischen Erblande verlässlicher Bundesgenossen versichern musste. Gegen die Verpflichtung, ihm im Kriegsfalle ein Truppenkontingent von 8.000 Mann zu stellen und bei der nächsten Kaiserwahl für den habsburgischen Kandidaten zu stimmen, gab der Kaiser sein Einverständnis, eine preußische Königswürde anzuerkennen.

Also brach am 17. Dezember der Hof mit gewaltigem Tross zu den Krönungsfeiern nach Königsberg auf, wo *Friedrich* sich und seiner Gemahlin am **18. Januar 1701** die Krone aufsetzte. Die nachträgliche Salbung gewährte ihm den Segen der Kirche und bestätigte ihn gleichzeitig als obersten Kirchenherrn.

1713–1740
Friedrich Wilhelm I.

Das auf einer puritanischen Grundhaltung beruhende Pflicht- und Herrscherbewusstsein des neuen Königs *in* Preußen war die Basis für weitreichende Reformen, die den jungen Staat fähig machen sollten, im Konzert der außerdeutschen Großmächte mitzuwirken.

Die Schaffung eines ›Generaldirektoriums‹ (1723) in Berlin als oberste Behörde für die gesamte Staatsverwaltung und Wirtschaftspolitik ließ zwar die Einteilung in vier Provinzialdepartements bestehen, gleichzeitig wurde aber durch die Einrichtung von Fachressorts der zentralistische Einfluss eines einer strengen Dienstordnung unterworfenen Beamtenapparates verstärkt. Jedenfalls konnte mit dieser neuen Organisation auch die Wirtschaft ganz anders gefördert und der finanzielle Ertrag erheblich gesteigert werden. Planmäßig wurden Menschen, in denen *Friedrich Wilhelm* »den größten Reichtum« sah, in das Land gezogen, was vor allem auch die industrielle Erzeugung vermehrte.

Hauptsäule des brandenburgisch-preußischen Staates wurde jedoch das Heer, in dessen Dienst auch Verwaltung und Wirtschaft standen. Der Militäretat beanspruchte im Staatshaushalt in der Regel das Drei- bis Vierfache des Budgets der Zivilverwaltung. Mit eigenen Erfahrungen auf den belgischen Schlachtfeldern im Spanischen Erbfolgekrieg belastet, hatte der König – nicht von ungefähr als »Soldatenkönig« verschrien – auf diesem ihm am meisten am Herzen liegenden Gebiet eine Erhöhung der Truppenstärke auf 80.000 Mann bewirkt und gleichzeitig in Zusammensetzung und Geist der Armee einen grundlegenden Wandel herbeigeführt. Wie auf ihn das leistungsfähige Beamtentum zurückgeht, so hat er auch das preußische Offizierskorps geformt, in dem die ›Junker‹, die Söhne des in seinen politischen Rechten eingeschränkten Adels, eine neue selbstbewusste Tätigkeit fanden. Dessen Stellung als »erster Stand im Staate« unterstrich der König dadurch, dass er selber seit 1725 ausnahmslos Uniform trug.

1740–1786
Friedrich II., der Große

Persönlichkeit und Weltanschauung des am 24. Januar 1712 geborenen *Friedrich* hatten schon in jungen Jahren Gestalt angenommen, weil er sich früh für französische Literatur und Musik interessierte, damit natürlich in Gegensatz zu seinem Vater geriet, der die ihm unverständlichen Neigungen seines Sohnes durch Härte bekämpfen zu müssen glaubte.

Während einer Reise mit seinem Vater nach Süddeutschland 1730 unternahm der Kronprinz sogar einen Fluchtversuch, der misslang. Vor ein Kriegsgericht gestellt und in Küstrin gefangengesetzt, musste er auf Veranlassung seines Vaters der Hinrichtung seines Vertrauten *Katte* zusehen.

Einerseits söhnt er sich zwar 1732 mit seinem Vater aus und unterwirft sich dessen Staatsräson: Er heiratet und erhält die Führung eines in Neuruppin stehenden Regiments. Andererseits gibt er sich jedoch weiterhin auf dem Schlösschen Rheinsberg bei Ruppin, wo er seit 1736 residiert, seinen philosophischen, literarischen und künstlerischen Liebhabereien hin; von hier aus begann er auch einen brieflichen Gedankenaustausch mit geistigen Koryphäen der Zeit, vor allem mit

Friedrich der Große im Alter von 58 Jahren (Gemälde von J. G. Ziesenis).

Die Regierungsweise Friedrichs II. wird als »aufgeklärter Absolutismus« bezeichnet. Unter seiner Regierung entwickelte sich Preußen zu einem Rechtsstaat mit grundsätzlicher Anerkennung einer unabhängigen Rechtsprechung. Aufgrund der entscheidenden Vorarbeiten in seiner Regierungszeit kann 1794 das »Allgemeine Landrecht für die preußischen Staaten« verkündet werden.

Aufklärung
Ausgehend von England, wo die Schriften eines John Locke (1632–1704) die Rechtmäßigkeit von Regierungen anzweifelten, wenn diese den Gesellschaften nicht Freiheit und Sicherheit garantierten, gewachsen und ideengeschichtlich zur höchsten Entfaltung gelangt in Frankreich, vermochte sich die Aufklärung in einem territorial zersplitterten Deutschland, wo ein wirtschaftlich kräftiges und selbstbewusstes Bürgertum erst im Entstehen war, weniger einheitlich zur Geltung zu bringen. Politische Sprengkraft – wie sie in der Auseinandersetzung mit dem französischen Absolutismus von Charles de Montesquieu (1689–1755) mit seiner Forderung nach staatlicher Gewaltenteilung oder von Jean-Jacques Rousseau (1712– 1778) nach einer dem Allgemeinwohl verpflichteten Regierung zum Ausdruck kam – entwickelte die Aufklärung in Deutschland nicht. Immerhin gelang es einem ihrer bedeutendsten Wortführer, dem Philosophen François Marie Voltaire (1694–1778), der für religiöse Toleranz und die rechtliche Gleichstellung der Menschen eintrat, einflussreichen Zugang zum Hofe Brandenburg-Preußens zu erhalten.

Voltaire, der ihn für die Lehren der Aufklärung gewann. Hier in Rheinsberg schrieb *Friedrich* u.a. 1739 den »Antimachiavell«, in dem er im Gegensatz zu *Machiavellis* »Il Principe« von dem Fürsten eine ehrenhafte, gerechte und humane Politik fordert, zugleich seine Unterordnung unter den Staat, als dessen »erster Diener« er ihn bezeichnet.

Wie wenig moralische Grundsätze jedoch sein realpolitisches Handeln, vor allem in der Außenpolitik, zu zügeln vermochte, machte er dann deutlich, als er 1740 die Wirren um die Thronfolge *Maria Theresias,* der Tochter des verstorbenen Kaisers *Karls VI.* in Österreich kaltblütig nutzte, um sich in zwei Eroberungskriegen (1740–1742 u. 1744/45) Schlesien ›einzuverleiben‹. Im **Frieden von Dresden** am **25. Dezember 1745** wird *Friedrich II.* der Besitz Schlesiens bestätigt; dafür erkennt er im Gegenzug den Gemahl *Maria Theresias* als Kaiser *Franz I. Stephan* an.

Als sich schließlich in den 50er Jahren eine grundlegende Änderung der Bündnispolitik in Europa ergibt – die Auseinandersetzungen zwischen England und Frankreich um überseeischen Kolonialbesitz strahlen bis Europa aus –, sehen sich *Friedrich II.* und Preußen **1756** plötzlich einer gewaltigen Koalition gegenüber: Lediglich von England mit Subsidien unterstützt, steht dem jungen Staat ein Bündnis zwischen Österreich, Russland, Frankreich, Schweden und der Mehrzahl der Reichsfürsten gegenüber. Hin und her wogende Schlachten in diesem **Siebenjährigen Krieg**, in dem Preußen am Rande einer vernichtenden Niederlage steht, letztendlich aber den Besitz von Schlesien behauptet, enden am **15. Februar 1763** mit dem **Frieden von Hubertusburg**, aber (wohl) nur durch das »Mirakel« des Hauses Brandenburg. Nach dem Tod der russischen Zarin *Elisabeth* (am 5. Januar 1762) schließt ihr Nachfolger *Peter III.,* ein Bewunderer der Politik *Friedrichs,* nämlich Frieden mit Preußen.

In den kriegerischen Auseinandersetzungen fallen mehr als 200.000 Soldaten, allein 120.000 auf preußischer Seite. Trotz dieser Verluste hatte sich Preußen als europäische Großmacht etabliert, ja sich sogar Österreich nähergebracht: Im Vertrag vom 5. August 1772 zwischen Preußen, Österreich und Russland wird die **Erste Teilung Polens** durchgeführt: Preußen erhält Ermland und Westpreußen ohne Danzig und Thorn, Österreich Galizien und Russland das Gebiet östlich der Düna und des Dnjepr.

Abgesehen von seinen außenpolitischen Erfolgen, die natürlich außergewöhnliche finanzielle Belastungen für das Land bedeuten, baut *Friedrich* im Inneren des Staates auf den Fundamenten seines Vaters weiter: Durch sein strenges persönliches Regiment mittels schriftlicher Weisungen an die Minister und eine klare Hierarchisierung hält er die Behörden des Staates zusammen und verwirklicht über sie den ›Zentralismus‹ als staatliche Organisationsform, wodurch die Regierungsstellen in den Provinzen weitgehend bedeutungslos werden. Zur größten organisatorischen Leistung des Königs kann sicherlich die innere Kolonisation des Landes gerechnet werden, bei der im ganzen preußischen Staatsgebiet etwa 900 Dörfer neu errichtet und fast 60.000 Siedlerstellen neu angelegt, insgesamt etwa 300.000 Menschen angesiedelt werden.

Im Sinne des Merkantilismus wird zudem die Industrialisierung des Landes vorangetrieben und Handel und Gewerbe gefördert, das Bankwesen belebt, der verbrauchte Staatsschatz durch eine konsequente Steuerpolitik und die Einrichtung von Monopolen wieder aufgefüllt.

Als nach dem Tode *Maria Theresias* (29. November 1780) *Joseph II.* in Österreich zur Alleinregierung kommt und seine Machtstellung aktiv zu festigen und auszudehnen beginnt, durchkreuzt *Friedrich II.* diese (habsburgische) Reichspolitik **1785** durch die Gründung des deutschen **Fürstenbundes**, eines Zusammenschlusses von Reichsständen zur Erneuerung des Reiches. Es sollte die letzte diplomatische Leistung des Königs gewesen sein: Von schweren Leiden erlöst, stirbt er am 17. August 1786.

Am Ende hatte er durch die Erhebung Preußens zur Großmacht die Konstellation der europäischen Mächte wesentlich verändert.

1786–1797
Friedrich Wilhelm II

Diese Stellung Preußens – überhaupt die des gesamten Deutschen Reiches – sollte jedoch innerhalb weniger Jahre infolge der durch die Französische Revolution ausgelösten europäischen Krise wieder verloren gehen, was auch damit zusammenhing, dass *Friedrich Wilhelm II.*, der Neffe Friedrichs des Großen, als Thronfolger zu einer straffen und klugen Führung der politischen Kräfte im Staate nicht in der Lage war.

Die Entwicklung in Österreich

1711–1740
Karl VI.

Während sein Bruder und Vorgänger im Amt, *Joseph I.* (1705–1711), sich vergeblich um eine Restauration des Kaisertums im Reich bemüht hatte, sah sich *Karl VI.* nach seiner Wahl am 12. Oktober 1711 vor langfristig wirksame andere Probleme gestellt: Nach dem frühen Tod seines Sohnes fordert er in der **Pragmatischen Sanktion** (als habsburgisches Erbgesetz) vom **19. April 1713** die Anerkennung seiner ältesten Tochter *Maria Theresia* als künftige Thronfolgerin. Nach mühevollen Verhandlungen erreichte der Kaiser schließlich die Zustimmung der Erbländer, Ungarns und auch der europäischen Großmächte. Auch wenn nicht alle Reichsstände zustimmten, so wurde doch auf dem Regensburger Reichstag 1732 eine Reichsgarantie für die »Pragmatische Sanktion« erreicht.

Dennoch war nach dem plötzlichen Tod des Kaisers damit zu rechnen, dass seine Tochter, seit 1736 vermählt mit *Franz Stephan von Lothringen*, nicht ohne Widerspruch auf den habsburgischen Thron kommen konnte. Erbansprüche erhoben u. a. der Kurfürst von Bayern, der, den Einfall *Friedrichs II.* nach Schlesien ausnutzend, mit Hilfe französischer und sächsischer Truppen Prag nahm und sich angesichts der andauernden Thronvakanz als *Karl VII.* zum Römischen Kaiser wählen ließ.

Als jedoch die so genannte Pragmatische Armee, gebildet aus Österreichern, Niederländern, Briten und

Maria Theresia (1717–1780) mit vier Ihrer 16 Kinder, darunter die späteren Kaiser Joseph II. und Leopold II.

deutschen Söldnern, die Franzosen entscheidend besiegte und zudem *Karl VII.* am 20. Januar 1745 starb, konnte der Gemahl *Maria Theresias* als Kaiser *Franz I.* inthronisiert werden.

1745–1765
Franz I.

Nun war der Weg frei für die Kaiser-Königin, aus dem Verlust Schlesiens und dem bitteren Erlebnis finanzieller und militärischer Ohnmacht die Konsequenzen zu ziehen. Überzeugt von der Notwendigkeit, ähnlich wie Preußen ein Heer von über 100.000 Mann unterhalten zu müssen, nahm *Maria Theresia* eine grundlegende Umgestaltung von Verfassung und Verwaltung des deutschen und böhmischen Teils der Monarchie in Angriff.

Bei der Umgestaltung und Modernisierung ihrer Länder folgte sie den Prinzipien einer zentralistischen Verwaltungsreform, schuf Kammern für die Bereiche Militär, Finanzen und Wirtschaft und verpflichtete die Beamten auf die Königin und nicht auf die Stände.

Nach dem **Siebenjährigen Krieg (1756–1763)** gelang es Österreich ebenso wie Preußen, den Staatsbankrott zu vermeiden und sogar Mitte der 70er Jahre wieder ein Gleichgewicht im Haushalt zu erzielen, was auch damit zusammenhing, dass alle deutsch-slawischen Länder zu einem Zollgebiet vereinigt wurden. Während nach außen eine Lockerung des starren Schutzzollsystems vorgenommen wurde, blieb der Merkantilismus maßgebend. Die innere Kolonisation wurde wieder aufgenommen, wobei sie sich nun auf die östliche Reichshälfte erstreckte, wo sich in Südungarn, Siebenbürgen und dem Banat mit den »Schwabenzügen« deutsches Bauerntum ausbreitete.

1765–1790
Joseph II.

Nach dem Tode seines Vaters trotz großen politischen Tatendrangs nur Mitregent seiner Mutter *Maria Theresia,* konnte der damals gerade vierzigjährige Kaiser nach deren Tod (am 29. November 1780) endlich seine Ideen in der Habsburger Monarchie verwirklichen. Wie *Friedrich der Große* wollte auch *Joseph II.* der »erste Diener seines Staates« sein, der jedem Untertan Gerechtigkeit schuldig und dem die Wohlfahrt des Gesamtstaates oberstes Gebot war. Dabei war er auch »Absolutist«, der sich berechtigt sah, jeden Widerstand zu brechen, der sich den von ihm für richtig erkannten Maßnahmen entgegenstellte.

Der hohen Meinung, die er von seinen Herrscherrechten hatte, entsprang der Wille zu einer weiteren Zentralisierung und Vereinheitlichung des Staates. So wurde bei weitgehender Ausschaltung ständischer Einrichtungen und städtischer Selbstverwaltung eine »Vereinigte Hofkanzlei« als oberste Behörde errichtet, von der die »Gubernien« (Verwaltungseinheiten) abhingen, die Bürokratie ausgebaut und eine staatlich organisierte Polizei mit weitreichenden Befugnissen eingerichtet.

Jene aufgeklärt-katholische, ganz auf den rationalen Nutzen ausgerichtete Staatsauffassung – nach ihrem Protagonisten **Josephinismus** genannt – führte zu bemerkenswerten Fortschritten: So wurde 1781 die Leibeigenschaft in Österreich und Böhmen aufgehoben, durch ein Toleranzedikt die Glaubensfreiheit verkündet, die Justiz reformiert, die Rechtsstellung der Juden verbessert, zudem wurden zahlreiche Wohlfahrtseinrichtungen geschaffen. Dass jedoch auch ca. 700 Klöster aufgehoben wurden, weil sie zu sehr der Beschaulichkeit und Askese dienten, und aus ihrem Vermögen ein Religionsfonds gebildet wurde, aus dem die Mittel für die Unterhaltung staatlicher Generalseminare zur

Erziehung einer der Regierung unterworfenen Geistlichkeit genommen wurde, stieß zwangsläufig auf den Widerstand der Kurie, aber auch auf den weiter katholischer Bevölkerungskreise.

Da die Reformen – 1784 sollte als Ausdruck der Zentralisierungspolitik Deutsch als alleinige Amtssprache auch in Ungarn und den Niederlanden eingeführt werden – schließlich teilweise zur offenen Empörung führten, sah sich der schwer kranke Kaiser Anfang 1790 genötigt, einen Teil zurückzunehmen. Gerade die Kirchenpolitik war es nämlich gewesen, die in den österreichischen Niederlanden Klerus und Volk verbittert hatte und nach Steuerverweigerungsbeschlüssen und Revolten schließlich zur Revolution führte, an deren Ende die Proklamation der Unabhängigkeit der Vereinigten Belgischen Staaten stand. Da Preußen diese Bewegung militärisch protegierte, war aus der habsburgischen zudem eine Reichskrise erwachsen.

1790–1792
Leopold II.

Diese zu lösen war nun Aufgabe des Bruders des am 20. Februar 1790 kinderlos verstorbenen Kaisers, nämlich *Leopolds II.*, der aus Misstrauen gegen einen rationalistischen Zentralismus einen (weiteren) Abbau des Reformwerkes begann und durch ein Entgegenkommen den Ständen gegenüber (u. a. wurde die ungarische Verfassung wieder in Kraft gesetzt) die innere Ruhe im Staate wiederherstellte. Noch vor seiner einstimmigen Wahl zum Römischen Kaiser trug er durch seine Zustimmung zur **Konvention von Reichenbach** am **27. Juli 1790** zum Ausgleich mit Preußen und damit zur Beilegung der Reichskrise bei.

Auswirkungen der Französischen Revolution in Deutschland

Die dramatischen Ereignisse des Jahres **1789** in Frankreich, die vom Zusammentreten der Generalstände über die Bildung einer verfassunggebenden Nationalversammlung und zum Sturm des Pariser Volkes auf die als Bollwerk des Despotismus geltende Bastille (14. Juli) bis zur Abschaffung der Feudalrechte und der Verkündung der Menschen- und Bürgerrechte führten, hatten in weiten Kreisen der deutschen Bevölkerung ein lebhaftes Echo gefunden. Der sich im Nachbarland vollziehenden Revolution stand besonders die geistige Elite Deutschlands mit meist starker Sympathie gegenüber.

Eine Nachahmung des französischen Beispiels in Deutschland fand jedoch nicht statt, auch wenn sich hier und da krisenhafte Erscheinungen feststellen lassen und es nicht nur bei verwegenen Reden und Schriften blieb. Erregte Auseinandersetzungen in einigen Landtagen um Vorschläge für eine Neugestaltung der landständischen Verfassung oder zur Heranziehung der Privilegierten zu den Steuern blieben meist Wortgefechte, die Erhebungen von Bauern und Handwerkern vor allem in den westlichen Grenzgebieten des Reiches blieben insgesamt lokal begrenzte Unruhen, denen eine allgemeine politisch-revolutionäre Kraft und Zielsetzung fehlte. So blieb auch die separatistische Bewegung im Rheinland eine Übergangserscheinung.

Gründe für das Ausbleiben einer deutschen Revolution lagen nicht nur darin, dass Reich und Volk politisch und konfessionell zersplittert und hier das Bürgertum noch nicht selbstbewusst genug war, um sich Mitbestimmung fordernd zu artikulieren, sondern auch darin, dass der »aufgeklärte« Absolutismus in den mächtigsten deutschen Teilstaaten Preußen und Österreich den Gegensatz zwischen unumschränkter Gewalt eines Monarchen und dem blinden Gehorsam von Untertanen abgemildert hatte. Schließlich fehlte eine Hauptstadt, welche den Brennpunkt einer revolutionären Bewegung hätte abgeben können.

1792–1806 Kaiser Franz II. (1806–1835 als Franz I. Kaiser von Österreich)

Zwar bestand im übrigen ›alten‹ Europa die fürstlich-feudale Ordnung noch weiter fort, und vielleicht wäre es deshalb auf Dauer unvermeidlich gewesen, dass ein kriegerischer Zusammenstoß mit der in Frankreich siegreichen Revolution irgendwann hätte stattfinden müssen. Die Beziehungen spitzten sich jedoch zu, als die französischen Emigranten, Anhänger des höfisch-feudalen »Ancien Régime«, unbehelligt im westlichen (deutschen) Reichsgebiet Truppen aufstellten, um offenbar von außen eine Gegenrevolution herbeizuführen, sodass es am **20. April 1792** zu einer **Kriegserklärung** Frankreichs an Österreich kam. Da sich Preußen mit Österreich solidarisch erklärte und man sich in hochmütiger Unterschätzung des Gegners rasche Siege erhoffte, kam es zu einer Reihe von ›Koalitionskriegen‹ mit Beteiligung weiterer europäischer Mächte, in denen sich Frankreich letztendlich militärisch als absolut überlegen herausstellen sollte.

Während die ›Koalitionsmächte‹ nach der Hinrichtung *Ludwigs XVI.* zu Beginn des Jahres 1793 und der Errichtung der radikalen Schreckensherrschaft durch die Jakobiner neben der Wiederherstellung des »Ancien Régime« auch einen eigenen Gewinn erstrebten, artikulierten die Revolutionäre nunmehr das Recht zur Ausdehnung der Französischen Republik bis zu ihren »natürlichen Grenzen« Pyrenäen, Rhein und Alpen. So gelang es den offensiv vorrückenden französischen Truppen bis Ende **1794**, in die linksrheinischen deutschen Gebiete einzumarschieren, was der Beginn einer

Die Errichtung eines so genannten Freiheitsbaumes auf dem Kölner Neumarkt im Jahre 1794 (Gemälde, Stadtmuseum Köln)

fast zwanzigjährigen französischen Herrschaft war. Ohne die Grundlage einer Vereinbarung mit dem Reich hergestellt zu haben, wurde durch den **Frieden von Campo Formio (17./18. Oktober 1797)** zwischen Frankreich und Österreich die Annexion des linksrheinischen Reichsgebietes faktisch bestätigt.

Dass Preußen seit 1795 vorläufig nicht mehr an den kriegerischen Auseinandersetzungen mit Frankreich beteiligt war, lag daran, dass es seine Interessen eindeutig nach Osten orientierte. Nach der zusammen mit Russland erzwungenen **Zweiten Polnischen Teilung (1793)** hatte man sich nämlich mit Österreich und Russland in der **Dritten Polnischen Teilung (1795)** räumlich beträchtlich außerhalb des Reichsgebietes erweitert und mit dieser letzten Teilung dem achthundertjährigen Bestand des polnischen Staates ein Ende bereitet.

Während sich im Westen Frankreich nach dem Niedergang der Revolution und dem Staatsstreich *Napoleon Bonapartes* am Ende des Jahres **1799** innenpolitisch wieder festigte und mit neuem Elan außenpolitisch nach Hegemonie in Europa strebte, zerfiel die deutsche Reichseinheit ohne die notwendigen militärischen Erfolge immer mehr. So musste das Reich im **Frieden von Lunéville (9. November 1801)** nach dem »Zweiten Koalitionskrieg« der endgültigen Abtretung des gesamten linken Rheinufers vertraglich zustimmen. Die Entschädigung der früher hier ansässigen Fürsten sollte, unter französischer Aufsicht, im rechtsrheinischen Reichsgebiet durchgeführt werden. Klar war, dass damit eine gewaltige politische und territoriale Umgestaltung Deutschlands verbunden sein würde.

Vertragliche Basis dieser Veränderungen wurde der **Reichsdeputationshauptschluss** vom **25. Februar 1803**, der die politischen und rechtlichen Grundlagen des ›alten Reiches‹ weitgehend zerstörte und die kaiserliche Zentralgewalt entscheidend schwächte: Zahlreiche Kleinstaaten (insgesamt 112 Reichsstände) wurden aufgehoben, indem fast sämtliche geistlichen Herrschaften säkularisiert und unzählige kleinere Territorien – darunter bis auf sechs alle Reichsstädte – mediatisiert wurden. Die Gewinner waren die größeren und mittleren Staaten, die meist mehr erhielten, als sie links des Rheines verloren hatten oder im Rechtsrheinischen im Hinblick auf eine vernünftige Arrondierung aufgaben. **Säkularisierung** und **Mediatisierung** zerstörten die letzten Grundlagen kaiserlicher Macht im Reich (außerhalb des Hauses Österreich, versteht sich). In Erwartung einer Kaiserkrönung *Napoleons* verkündete *Franz II.* im August 1804 für die Habsburger Monarchie ein »Kaisertum Österreich«, um schließlich nach der Niederlage im »Dritten Koalitionskrieg« (1805) die Gründung des **Rheinbundes** im Juli **1806** zulassen zu müssen, durch den sich 16 süd- und westdeutsche Fürsten vom Reich lossagten und unter dem Protektorat des französischen Kaisers eine eigene Konföderation bildeten. Nach einem Ultimatum *Napoleons* legte *Franz II.* schließlich am **6. August** desselben Jahres die Römisch-deutsche Kaiserkrone nieder und entband alle Stände von ihren Pflichten. Längst durch innere Zwietracht schwach und machtlos geworden, fand so das tausendjährige **Heilige Römische Reich Deutscher Nation** mit fremder Nachhilfe ein zumindest formalrechtliches (vorläufiges) Ende.

Hoffnungen zur Rettung Deutschlands, die man sich aus patriotischer Sicht bezüglich der militärischen Kraft Preußens gemacht hatte, wurden rasch zerstört: Das im »Vierten Koalitionskrieg« fast völlig isoliert kämpfende Preußen erlitt noch im Oktober dieses Jahres katastrophale militärische Niederlagen bei **Jena** und **Auerstedt** und musste sich nach dem **Frieden von Tilsit** am **9. Juli 1807** und beträchtlichen territorialen Verlusten mit einer Rolle als Mittelmacht zufrieden geben. Nach diesem staatlichen Zusammenbruch nur noch aus den Provinzen Brandenburg, Pommern, Ost- und West-Preußen sowie Schlesien bestehend, entwickelte Preußen aus dieser Not jedoch auch gleichzeitig die Initialzündung für einen gesellschaftlichen Neuanfang, der über tiefgreifende Reformen im Inneren den politischen Wiederaufstieg des Staates ermöglichte.

Die Zeit der französischen Fremdherrschaft

Nachdem den Franzosen mit der vollständigen Niederlage Preußens der größte Teil Deutschlands in die Hände gefallen war, war *Napoleon* darauf bedacht, diese Gebiete so zu organisieren, dass die politischen und militärischen Kräfte zum einen zur Sicherung des gesamten »Empires« verwandt wurden und zum anderen Mittel und Wege gefunden werden konnten, um die Wirtschaft in den Dienst der ›Kontinentalsperre‹ gegen England zu stellen. Diese war von *Napoleon* mit dem »Berliner Dekret« vom **21. November 1806** verkündet worden, um durch die Unterbindung des Handels mit Großbritannien diesen Konkurrenten um koloniale Ziele durch einen Wirtschaftskrieg zu zermürben. Abgesehen davon, dass England darauf mit einer Seeblockade reagierte und den spanischen Volksaufstand gegen die französische Hegemonie unterstützte, brachte diese Sperrpolitik nicht die erhoffte Wirkung, wodurch sich Frankreich (1811) genötigt sah, die deutschen Küstengebiete mit Bremen, Hamburg und Lübeck zu annektieren.

Auch war mit Tilsit kein dauerhafter Frieden begründet worden, da *Napoleon* ruhelos immer weiter drängte und sich sogar eine (folgenschwere) Auseinandersetzung mit Russland andeutete, sich zudem neue Kräfte nationalen Widerstandes regten, ausgelöst durch den Krieg Österreichs gegen Frankreich im Jahre **1809.**

Seit dem Ende des alten Reiches war Österreich zu einem Zentrum einer nicht nur anti-napoleonischen, sondern auch nationalen Bewegung geworden. Aus einer durch die **Romantik** ausgelösten Weckung vaterländischen Bewusstseins, das publizistisch auch im übrigen Deutschland verbreitet wurde und die geistige Basis für die späteren »Befreiungskriege« bildete, hatte beim Kriegsentschluss Österreichs die Hoffnung auf eine allgemeine Erhebung der Deutschen eine Rolle gespielt. Außer einzelnen Aufständen gegen die Franzosen fand diese allerdings (noch) nicht statt, da der preußische König angesichts einer undurchsichtigen russischen Haltung bei einer Politik des vorsichtigen Abwartens blieb.

So kam es zu militärischen Niederlagen und dem **Frieden von Schönbrunn** am **14. Oktober 1809**, der Österreich zu einer Macht zweiten Ranges degradierte.

Einzug Kaiser Napoleons am 3. November 1811 in Düsseldorf. Für die Feierlichkeiten war eigens ein ›Triumphbogen‹ errichtet worden. (Zeitgenössisches Aquarell, Stadtgeschichtliches Museum Düsseldorf)

Neben einer zunehmenden Gegnerschaft erlangte der Kaiser jedoch auch Bewunderung, galt er doch vielen als Gestalter des Fortschritts in Gesellschaft und Politik. So wurde in den schon seit der Jahrhundertwende mit Frankreich unmittelbar vereinigten deutschen Gebieten im Linksrheinischen ohne Rücksicht auf frühere Zusammenhänge in den neu geschaffenen Departements Donnersberg, Saar, Rhein-Mosel und Roer eine Politik nach den Gesetzen betrieben, wie sie in ganz Frankreich galten. Das bedeutete die Aufhebung aller Privilegien und die Herstellung staatsbürgerlicher Gleichheit, die Schaffung einer klaren Gerichtsorganisation und die Einführung eines im »Code Napoléon« niedergelegten einheitlichen und eindeutigen Rechts. Vor allem bedeutete die mit der Säkularisierung der geistlichen Güter einhergehende Veränderung der tradierten Besitz- und Vermögensverhältnisse die Grundlage für den wirtschaftlichen und sozialen Aufstieg des Bürgertums.

Den nicht zu Frankreich direkt gehörenden, aber immerhin zum »Grand Empire« zu zählenden Staaten des Rheinbundes, deren Zahl sich nach der Niederlage Preußens vergrößert hatte, wurde nachdrücklich empfohlen, den »Code Napoléon« ebenso wie die sonst üblichen Verwaltungs- und Finanzeinrichtungen zu übernehmen. Als ›Modellstaaten‹ eines politischen und gesellschaftlichen Umbaus nach französischem Vorbild galten vor allem das neu geschaffene Königreich Westfalen, in dem zum ersten Mal in Deutschland eine Verfassung eingeführt wurde, die eine ›Volksvertretung‹

aus etwa 100 Mitgliedern vorsah, und das Großherzogtum Berg, beide freilich von Familienangehörigen *Napoleons* regiert. Zwar hatten diese Staaten nicht lange Bestand, wurde auch die bisherige soziale Ordnung nicht wirklich angetastet und waren diese neuen ›Freiheiten‹ mit der Zwangsrekrutierung von Zehntausenden von jungen Männern für die Heere *Napoleons* erkauft worden, das in der »Franzosenzeit« geweckte Reformpotenzial wirkte jedoch noch lange nach.

Gerade jener ›Blutzoll‹ deutscher Männer im Dienste Frankreichs war es aber auch, der die Entstehung und Ausbreitung einer **nationalen Bewegung** beförderte, jedoch gleichzeitig die Enttäuschung über Frankreich selber, das in seiner Revolution Freiheit und Gleichheit nicht nur der Menschen, sondern auch der Völker verkündet hatte, in Missachtung dieser Lehren jedoch seine Herrschaft über große Teile Deutschlands aufgerichtet hatte.

Nicht von ungefähr erklären sich z. B. die »Reden an die deutsche Nation«, die der Philosoph *Johann Gottlieb Fichte* (1762–1814) im Winter 1807/08 in der von den Franzosen besetzten Stadt Berlin hielt, oder die Publizistik eines *Ernst Moritz Arndt* (1769–1860), der einen aktiven Patriotismus repräsentierte und in allgemein verständlicher Sprache die Liebe zum Vaterland, die Sicherung des Volkstums und die Gemeinschaft des zum Selbstbewusstsein erwachenden Deutschlands forderte.

1797–1840 Friedrich Wilhelm III. von Preußen

Mit diesem erwachenden nationalen Geist in Deutschland sollte nach dem Zusammenbruch Preußens auch dessen staatliche Neugestaltung verbunden werden. Der von den neuen Ideen zunächst noch unberührte Monarch *Friedrich Wilhelm III.* hatte sehr wohl begriffen, dass eine Neuordnung zur Behauptung und Kräftigung der schwer erschütterten Existenz ›seines‹ Staates nötig war, ja er bekannte sich nach Tilsit sogar zu der Überzeugung, dass Preußen durch geistige Kräfte ersetzen müsse, was es an physischen verloren habe. Ohne selber die Einsicht zu revolutionärem Handeln zu besitzen, ermöglichte er es immerhin, ein breit gefächertes **Reformwerk** »von oben« zu verwirklichen, das zugleich ein Zeichen für den Wiederaufstieg der ganzen deutschen Nation und ihre Befreiung mit Hilfe des Auslandes werden sollte. Maßgeblichen Anteil hatte hieran der Mitte 1807 zum Ersten Minister ernannte *Reichsfreiherr Karl vom und zum Stein* (1757– 1831), dessen Reformen zunächst die Staatsverwaltung selber betrafen: Das Generaldirektorium wurde aufgelöst und durch ein Kollegium von fünf verantwortlichen Fachministern mit abgegrenzten Ressorts für Inneres, Finanzen, Auswärtiges, Krieg und Justiz begründet. Wurde das Königreich Preußen in Regierungsbezirke unterteilt, deren Regierungen ebenfalls nach dem Ressortprinzip gegliedert waren, so sollte auf der untersten Ebene in den Gemeinden durch die Verwirklichung einer neuen **Städteordnung** (1808) der Grundsatz der Selbstverwaltung praktiziert werden.

Neben **Staatsreform** und Städteordnung war Kernstück der von Stein initiierten Reformen die **Bauernbefreiung**, die Aufhebung der personengebundenen Erbuntertänigkeit (1807), wenige Jahre später fortgeführt in der Aufhebung der bodengebundenen Grundherrschaft über die Vollbauern (1811/1816) – auch wenn sich Widerstände des ostelbischen Landadels auftaten.

Auch der Nachfolger *Steins,* der wegen außenpolitischer Vorgänge auf Druck *Napoleons* entlassen werden musste, *Karl August Freiherr von Hardenberg* (1750–1822), führte die so genannte ›Revolution von oben‹ weiter fort: Die Vorrechte der Zünfte wurden beseitigt, die **Gewerbefreiheit** proklamiert und eine allgemeine Gewerbesteuer festgesetzt (1811). Nunmehr wurde auch den Juden die Gleichberechtigung in bürgerlicher und wirtschaftlicher Hinsicht zuerkannt (1812).

Neben der durch *Wilhelm von Humboldt* (1767–1835) geleiteten **Bildungsreform**, die nicht nur das preußische Unterrichtswesen verbesserte, sondern überhaupt eine Neuorganisation des Wissenschaftsbetriebes anstrebte – u. a. 1810 Gründung der Friedrich-Wilhelms-Universität in Berlin, die bald den ersten wissenschaftlichen Rang in Deutschland zu erringen vermochte –, war für die Neugestaltung des Staates vor allem die **Reform des Heeres** bedeutsam.

Nach den empfindlichen Niederlagen gegen die Truppen Napoleons sollten nicht nur technische und organisatorische Verbesserungen die Schlagkraft des Militärs vergrößern, sondern vor allem sollten Armee und Nation innig miteinander verschmelzen, die Armee zu einem lebendigen Organ der Nation werden. Ausschlaggebend dafür sollte die Einführung der allgemeinen Wehrpflicht sein (1814), zugleich wurden die Grundlagen des Heeres insofern umgestaltet, als nicht mehr Drill und entehrende Strafen, sondern neben Kenntnissen und Bildung das Ehrgefühl Disziplin und Leistung verbürgen sollten. Ausschlaggebende Impulse gaben hier *Gerhard Johann David von Scharnhorst* (1755–1813), *August Neithardt von Gneisenau* (1760–1831) und auch *Karl von Clausewitz* (1780–1831), der als Begründer einer modernen ›Kriegslehre‹ galt.

Die Reformer Scharnhorst, Hardenberg und Stein, von links nach rechts (Holzstich nach einer Zeichnung aus dem 19. Jh.)

Auch wenn es noch starke Widerstände des alten aristokratischen Preußen gab, so waren die Reformen grundlegend genug, die Macht des Staates wieder herzustellen und ihn gewichtigen Anteil an der Befreiung Deutschlands nehmen zu lassen.

Diese kam schneller als von allen Seiten geplant: Nachdem sich das französisch-russische Bündnis Ende 1810 aufgelöst und sich Napoleon für einen entsprechenden Waffengang die Gefolgschaft Österreichs und Preußens zu sichern gewusst hatte, kam es im Frühjahr **1812** zum Aufmarsch einer »Großen Armee« von mehr als einer halben Million Soldaten gegen Russland, von denen ein Drittel von den verbündeten Deutschen gestellt wurde. Trotz militärischer Überlegenheit und der Einnahme Moskaus scheiterte dieses gigantische Unternehmen am Ende

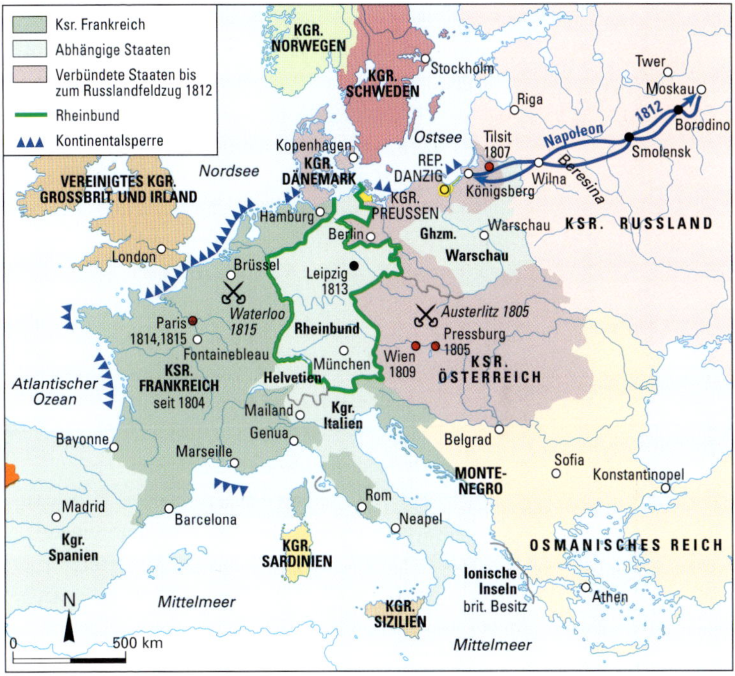

Europa bis zum Zusammenbruch der französischen Fremdherrschaft

des Jahres jedoch, da Verpflegungsschwierigkeiten, Krankheiten und ein unerbittlich kalter Winter die Truppen so stark dezimierten, dass schließlich nur rd. 10.000 Mann den Rückmarsch überlebten.

Vor allem aber war diese herbe Niederlage *Napoleons* in Russland das Fanal zur Befreiung Deutschlands: Eine Welle nationaler Begeisterung, ausgelöst durch eine Vielzahl patriotischer Flugschriften und Lieder, die durch *Arndt* und junge politische Dichter wie *Karl Theodor Körner* (1791–1813) verbreitet wurden, mobilisierte zahllose »Freiwilligenverbände«, von denen die Schar des Majors *von Lützow* (1782–1834) die berühmteste werden sollte.

Auch wenn die **Befreiungskriege** maßgeblich von regulären Truppen geführt wurden, so übten sie doch, von *Körner* als »Volkskrieg« begriffen, in der Folgezeit eine starke Wirkung auf die deutsche Nationalbewegung aus.

Nach mehreren Schlachten, von denen die »Völkerschlacht« bei **Leipzig (16.–19. Oktober 1813)** die bekannteste bleiben sollte, siegte die Koalition aus Österreich, Preußen und Russland schließlich nach der Abdankung *Napoleons* am 6. April 1814 mit dem (Ersten) Frieden von Paris (30. Mai), in dem die deutsch-französische Grenze von 1792 wiederhergestellt und Deutschland als Konföderation unabhängiger Staaten strukturell angedacht wurde. Einzelheiten sollten auf einem Kongress in Wien entschieden werden. Dem zum ›Premierminister der Koalition‹ avancierten *Clemens von Metternich* (1773–1859), der seit 1809 die außenpolitischen Belange Österreichs lenkte, war es zu verdanken, dass Frankreich nicht völlig unterworfen wurde, sondern als Gegengewicht zu Russland machtvoll erhalten blieb.

Einen letzten Abschluss der Machtpolitik *Napoleons* bildete dessen Rückkehr aus seiner Verbannung auf Elba (1. März 1815), die jedoch mit der Niederlage in Waterloo und dem (Zweiten) **Pariser Frieden** am **20. November 1815** schloss. Mit diesem Frieden endete eine zwanzigjährige Epoche schwerer Erschütterungen für Europa und für Deutschland.

Der Deutsche Bund

Nach Abschluss des (Ersten) Pariser Friedens hatten sich die siegreichen Monarchen und Berater zunächst in London getroffen; erst im Herbst fanden sich die Delegationen fast aller Staaten in **Wien** ein, das damit von **Oktober 1814** bis **Juni 1815** Mittelpunkt einer wieder durch die alte aristokratische Gesellschaft bestimmten politischen Ordnung wurde. Da die österreichischen Gastgeber, allen voran der in den Fürstenstand erhobene *Clemens Fürst von Metternich* den Kongressteilnehmern den Aufenthalt so angenehm wie möglich zu machen versuchten, reihte sich eine Kette geselliger Vergnügungen aneinander, weshalb viele Menschen der volkstümlichen Vorstellung anhingen, der »Kongress habe (nur) getanzt«.

Clemens Wenzel Fürst von Metternich (1773–1859)

Trotz der Begebenheiten in den Ballsälen und Salons wurde in den Konferenzzimmern zäh verhandelt, wobei sich in territorialer Hinsicht die Konzeption *Metternichs* durchsetzte, in Mitteleuropa ein gegen die Flügelmächte gerichtetes Gleichgewichtssystem unter österreichischer Führung zu erstellen. So musste sich im Osten Russland damit abfinden, dass ihm ›nur‹ der später als »Kongresspolen« bezeichnete Hauptteil dieses Landes mit der Hauptstadt Warschau, als Königtum in das Zarenreich integriert, zufiel. Österreich, das Zugewinne im Alpenraum sowie in Ober- und Mittelitalien zu verzeichnen hatte – der Kirchenstaat wurde im Übrigen wiederhergestellt –, zog sich von der deutschen Westgrenze zurück. An ihr wurden Belgien und Holland zum neuen Königreich der Vereinigten Niederlande zusammengefügt; die linksrheinischen Gebiete und Westfalen wurden an Preußen übergeben.

1815

Da in den Verhandlungen über die **politische Neuordnung** des gesamten deutschen Raumes an eine Restauration des alten Reiches nicht zu denken war, verständigten sich Österreich und Preußen zunächst im Mai unter dem Druck neuer Kämpfe gegen den aus der Verbannung zurückgekehrten *Napoleon* auf einen **Bund** mit dem Zweck der Erhaltung der äußeren und inneren Sicherheit Deutschlands und der Unabhängigkeit und Unverletzlichkeit der einzelnen deutschen Staaten. Für die 38 verbliebenen Teilstaaten und vier freien Städte war damit auch ein Schlussstrich unter die napoleonische ›Flurbereinigung‹ gezogen worden: Es gab keine Wiederherstellung der vorrevolutionären Ordnung, keine Erneuerung von Kaisertum und Reich, aber auch nicht die Neuschöpfung eines nationalen Bundesstaates. Deutlich erhalten blieb jedoch auch die Tatsache, dass Preußen mit einem nach Westen verlagerten Schwerpunkt wieder als stärkste norddeutsche Macht erschien und Österreich eher im Süden und Südosten dominierte, dass also der im 18. Jh. entstandene Dualismus zweier deutscher Großmächte erneuert wurde.

Der Deutsche Bund von 1815.

Abgesehen davon, dass Österreich und Preußen nur mit ihren vormaligen Reichslanden dem Bund angehörten, zählten zudem zu seinen Mitgliedern drei in Personalunion verbundene außerdeutsche Monarchen, nämlich der englische für Hannover, der holländische für Luxemburg und der dänische für Holstein.

Durch die von den Bevollmächtigten am **10. Juni** unterzeichnete **Bundesakte** (ergänzt durch die »Wiener Schlussakte« vom 15. Mai 1820) war also kein festgefügter Bundesstaat geschaffen worden, sondern eine lockere völkerrechtliche Vereinigung, deren wichtigstes Organ, der in Frankfurt tagende Bundestag, einen ständigen Gesandtenkongress unter österreichischem Vorsitz bilden sollte. Der Bund besaß nach außen Gesandten- und Vertragsrecht, wie die Gliedstaaten auch; diese durften gegen die Sicherheit des Bundes oder einzelner Staaten gerichtete Bündnisse jedoch nicht schließen. Aus dem Bund durften sie nicht austreten, dessen Mehrheitsbeschlüsse waren für sie bindend. Immerhin führte das in Art. 13 formulierte Versprechen »In allen Bundesstaaten wird eine landständische Verfassung stattfinden« in einigen kleineren und mittelgroßen Bundesstaaten zur Entwicklung konstitutioneller Monarchien, auch wenn die monarchische Gewalt faktisch nicht eingeschränkt wurde.

Die Wiederherstellung und Aufrechterhaltung der monarchischen Autorität zur Sicherung stabiler politischer Verhältnisse war ohnehin *der* zentrale Grundsatz der Restaurierungsbestrebungen auf dem Wiener Kongress selber. Das wurde ausdrücklich in Art. 57 der Kongressakte niedergelegt (»die gesamte Staatsgewalt muss in dem Oberhaupt des Staates vereinigt bleiben«), zudem sollte die am **26. September** von den Monarchen Österreichs, Preußens und Russland gegründete **Heilige Allianz** eine gänzlich unrevolutionäre Ruhe garantieren, notfalls durch eine (militärisch-)politische Intervention.

Ein derart wiederhergestelltes Deutschland musste die eine nationale Einigung ersehnenden Kreise tief enttäuschen. Auch wenn Sperren gegen das Vordringen des neuen liberalen Geistes errichtet worden waren, so konnten diese auf Dauer die Bewegung nicht aufhalten, in der die Erinnerung an die Nöte der Fremdherrschaft und an die Opfer in den »Befreiungskriegen« fortwirken musste. Nach dem Ende der Freiheitskriege aus den Freikorps in die Hörsäle zurückgekehrt, war besonders die studentische Jugend von der zu beobachtenden politischen Entwicklung grenzenlos enttäuscht und deshalb als wichtige soziale Gruppe rasch politisiert worden. Mit der Begründung der Jenaer Burschenschaft im Juni 1815 sollten alle deutschen Studenten als Vorbild für die angestrebte liberal-nationale politische Einigung Deutschlands zusammengefasst werden. In bewusster Anknüpfung an die Uniformfarben des Freikorps der *Lützowschen* Jäger (schwarzer Rock mit roten Aufschlägen und gelben Knöpfen) wurden die Farben dieser ›Urburschenschaft‹ Schwarz-Rot-Gold, eine bis in die jüngste Zeit wirkende Symbolik. Von Jena ausgehend, breitete sich die Burschenschaft rasch an den meisten süd- und mitteldeutschen Universitäten aus, weniger in Norddeutschland.

1817

Studenten verbrennen vor der Wartburg Symbole der alten Ordnung, aber auch den Code Napoléon (zeitgenössische Darstellung)

Die erste gemeinsame Kundgebung der Studenten mit rund 500 Teilnehmern am **18. Oktober** auf der Wartburg hatte keine konspirativen Ziele, sondern sollte zunächst lediglich an den Beginn der Reformation und die »Völkerschlacht« bei Leipzig erinnern. Als allerdings in dem nächtlichen ›Nachspiel‹ auch Symbole des so empfundenen Zwangsstaates verbrannt wurden, löste diese Feier eine Diskussion über das nationalpolitische Programm der Burschenschaft aus.

1819 Fatal eskalierte die politische Situation jedoch, als der Jenaer Theologiestudent *Karl Ludwig Sand* am 23. Mai in Mannheim den russischen Staatsrat und Dichter *August von Kotzebue* ermordete, weil dieser im Sold der russischen Regierung über deutsche Universitäten berichtete. Nun sah nämlich *Metternich* die Gelegenheit gekommen, die liberale und nationale Bewegung mit einem Schlage niederzuwerfen und den Art. 2 der Bundesakte, der eben auch die innere Sicherheit Deutschlands garantieren sollte, konsequent anzuwenden. Nach vorheriger vertraglicher Einigung der beiden deutschen Hauptmächte kam es deshalb am **20. September** zu einem einstimmigen Votum im Bundestag, den so genannten **Karlsbader Beschlüssen**, die neben einem Verbot der Burschenschaften die Überwachung des gesamten Universitätswesens bedeuteten, was zu zahlreichen Entlassungen von Professoren und Studenten führte. Zudem wurde eine präventive Zensur für Zeitschriften, Zeitungen und Bücher unter 320 Seiten eingeführt und in Mainz eine zentrale Überwachungskommission eingerichtet, die diese so genannte Demagogenverfolgung im gesamten Bundesgebiet koordinieren sollte. Zwar verhielten sich die Bundesstaaten in der Ausführung dieser Repressivmaßnahmen sehr unterschiedlich – in den süddeutschen ›Verfassungsstaaten‹ war man eher zurückhaltend, während die österreichischen und preußischen Behörden mit aller Strenge vorgingen und sich damit den Ruf gut funktionierender Polizeistaaten erwarben –, dennoch breitete sich ein Klima der Verdächtigungen und des Misstrauens aus. Es schüchterte die Menschen ein und legte die liberalen und nationalen Kräfte für zwei Jahrzehnte im Wesentlichen lahm. Für das Bürgertum bahnte sich eine Zeit des Stillstandes und der Beschaulichkeit an, die Zeit des **Biedermeier** brach an.

Die Familie Begas (gemalt von K. J. Begas, 1821)

1830

In diese scheinbar ruhige Welt platzte die Juli-Revolution in Frankreich, die nicht nur auf die deutsche Staatenwelt und auf Italien übergriff, sondern mit Belgien und Polen zwei Gebiete erfasste, deren Ordnung auf dem Wiener Kongress besondere Schwierigkeiten bereitet hatte.

Der Sturz der Bourbonen vom französischen Thron trat im Deutschen Bund eine Lawine von Aufständen los, die zwar überwiegend lokaler Art blieben, insgesamt jedoch zu einer zweiten Welle konstitutioneller Bewegungen zwischen der ersten um 1818/19 und der Revolution von 1848 führten. Dieses galt vor allem für die mitteldeutschen Staaten wie Braunschweig, Sachsen, Kurhessen und Hannover.

1832

Die nach der Juli-Revolution allgemein wachsende politische Unruhe machte sich im Südwesten auch schon in einzelnen Volksbewegungen Luft, an denen nicht mehr nur die akademische Jugend, sondern schon breitere Kreise des Kleinbürgertums und der Handwerkerschaft beteiligt waren.

Der Zug zum Schloss Hambach am 27. Mai 1832 (kolorierte Lithographie)

Das gilt besonders für das so genannte **Hambacher Fest** vom **27. bis 30. Mai**, einer ›Volksversammlung‹ von einigen Zehntausend Teilnehmern, in der vor allem auch die polnischen Emigranten stürmisch begrüßt wurden. Da hier in breiter Öffentlichkeit erneut Ideen einer revolutionären, national-deutschen Demokratie proklamiert wurden, reagierte *Metternich* (und der Deutsche Bund) am 28. Juni verschärfend mit weiteren Abwehrmaßnahmen: Erneut wurden die Bundesglieder auf das monarchische Prinzip festgelegt, politische Vereine, Volksversammlungen und öffentliche Kundgebungen wurden verboten.

1834 Zu einer weiteren restaurativen Verschärfung kam es wenige Jahre später, auch nachdem ein Sturm auf die Frankfurter Hauptwache am 3. April 1833, der einen Schlag gegen den Bundestag einleiten sollte, erfolglos gewesen war. In sechzig Artikeln wurden im **Juni** Beschlüsse der Wiener Ministerkonferenzen erlassen, die die Überwachung, Zensur und Beschränkung der konstitutionellen Organe zu einem bis ins Kleinste ausdifferenzierten System von Einzelmaßnahmen ausbauten. Hier war nun nicht nur die Vertagung und Auflösung unbotmäßiger Ständekammern vorgesehen, sondern auch eine lückenlose Zensur und Kontrolle der Universitäten, Dozenten und Studenten. Der seit 1819 agierende Geist der Restauration erreichte hier seinen Gipfel, auch wenn es *Metternich* nicht mehr gelungen ist, die Anwendung der Artikel überall gleichmäßig durchzusetzen. In dem Jahrzehnt der ersten Eisenbahnen, der Anfänge der Industrialisierung und der Begründung des deutschen Zollvereins stand eine

Politik, die darauf gerichtet war, die bürgerlichen Kräfte auszuschalten oder mindestens niederzuhalten, in wachsendem Widerspruch zur Entwicklung der Zeit.

Auch wenn der Deutsche Bund die Anstöße zur liberalen und nationalen Erneuerung unterdrückte, so konnte er doch nicht verhindern, dass sich auf wirtschaftlichem Gebiet Ziele durchsetzten, die auf eine Überwindung der Vielstaaterei hinausliefen. Bestanden in den Jahren 1827/28 noch drei miteinander konkurrierende Zollvereine – Österreich gehörte keinem an und hatte sich damit aus eigenem Antrieb bereits wirtschaftspolitisch isoliert –, so konnte doch endlich am **1. Januar 1834** der **Deutsche Zollverein** ins Leben gerufen werden, womit sich bis auf Baden und die deutschen Küstenländer der allergrößte Teil Deutschlands als einheitlicher Wirtschaftsraum darstellte. Abgesehen davon, dass die verbesserten Handelsverhältnisse den Fortschritt der Industrie beschleunigten und Preußen in diesem Wirtschaftsraum die unangefochtene Vorrangstellung innehatte, stellte dieser Zollverein auch die Weichen für einen künftigen deutschen Nationalstaat, *ohne* Österreich.

1837

Ein wichtiges Ereignis, das die Herausbildung einer breiten liberalen öffentlichen Meinung in Deutschland außerordentlich förderte, war der Rechtsbruch, den König *Ernst August* in Hannover beging, als er im **Juni** auf den Thron kam und die seit 1833 existierende Verfassung für ungültig erklärte.

Vor dem Hintergrund einer verschärften antiliberalen Bundespolitik stieß er damit jedoch auf unerwarteten Widerstand, als sieben Professoren der Göttinger Universität, alles Männer von höchstem wissenschaftlichen Rang, dagegen protestierten. Kurzerhand antwortete der König mit der Amtsenthebung jener **Göttinger Sieben**; *J. Grimm, G. G. Gervinus* und *F. C. Dahlmann* wurden sogar des Landes verwiesen, was nicht nur bei der liberalen Opposition, sondern in ganz Deutschland starken Protest hervorrief.

1840 Für die Geschichte des deutschen Nationalbewusstseins hat dieses Jahr eine nicht zu übersehende Bedeutung. Wenn für die Ursprünge des modernen deutschen Nationalgedankens im 19. Jh. die französische Fremdherrschaft mitbestimmend gewesen war, so wurde der Gegensatz zu Frankreich nun so heftig wie nie empfunden.

Außenpolitische Rückschläge im Orient hatten nämlich im Nachbarland eine nationale Stimmungskrise hervorgerufen, die sich schließlich in einer Kriegsstimmung u. a. gegen Deutschland richtete, von dem man – in Revision der Entscheidungen von 1815 – die »natürliche« Rheingrenze (zurück-)forderte. Unter dem Eindruck einer alle Staaten und Schichten erfassenden **patriotischen Stimmung** kam es nicht nur zu einer Reform der Bundeskriegsverfassung und zu einem besonderen Militärbündnis zwischen Preußen und Österreich, sondern vor allem zu einer außerordentlichen Verstärkung des Nationalgefühls, das die innere Gärung Deutschlands vor dem Revolutionsausbruch 1848 beschleunigen sollte.

Die Germania auf der Wacht am Rhein (Gemälde von L. Clasen, 1860)

Vor allem entstanden auch patriotische Lieder wie »Die Wacht am Rhein«, »Sie sollen ihn nicht haben...« oder das »Deutschlandlied« (1841) von *Hoffmann von Fallersleben,* die bis in die jüngste Zeit in Erinnerung bleiben sollten.

1844 Der schon seit Jahrzehnten anhaltende politische Gärungsprozess wurde in den letzten Jahren vor Ausbruch der Revolution überlagert von wirtschaftlichen Krisen und sozialen Entladungen, die einhergingen mit einer sich immer stärker radikalisierenden Publizistik. Begründet war die Krisensituation trotz der Revolutionierung des Verkehrswesens in der starken Rückständigkeit von Handel und Industrie und vor allem im enormen Bevölkerungswachstum: Trotz steigender Auswanderungen wuchs die deutsche Bevölkerung zwischen 1816 und 1850 um etwa 50 % (1850 lebten etwa 35 Mio. Einwohner im Reichsgebiet), was insbesondere durch die starke Zuwanderung vom Land in die Städte zu einem Ausmaß an sozialer Verelendung führte, die mit den Mitteln der üblichen Armenpflege nicht mehr zu bewältigen war. Diese als **Pauperismus** bezeichnete vorindustrielle Massenarmut führte zu diversen Aufständen wie bei den schlesischen Webern oder in Böhmen, aber auch zahlreichen Hungerdemonstrationen (1846/47) und Petitionen an die Behörden.

Die zunehmende soziale Unsicherheit und der Hunger waren auf Dauer ein stärkerer Anstoß für revolutionäre Unruhen als der Freiheitsruf der Liberalen, auch wenn die industrielle Ausbeutung der »Proletarier« in Deutschland noch in den Anfängen steckte. Deshalb kamen hier keine sozialrevolutionären Vereinigungen und Bünde zustande und liegen die Wurzeln für eine kommunistische Revolution als dem Ende der »Ausbeutung des Menschen durch den Menschen« im Ausland: Das im Winter 1847/48 von den Deutschen *Karl Marx* (1818–1883) und *Friedrich Engels* (1820–1895) verfasste »Kommunistische Manifest« sollte deshalb auch bei der kommenden bürgerlichen Revolution in Deutschland (noch) keine Rolle spielen.

Die Revolution von 1848/49

Der Ausbruch dieser deutschen Revolution in den Märztagen dieses Jahres erfolgte in unmittelbarem kausalen Zusammenhang mit den revolutionären Ereignissen im **Februar** in der französischen Hauptstadt Paris, die zur Ablösung des ›Bürgerkönigs‹ *Louis Philippe* und zur Bildung einer provisorischen republikanischen Regierung geführt hatten. Trotz des Fehlens eines vergleichbaren einheitlichen politischen Zentrums in Deutschland setzte sich die revolutionäre Bewegung rasch in fast allen Ländern durch, weil die alten Gewalten ihre Positionen fast widerstandslos preisgaben. **1848**

In Südwestdeutschland war die Revolution als erstes entbrannt, als auf einer Volksversammlung im badischen Offenburg am 27. Februar die Programmpunkte aufgestellt wurden, die man dann später unter dem Begriff der **»Märzforderungen«** zusammenfasste – denen dann die Berufung liberaler Politiker in die »Märzministerien« folgte –, nämlich u. a. Presse- und Versammlungsfreiheit, konstitutionelle Vereinbarungen in allen Einzelstaaten und die Einberufung eines gesamtdeutschen Parlaments. Trotz weit verbreiteter politischer Aktivitäten im gesamten Deutschen Bund wurde das eigentliche Schicksal dieser bürgerlich-liberalen Revolution in drei ›Aktionszentren‹ entschieden, nämlich in den beiden deutschen Großstaaten Österreich und Preußen und ›in‹ der neuen deutschen Staatsgewalt, der in Frankfurt tagenden (gewählten) Nationalversammlung.

1835–1848
Ferdinand I.

In **Österreich** war der Druck des repressiven ›Metternichschen Systems‹ durch Polizei und Zensur in den 40er Jahren von der intellektuellen Opposition als immer belastender empfunden worden, zudem spürte man in den Vorstädten von Wien die sozialen Missstände der frühindustriellen Wirtschaft stärker als anderswo. Hinzu kam das sich schärfer konturierende Nationalbewusstsein der nichtdeutschen Völker dieser Donaumonarchie, von denen die Tschechen, Italiener

»Verkauf der Wahrheit!« Nach Aufhebung der Pressezensur fanden die von Straßenhändlern angebotenen Flugschriften reißenden Absatz. Häuserwände waren oft mit großformatigen Aufrufen und Erklärungen übersät. (Aquarell von J. N. Höfel, Wien 1848)

und vor allem die Ungarn zum offenen Aufstand übergingen.

Als am **13. März** das Militär gegen Demonstranten eingesetzt wurde und es in den Vorstädten zu Ausschreitungen gegen Fabriken und Läden kam, eskalierte die Spannung so, dass der Kaiser nicht nur Versprechungen bezüglich einer neuen Verfassung machte, sondern auch den Staatskanzler *Metternich* entließ, der mit seiner restaurativen Legitimitätspolitik für drei Jahrzehnte Träger und Symbol des Systems gewesen war.

Während in Wien die revolutionäre Bewegung auf immer radikalere Bahnen geriet, sodass der Kaiser zeitweise die Stadt verlassen musste, standen in den Außengebieten des Reiches Nationen und Nationalitäten auf, um sich vom habsburgischen Großreich zu lösen. Aber sowohl in Italien wie auch in Böhmen und vor allem in Ungarn entschied die österreichische Armee die Auseinandersetzungen für sich.

Auch als sich nach der Eröffnung des konstituierenden Reichstags am 23. Juli in Wien eine zweite (extremere) Phase der Revolution, getragen durch eine radikale Intelligenz und zum Teil schon proletarisierte Arbeitermassen erhob und die Hauptstadt im Chaos zu versinken drohte, blieb die Armee die Stütze der Monarchie: Am **31. Oktober** wurde Wien erobert und seitens des Regimes ein blutiges Rachegericht abgehalten.

1840–1861
Friedrich Wilhelm IV.

Während die Ereignisse im Vielvölkerstaat Österreich ihre eigene Dynamik und Logik entwickelten und sich nur mittelbar auf Gesamtdeutschland auswirkten, haben die Entwicklungen in **Preußen** direkt den Gang der deutschen Revolution bestimmt. Auch hier wuchs die Gärung zuerst in den Frankreich nahe gelegenen Rheinlanden heran (u. a. »Kölner Petition« vom 3. März), ehe sie seit dem Rücktritt *Metternichs* auch in der Hauptstadt Berlin zu bürgerkriegsähnlichen Auseinandersetzungen führte. Als nämlich am **18. März** preußische Truppen auf dem Schlossplatz eine Massenversammlung friedlich Demonstrierender mit Waffengewalt auseinander trieben, trat die Revolution in das

Kampf um die große Barrikade auf dem Alexanderplatz in Berlin am 18. März (Gemälde von A. Klaus)

Stadium der Straßen- und Barrikadenkämpfe, bei denen etwa 250 Menschen ihr Leben lassen mussten.

Sichtlich erschüttert vom Blutvergießen, formulierte der König noch in der Nacht zum 19. März die Proklamation »An meine lieben Berliner«, in der er die Rückkehr zum Frieden und die Räumung der Barrikaden forderte.

Diesem Appell folgten dann weitere Gesten, die als Unterwerfung des Königs unter die Revolution aufgefasst wurden (was sich allerdings Ende des Jahres als Irrtum herausstellen sollte): *Friedrich Wilhelm* musste sich vor den im Schlosshof aufgebahrten Leichen verneigen, zudem ritt er mit einer schwarz-rot-goldenen Binde angetan am 21. März von seinen Ministern, Generälen und den königlichen Prinzen begleitet durch die Stadt und verkündete seinen Aufruf »An mein Volk und an die deutsche Nation«.

Aber auch nach der Einrichtung eines liberalen Ministeriums mit den Rheinländern *Ludolf Camphausen* als Ministerpräsident und *David Hansemann* als Finanzminister und nach dem Zusammentreten einer nach allgemeinem und gleichem Wahlrecht hervorgegangenen (preußischen) Nationalversammlung am 22. Mai war der Sieg der Revolution nur ein scheinbarer: Während die Nationalversammlung das alte System der monarchischen Autorität durch immer schärfere Gesetze zu zerstören suchte, formierte sich eine konservative Gegenbewegung vor allem der (Groß-)Grundbesitzer, in deren publizistischem Organ, der ›Neuen Preußischen Zeitung‹ (der »Kreuzzeitung«), Männer wie *Otto von Bismarck* mitarbeiteten, die später die Geschicke Preußens und Deutschlands maßgeblich bestimmen sollten.

Während sich die Kraft der liberalen Ministerien immer mehr verbrauchte, nahm der Einfluss der konservativen persönlichen Ratgeber des Königs stetig zu, sodass dieser, einem Verfassungsentwurf der Nationalversammlung mit radikaleren demokratischen Grundsätzen zuvorkommend, jene zunächst von Berlin nach Brandenburg verlegen ließ, um sie schließlich am **5. Dezember** ganz aufzulösen und eine eigene **Verfassung** zu **oktroyieren.**

Diese überraschte zwar durch einige liberale Konzessionen, die überwiegend zu Lasten des Adels gingen (wie die Aufhebung der patrimonialen Gerichtsbarkeit), sicherte jedoch durch die monarchische Autorität und das Dreiklassenwahlrecht (seit dem 30. Mai 1849) die Zusammenfassung des alten mit dem neuen Preußen.

Der König zwischen Demokratie und Militär (Karikatur aus dem Sommer 1848)

Neben den Entwicklungen in den Einzelstaaten, vor allem in Österreich und Preußen, gab es noch einen dritten, *gesamtdeutschen* Schauplatz der Revolution: die Nationalversammlung in der Frankfurter Paulskirche. Da der inzwischen aus Vertretern der Märzregierungen besetzte Bundestag dem Vorschlag des aus der revolutionären Bewegung hervorgegangenen ›Vorparlaments‹ zugestimmt hatte, die Wahl eines Nationalparlaments möglichst in Übereinstimmung mit den Regierungen anzustreben, war diese auch erfolgt, sodass die Eröffnung der **Nationalversammlung** am **18. Mai** stattfinden konnte.

Gewählt zwar nach einem (leicht modifizierten) allgemeinen und gleichen Wahlrecht, war diese Versammlung jedoch weniger ein Spiegel der sozialen Gliederung der Nation als ihrer führenden Schichten, d. h. ein ausgesprochenes »Honoratiorenparlament«, in dem das akademische Bildungsbürgertum überwog. Da es noch kein Parteiwesen gab, waren nach lokalen Gesichtspunkten örtliche Honoratioren gewählt worden, vielfach keine revolutionären Machtmenschen, so genannte »Jakobiner«, sondern eher auf Ausgleich be-

Eröffnungssitzung der Nationalversammlung. Auf dem Podium der Präsident der Versammlung, Heinrich von Gagern, am Rednerpult der Abgeordnete Robert Blum (Stich von G. Kolb von 1848).

Neben einer demokratischen Linken, einer liberalen Mitte mit einem rechten und einem linken Flügel sowie einer konservativen Rechten lag der geistige Schwerpunkt der Nationalversammlung beim rechten Zentrum, der eigentlichen ›Verfassungspartei‹, deren Vertreter u. a. Arndt, Dahlmann, Droysen, J. Grimm, Beckerath und Mevissen waren. Hier war die bürgerliche Aristokratie von Besitz und Bildung versammelt, die den sozialen Hintergrund der nationalen und konstitutionellen Bewegung bildete.

dachte Männer, deren Prototyp der liberale Präsident *Heinrich von Gagern* (1799–1880) wurde.

Von insgesamt gewählten 830 Abgeordneten und Stellvertretern – tatsächlich betrug die Zahl der Parlamentsmitglieder knapp 580 Männer – waren rd. 550 Akademiker, darunter 157 Richter und Staatsanwälte, 49 Universitätsprofessoren und Dozenten und 66 Rechtsanwälte. Ihnen standen nur 110 Vertreter wirtschaftlicher Berufe gegenüber, ein einziger Bauer, kein Arbeiter und nur wenige Handwerker. Auch wenn sich manche Einrichtungen ausländischer Parlamente rasch einbürgerten (wie die Bildung von Ausschüssen, von denen der »Verfassungsausschuss« der wichtigste wurde), so machten Parlamentsbetrieb und Geschäftsordnung vor allem anfangs noch den Eindruck des Unfertigen. So waren die Gruppierungen der Abgeordneten nach Fraktionen oder Klubs, die sich nach Frankfurter Gasthöfen benannten, keineswegs geschlossene politische Gebilde mit festen, auf Doktrinen beruhenden Programmen; allerdings waren die großen politischen Grundrichtungen schon zu erkennen.

Anders als die französische Nationalversammlung von 1789 hatte das Paulskirchenparlament nicht nur eine Verfassung zu schaffen, sondern zugleich einen nationalen Staat, der von den meisten Deutschen bereits 1815 erwartet worden war. Aber gerade in diesem

Bereich waren rasche Entscheidungen trotz der Schwäche der Einzelstaaten nicht zu erwarten, warf doch schon die Bestimmung der Grenzen Deutschlands große Fragen auf: Sollten z. B. auch die Gebiete im Osten Preußens, die nicht zum Deutschen Bund gehörten, aber von Deutschen bewohnt waren, integriert oder auch die nichtdeutschen Volksgruppen Österreichs einbezogen werden? Wollte/konnte sich Deutsch-Österreich überhaupt dem engeren Deutschland anschließen und sein staatsrechtliches Band mit den übrigen Habsburgerländern lösen? Diese Frage entschied sich mit dem Erfolg der Gegenrevolution in Österreich, als der neue Ministerpräsident Fürst *Felix Schwarzenberg* (1800–1852) am **27. November** erklärte, dass »Österreichs Fortbestand in staatlicher Einheit ... ein deutsches wie ein europäisches Bedürfnis« sei.

Die zunehmende Ohnmacht der Frankfurter Nationalversammlung gegenüber den beiden deutschen Großmächten zeigte sich vor allem in außenpolitischer Hinsicht. Zwar hatte man am 29. Juni mit der Wahl des Erzherzogs *Johann von Österreich* (1782–1859) als ›Reichsverweser‹ eine provisorische Zentralgewalt geschaffen und damit das Bestehen des Bundestages beendet, dennoch gelang es nicht, dieser Zentralgewalt wirkliche Macht und Autorität zu geben. So verweigerten die Großmächte und ein Teil der Königreiche z. B. die Abstellung von Truppen und agierte Preußen eigenmächtig im Krieg gegen Dänemark um die Schleswig-Holstein-Frage (dem unter britisch-russischem Druck am 26. August von Preußen abgeschlossenen Waffenstillstand mit Dänemark musste die Nationalversammlung notgedrungen nachträglich zustimmen).

Während im Sommer also wertvolle Zeit verstrich bei der Suche nach einer nationalstaatlichen Lösung, zeigte doch die ausgiebige Diskussion um die »Grundrechte des deutschen Volkes« die Bedeutung, die der Liberalismus der Erfüllung gesellschafts- und rechtspolitischer Forderungen für eine geeinte Nation zumaß. Am **27. Dezember** schließlich als Gesetz verabschiedet, umfassten sie sowohl die individuellen Freiheitsrechte,

Aus dem 1848 beschlossenen Katalog der Grundrechte

§ 137
Vor dem Gesetz gilt kein Unterschied der Stände. Der Adel als Stand ist aufgehoben. Alle Standesvorrechte sind abgeschafft. Die Deutschen sind vor dem Gesetz gleich ...
Die Wehrpflicht ist für alle gleich.

§ 138
Die Freiheit der Person ist unverletzlich.

§ 139
Die Todesstrafe, ausgenommen, wo das Kriegsrecht sie vorschreibt ..., sowie die Strafen des Prangers, der Brandmarkung und der körperlichen Züchtigung, sind abgeschafft.

§ 140
Die Wohnung ist unverletzlich ...

§ 143
Jeder Deutsche hat das Recht, durch Wort, Schrift, Druck und bildliche Darstellung seine Meinung frei zu äußern ...

§ 144
Jeder Deutsche hat volle Glaubens- und Gewissensfreiheit ...

§ 161
Die Deutschen haben das Recht, sich friedlich und ohne Waffen zu versammeln ...

§ 178
Das Gerichtsverfahren soll öffentlich und mündlich sein ...

§ 181
Rechtspflege und Verwaltung sollten getrennt und voneinander unabhängig sein ...

erklärten das Eigentum als unverletzlich und legten die Fundamente einer bürgerlich-liberalen Sozialordnung fest, worin der Adel und seine Vorrechte abgeschafft wurden.

Nicht in der Verfassung des Kaiserreiches, so doch in den Verfassungsordnungen der deutschen Demokratien im 20. Jh. wirk(t)en diese Grundrechte fort.

1849 Grundsätzlich waren bei den Verhandlungen um die Reichsverfassung die Ausgestaltung der monarchischen Spitze, die Macht der Legislative dieser gegenüber und das Wahlrecht besonders umstritten. Gegen einen Absolutismus des Parlaments wollte die ›Rechte‹ die Exekutive mit einem Veto ausstatten, während die ›Linke‹ das Veto aus Furcht vor der Fürstenwillkür ablehnte. Schließlich einigte man sich in diesem Punkte für ein suspensives (aufschiebendes) Veto als Kompromiss.

Die ausgiebig und heftig diskutierte Wahlrechtsfrage spiegelte zwar deutlich die gesellschaftliche Zusammensetzung der Nationalversammlung, dennoch wurde schließlich das allgemeine, gleiche (Männer-) Wahlrecht verabschiedet. Die Verhandlungen über das Reichsoberhaupt, bei denen die unterschiedlichsten Konzeptionen (u. a. republikanische Präsidentschaft, Direktorium, Wahl- oder Erbkaisertum) zur Debatte standen, spitzten sich rasch auf die Frage nach einer Entscheidung über die Alternative Wahl- oder Erbkaisertum zu. Dabei wurde immer klarer, dass die Entscheidung für ein erbliches Kaisertum eine Entscheidung für Preußen war, damit für eine im **kleindeutschen** Sinne gezogene Grenze und ohne die deutschsprachigen (und anderen) Teile Österreichs. Seitdem die österreichische Regierung Anfang März das Verbleiben der ungeteilten Monarchie in einem deutschen Gesamtstaat verlangt hatte, war zu erwarten, dass die Mehrheit für die Erblichkeit der Kaiserwürde plädieren und *Friedrich Wilhelm IV. von Preußen* zum Reichsoberhaupt küren würde (was schließlich mit 290 Stimmen bei 248 Enthaltungen auch geschah).

Heinrich von Gagern, der Vorsitzende des Reichsministeriums, vor der Figur der Germania: »Was heulst'n, kleener Hampelmann?« – »Ick habe Ihr'n Kleenen 'ne Krone geschnitzt, nu will er se nich!« (Karikatur von 1849)

Zwar wurde die **Verfassung** am **27. März** mit 267 gegen 263 Stimmen **verabschiedet**, auch von 28 deutschen Einzelstaaten anerkannt, da der preußische König sich jedoch endgültig am 28. April weigerte, die Kaiserkrone anzunehmen, war die Revolution eigentlich gescheitert, was die Frankfurter Verfassungspolitik anbelangte.

Nach dem Auszug der Österreicher und der Erbkaiserlichen geriet das Parlament völlig unter den Einfluss der ›Linken‹, die nunmehr vehement die revolutionäre Durchsetzung der Reichsverfassung proklamierten. Diese **Mairevolution**, vor allem in Sachsen, der Pfalz und Baden, wurde jedoch blutig niedergeschlagen, wobei preußische Truppen die entscheidende Rolle spielten. Als im gleichen Monat Preußen (s)eine »Unionspolitik« beginnt, die auf dem Wege dynastischer Vereinbarungen mit Sachsen und Hannover einen kleindeutschen, von Preußen geführten Bundesstaat verwirklichen will, tritt Österreich diesen Plänen energisch entgegen. Da das am 6. Juni nach Stuttgart verlegte ›Rumpfparlament‹ – ohnehin nur noch etwa 100 Abgeordnete – von der württembergischen Regierung gewaltsam aufgelöst wurde und am Ende des Jahres Erzherzog *Johann* die Würde des Reichsverwe-

sers niederlegte, lud Österreich im folgenden Jahr am 1. September zur Wiedereröffnung des Frankfurter Bundestages, dem schließlich auf Druck Russlands am
1850 29./30. November die **Olmützer Punktation** zwischen Österreich und Preußen folgte, in der Preußen seine ›Unionspolitik‹ aufgab.

1851 Im Mai traten schließlich auch die Unionsstaaten wieder in den Bundestag ein, womit der Deutsche Bund wiederhergestellt war. Allerdings war dadurch der Antagonismus der beiden deutschen Großmächte nicht beseitigt, sondern nur vorübergehend stillgelegt. Er sollte im folgenden Jahrzehnt im Zeichen eines offenen politisch-militärischen Dualismus ausgetragen werden.

Die bürgerlich-liberale Revolution scheiterte vor allem an der Doppelaufgabe einer Staats- und Verfassungsschöpfung, die sich zudem demokratisch-sozialrevolutionärer Kräfte auf der einen Seite erwehren musste, sich auf der anderen Seite aber dem Beharrungsvermögen der Dynastien, Bürokratien und Armeen gegenübersah. Die Wirkungen lagen aber nicht nur in der Resignation des Bürgertums in Deutschland, das das Vertrauen verlor, den Nationalstaat aus eigener Kraft schaffen zu können, sondern auch darin, dass trotz der Gegenrevolution der gesellschaftliche Emanzipationsprozess gefördert wurde. Beredtes Beispiel dafür ist die Entstehung eines Parteiensystems mit einem in zwei Hauptrichtungen ›gespaltenen‹ Liberalismus sowie den Anfängen einer konservativen und katholischen Partei. Schließlich reichen sogar die ersten politischen Organisationsformen der Arbeiterbewegung in das Jahr 1848 zurück durch die Gründung der »Allgemeinen deutschen Arbeiterverbrüderung«.

Auch wenn der unglückliche Verlauf der Revolution, der Eindruck der Vergeblichkeit ihrer gewaltigen Anstrengungen, am Ende eine Stimmung der Resignation erzeugt hat, so kann doch die folgende Ära der Reaktion, für die der Begriff der »Realpolitik« prägend werden sollte, tatsächlich nicht hinter den März 1848 zurück.

Exkurs: Der Durchbruch der Industrialisierung

War die (gescheiterte) Revolution von 1848/49 nach den sozialen und politischen Entwicklungen im »Vormärz« Höhepunkt der liberalen und bürgerlichen Bewegung in Deutschland nicht nur im Kampf um die staatliche Einheit, sondern ebenso um Wirtschaftseinheiten in Bezug auf Handel, Zoll und Verkehr gewesen, so bedeutete sie wirtschaftsgeschichtlich keinen Einschnitt.

Wie im Vormärz, so lag auch jetzt zunächst noch der Schwerpunkt der freien Gewerbetätigkeit beim Handwerk und Textilgewerbe. »Gewerbefreiheit« war bis in die Revolution hinein nicht die Parole des Handwerkers, sondern die der Bürokratie, die seit 1810 in wachsendem Maße überall die Zunftschranken niederlegen, die Initiative beflügeln, die Technik beleben und, nicht zuletzt aus fiskalischen Gründen, den Wohlstand befördern wollte.

In der ersten Hälfte des Jahrhunderts war der Vorsprung Englands in der industriellen Entwicklung noch unbestritten gewesen. Nachdem sich jedoch seit 1830 die bürgerliche Gesellschaft in Frankreich und Belgien durchgesetzt hatte, begann sich auch der Kontinent der industriellen Entwicklung zu öffnen, vor allem dort, wo sich Rohstoffvorkommen befanden und sich die Hafenstädte am wachsenden Handel in Europa beteiligen konnten. Die Führungsrolle auf dem

Die Harkortsche Fabrik auf Burg Wetter, um 1834 (Gemälde von A. Rethel).

Es ist schwer, einen engeren Zeitraum dafür anzusetzen, wann Deutschland die Schwelle zu einem Industrieland überschritt; die meisten Historiker benennen für diesen Übergang die Mitte der 30er Jahre des 19. Jh. Damals setzten sich technische Neuerungen im größeren Rahmen durch, konnten neu gegründete Banken Kapital für neue Unternehmungen beisteuern und neu gegründete technische Anstalten das Bildungswesen bereichern. Zudem hatte der gerade gegründete Zollverein die wirtschaftliche Einheit Deutschlands einen wesentlichen Schritt vorangebracht.

Kontinent nahm zuerst, aufgrund seiner engen Verbindungen zu England, das kleine Belgien ein, das auch dafür sorgte, dass durch den Zufluss westlichen Kapitals zunächst im Rheingebiet eine erste Industrialisierung einsetzte. Führende Unternehmer waren hier u. a. *Friedrich Harkort* (1793–1880) und *Friedrich Krupp* (1787–1826), die sich besonders innovativ im Eisenhüttenwesen betätigten.

Geistiger Hintergrund für den Abbau überkommener Entwicklungshemmnisse war die **liberale Wirtschaftstheorie**, deren prominentester Vertreter der britische Philosoph und Volkswirtschaftler *Adam Smith* (1723– 1790) war, nach dessen zentraler Auffassung die Arbeit jedes einzelnen Menschen die Quelle des Volkswohlstandes war. Aus natürlichem Eigeninteresse an der Verbesserung seiner eigenen Lage produziere der arbeitende Mensch Waren für den Markt, deren Wert durch das Gesetz von Angebot und Nachfrage bestimmt werde. Da am Ende schließlich nur ein Interesse an der Produktion solcher Güter bestehen bleibe, für die auch eine Absatzchance bestehe, fördere das Gewinnstreben des Einzelnen letztlich auch das Gemeinwohl. Die Aufgabe des Staates reduzierte *Smith* allein auf die Wahrung von öffentlicher Ordnung und innerer Sicherheit.

Gewerbereformen konnten allerdings nicht verhindern, dass auch das Handwerk von der Krise des Pauperismus erfasst wurde: Zwar fanden Teile der rapide wachsenden Bevölkerung eine Stelle als Meister oder Geselle, aber das Überangebot an Arbeitskräften führte zu Unterbeschäftigung und ungenügendem Einkommen. In einer Volkswirtschaft, in der um 1850 noch 55 % der Beschäftigten in der Landwirtschaft arbeiteten, wuchsen gewerbliche Nachfrage und Kaufkraft nicht in demselben Maße wie das aus der Bevölkerungsexplosion herrührende Angebot an Arbeitskräften. Ein Großteil der Handwerker und Gesellen lebte so in der Vormärzzeit ständig in der Gefahr, mit dem Einkommen unter das Existenzminimum abzusinken, was zudem erklärt, dass Frauen und

Kinder häufig gezwungen waren, zum Lebensunterhalt beizutragen.

Von zentraler Bedeutung für den Durchbruch der Industrialisierung in Deutschland war schließlich die Übernahme technischer Neuerungen aus England, die hier wie dort durch richtungweisende Innovationen den gesamten Produktionsprozess veränderten und als Kern des Industrialisierungsvorganges den Übergang von der Handarbeit zur Maschinenarbeit darstellten. Zu *dem* Instrument schlechthin wurde hierbei die Dampfmaschine, die in vielfältigster Form in diversen Wirt-

Die Verwendung von Dampfmaschinen in Preußen 1837 – 1852 (in PS)

	1837	1840	1843	1846	1849	1852
Spinnerei, Weberei, Walkerei	1683	2365	2870	3236	3691	5632,5
Maschinen und Metall-fabrikation a. A.	1282,5	2065	2817	4857,5	6652,5	8415,5
Mühlen aller Art	415	601	992,5	1699,5	2046,5	3444,5
Bergbau	3344	5402	7627	9508	13695	19661,6
Schiffahrt	158	226	3869	4737	9319	9232
Eisenbahnen	–	340	6875,5	14676,5	28347,5	40194,5
Übrige	632	1279,5	2189,5	2415	3397,5	5880,75
Insgesamt	7513,5	12278,5	27240,5	41129,5	67149	92461,6

schaftszweigen für enorme Wachstumsimpulse sorgte. Dass Preußen dabei zum Schrittmacher der Industrialisierung in Deutschland wurde, lag nicht nur an seiner Bevölkerungsstärke, sondern daran, dass neue Industrielandschaften ›auf der grünen Wiese‹ traditionelle Standorte überflügelten, wie an der preußisch-deutschen Peripherie im Westen (Ruhr- und Saargebiet) und im Osten (Oberschlesien) mit Kohle als Energielieferant für die Eisen- und Stahlerzeugung, die zusammen mit dem Hüttenwesen und dem Eisenbahn- und Maschinenbau als Leitsektoren das wirtschaftliche Wachstum bestimmten.

Vor allem der Eisenbahnbau wurde innerhalb kurzer Zeit zum treibenden Faktor der Industrialisierung, nicht nur durch den unmittelbaren Bedarf der Ausstattung

Feierliche Eröffnung der ersten deutschen Eisenbahnlinie von Nürnberg nach Fürth, 1835 (zeitgenössisches Gemälde).

Finanziert wurde die Strecke von einer bayerischen Finanzgruppe – ein Beispiel, das Schule machte: Es bildeten sich zahlreiche Aktiengesellschaften, die, vom Staat nunmehr anerkannt und oft durch Bürgschaft oder Kapitalbeteiligung unterstützt, nach ihren jeweiligen regionalen Interessen bestimmte Gebiete verkehrstechnisch erschlossen.

mit Schienen, Maschinen und Wagen, sondern durch die Beschäftigung einer großen Zahl von Arbeitskräften, die für Erdbewegungen, die Erstellung der technischen Bauten wie Brücken und Tunnel oder den Bau von Bahnhöfen benötigt wurden.

Schon *Friedrich List* (1789–1846), der vehemente Fürsprecher des Zollvereins, hatte früh die Bedeutung des Schienenverkehrs erkannt.

Die Voraussetzungen für den schnellen Sprung Deutschlands und insbesondere Preußens in den Industrialismus sind jedoch in der Massenarmut im Zusammenhang mit dem wachsenden Bevölkerungsdruck zu suchen. Die Bevölkerungsexplosion, die in England ihren Anfang nahm, ging der industriellen Revolution teils voraus, teils war sie mit ihr verknüpft. Lebten in Deutschland 1815 noch knapp 25 Mio. Menschen, so waren es 1849 bereits rd. 35 Mio., und bis 1910 wuchs die Bevölkerung auf etwa 65 Mio. Menschen an. Ursachen hierfür waren die ansteigende Lebensmittelproduktion, eine bessere medizinische Versorgung und Hygiene und frühere Eheschließungen. Besonders nach 1850 ging dieses Bevölkerungswachstum jedoch einher mit großen Wanderungsbewegungen: Im Allgemeinen von den ländlichen Gebieten in die städtischen, wo es bessere Arbeits- und Lebensbedingungen gab, im Besonderen aus dem mehr agrarisch geprägten Osten Deutschlands in die entstehenden Industriegebiete im Westen, aber auch in das überseeische Ausland. Nicht nur der Pauperismus des Vormärz, sondern auch die Enttäuschungen über die gescheiterte Revolution trieben Millionen von Deutschen aus ihrer Heimat fort (man schätzt die Zahl der Auswanderer im 19. Jh. auf ca. 6 Mio. Menschen).

Vor dem Hintergrund eines sozialen Strukturwandels von der vorrevolutionären, agrarisch bestimmten Ständegesellschaft zur bürgerlichen Industriegesellschaft nahmen Not und Elend vor allem in den größeren Städten zu, in denen es nicht nur an Häusern und Wohnungen mangelte. Gerade hier lösten die elenden Arbeits- und Lebensbedingungen der Fabrikarbeiter heftige Diskussionen über die sozialen Folgen der Industrialisierung aus.

Während die bürgerlichen Schichten in der Frühphase der Industrialisierung jedoch oft mit den sozialen Unterschichten zusammengegangen waren, um sich gegen das Machtmonopol des Adels zu erheben, grenzten sie sich spätestens 1848 von den Zielen des »Vierten Standes« ab. Auf der anderen Seite entwickelten die Arbeiterinnen und Arbeiter allmählich ein eigenes »Klassenbewusstsein«, auch wenn Streiks und Forderungen an die Unternehmer zunächst auf einzelne Fabriken beschränkt blieben. Um aber vereint gegen ihre soziale Not vorgehen zu können, schlossen sie sich zunehmend in Arbeiterbildungsvereinen zusammen, bereiteten gemeinsame Aktionen vor und gründeten Kassen, um sich in besonderen Notfällen gegenseitig helfen zu können. Letztendlich waren die Emanzipationsbestrebungen der ›Arbeiterklasse‹ nicht mehr aufzuhalten: 1869 mussten die staatlichen Behörden (im Norddeutschen Bund) das Streikrecht aufheben und Ge-

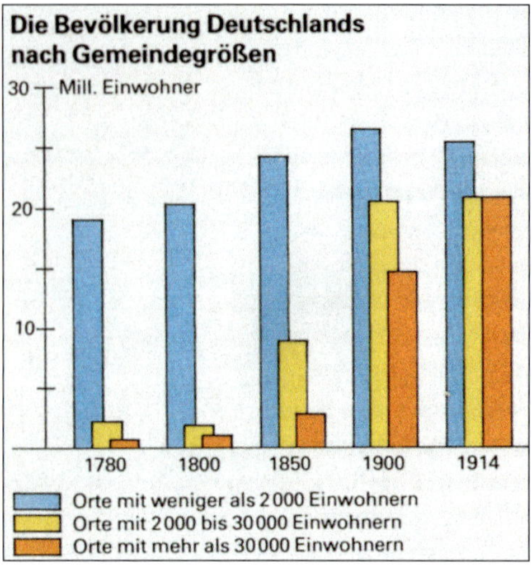

Bevölkerung nach Gemeindegrößen

werkschaften zulassen. Im gleichen Jahr wurde die stark marxistisch ausgerichtete Sozialdemokratische Arbeiterpartei unter Führung von *August Bebel* (1840–1913) und *Wilhelm Liebknecht* (1826– 1900) in Eisenach gegründet.

Das Bürgertum, Urheber des Durchbruchs der industriellen Revolution in Deutschland, stand am Ende der 40er Jahre unter dem Schock der gescheiterten Revolution. Es hatte erfahren müssen, dass es die Macht des Staates in Form einer Monarchie brauchte, um sich vor dem bewaffneten Umsturz zu schützen, den die radikalen Demokraten vergeblich versucht hatten. Sein eigener friedlicher Griff nach der Macht mit Hilfe des Wahlzettels und des Verfassungsrechts war gescheitert, weil die militärische Macht in den Händen der Fürsten verblieben war. Wollte das Bürgertum also sein beträchtliches wirtschaftliches Gewicht behalten, dann mussten sich seine Hoffnungen nun folgerichtig auf ein Bündnis mit den konservativen Inhabern der Macht in Preußen richten, denn offenbar war Preußen die zukünftige Großmacht Deutschlands gegenüber einem stagnierenden Österreich. Preußen dominierte allein von der Bevölkerungszahl und der Wirtschaftskraft her den Zollverein.

Durchschnittliche Wochenarbeitszeit in Deutschland

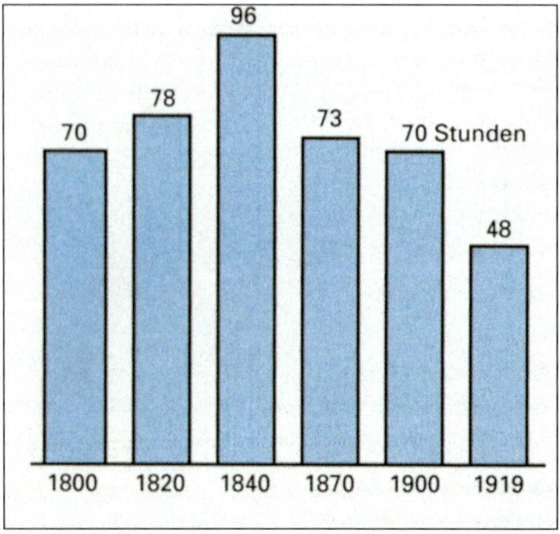

Genese und Entwicklung des Deutschen Kaiserreiches

1851

Nach der Wiederherstellung des Deutschen Bundes wurde das anfängliche Einvernehmen zwischen den beiden deutschen Großmächten rasch bestimmt vom österreichisch-preußischen Dualismus, in dessen Wirkungskreis auch die Zollvereinsfrage geriet. Während Österreich nämlich für eine großräumige, mitteleuropäische Zoll- und Wirtschaftsunion plädierte, suchte Preußen den Deutschen Zollverein auf Hannover und Süddeutschland auszudehnen, was bezogen auf Hannover und die anderen Mitglieder des ›norddeutschen Steuervereins‹ auch 1854 gelang.

Waren die Hoffnungen des liberalen Bürgertums nach Herstellung staatsbürgerlicher Freiheiten vor allem nach der in diesem Jahr erfolgten Umwandlung der preußischen Ersten Kammer in ein vom Adel dominiertes ›Herrenhaus‹ zunächst noch weiter gesunken, so keimte neue Hoffnung auf, als *Prinz Wilhelm* – 1849 noch als »Kartätschenprinz« heftig kritisiert – für seinen geistig schwer erkrankten Bruder im Oktober 1857 zunächst die Stellvertretung, ein Jahr später die Regentschaft und nach dem Tod *Friedrich Wilhelms IV.* schließlich die Nachfolge übernahm.

1861–1888
Wilhelm I., König von Preußen

Als innenpolitischer Kurswechsel und Eröffnung einer »Neuen Ära« galt zunächst die Einberufung eines gemäßigt-liberalen Ministeriums, zudem löste die Ankündigung, Preußen habe noch »moralische Eroberungen« in Deutschland zu leisten, große Erwartungen bei der bürgerlichen Nationalbewegung aus.

Entscheidende Anstöße für einen Umbruch der deutschen Politik kamen jedoch von außen, als es der italienischen Nationalbewegung 1859/60 in einem Krieg vor allem gegen habsburgische Truppen (Niederlagen von Magenta und Solferino am 4. und 24. Juni 1859) gelang, Italien bis auf Rom und Venetien zu einem Nationalstaat zu vereinigen. Mit Billigung des ersten italienischen Parlaments nahm König *Viktor*

Emanuel 1861 in Turin den Titel eines Königs von Italien an. Nicht nur diese Ereignisse wurden in einer Fülle von Broschüren und neu gegründeten Zeitschriften diskutiert, vor allem sammelte der 1859 gegründete »Deutsche Nationalverein« Anhänger eines kleindeutschen Staates, zudem veranlasste der 100. Geburtstag *Schillers* in ganz Deutschland zahllose national-patriotische Gedenkfeiern. In diese allgemeine Stimmung hinein, die Preußen (erneut) in einer nationalen ›Vorreiterrolle‹ sah, platzte jedoch ein innenpolitischer Konflikt, der sich zu einem mehrjährigen Heeres- und Verfassungskonflikt in eben diesem Staate entwickeln sollte.

Otto von Bismarck (Porträt von F. von Lenbach).

1815
geboren als Sohn eines Gutsherrn in der Altmark
1832–1836
Studium der Rechte
1847/48
Abgeordneter der äußersten Rechten im Vereinigten Preußischen Landtag, Gegner der Revolution von 1848
1849
konservativer Abgeordneter im Preußischen Landtag
1851–1859
Bundesgesandter Preußens in Frankfurt, vertritt die preußische Unabhängigkeit
1862–1890
Preußischer Ministerpräsident

Im Grunde ging es in der sich über Jahre hinziehenden Debatte letztlich um das Mitspracherecht der Volksvertretung in Militärangelegenheiten und damit um das Budgetrecht, der altpreußischen Monarchie aber, nach den Wirren der Revolution wiederhergestellt und in ihrem Selbstbewusstsein gekräftigt, darum, das Fundament ihrer Macht von den im Parlament repräsentierten Kräften des Bürgertums unabhängig zu halten. Da die preußische Verfassung jedoch festlegte, dass ein Gesetz nur bei Übereinstimmung zwischen dem König und den beiden Kammern zustande kommen konnte und für den Fall einer Kontroverse kein Hinweis enthalten war, ließ sich die vom König erwogene Abdankung nur durch die Ernennung eines neuen Ministerpräsidenten verhindern.

1862 *Bismarck* stellte schlicht und einfach eine »Verfassungslücke« fest: In dieser Situation falle dem König als Souverän die letztliche Entscheidung zu. Da eine Heeresreform jedoch im Interesse des Staates erforderlich sei, müsse diese dann eben ohne Finanzbewilligung seitens des Parlamentes durchgeführt werden. Da Proteste gegen diese Auslegung der Verfassung wirkungslos blieben, gelang es *Bismarck,* die Regierung die folgenden Jahre über auch gegen die parlamentarische Mehrheit zu führen. Erst mit Annahme der so genannten Indemnitätsvorlage am 3. September 1866 im Abgeordnetenhaus (mit 230 gegen 75 Stimmen) nach dem erfolgreichen Krieg gegen Österreich erkannte *Bismarck* das Budgetrecht des Abgeordnetenhauses an, gleichzeitig wurde dem Kanzler bescheinigt, dass er in der zurückliegenden Ausnahmesituation nicht anders habe handeln können.

Da *Bismarcks* außenpolitisches Ziel, die Hegemonie Preußens in Deutschland durchzusetzen, den Zeitgenossen nicht verborgen blieb, versuchte Österreich, diesen Zielen durch eine Bundesreform entgegenzuwirken. Da Preußen sich diesen Plänen jedoch geschickt entzog und den erfolgreichen Krieg beider Staaten gegen Dänemark nach dem **Frieden von Wien** (am 30. Oktober) so nutzte, dass er Holstein von Österreich verwalten ließ und es damit zum dauernden Krisenherd machte, eskalierte die Situation weiter, bis sie vom 15. Juni bis zum 26. Juli zum entscheidenden Krieg um die Vorherrschaft in Deutschland (»Deutscher Krieg«, auch »Bruderkrieg« genannt) einmündete. **1864** **1866**

Nach der entscheidenden Schlacht am 3. Juli bei Königgrätz musste Österreich am **23. August** schließlich dem **Frieden von Prag** zustimmen, in dem der Deutsche Bund formell sein Ende nahm. Der Dualismus der beiden Großmächte war zugunsten des modernen Preußens entschieden worden.

Preußen erhielt das Recht, Deutschland neu zu organisieren und einige Staaten zu annektieren: Schleswig, Holstein, das Königreich Hannover, Hessen-Kassel, Nassau sowie die Stadt Frankfurt. Das Königreich Preußen reichte nun von Aachen bis Königsberg und umfasste damit mehr als die Hälfte Deutschlands.

1867

Karikatur von 1867

Nachdem sich am 11. Juli auf Initiative *Bismarcks* alle 22 nördlich der Mainlinie selbstständig verbliebenen Staaten zum **Norddeutschen Bund** zusammengeschlossen hatten, zudem die süddeutschen Partikularstaaten zum größten Teil bereits im Berliner Zollparlament vertreten waren, das seit 1868 Gesamtdeutschland repräsentierte, registrierte auch das benachbarte Frankreich die zunehmende Stärke Preußen-Deutschlands mit wachsendem Unbehagen. Die Absicht Kaiser *Napoleons III.* (1809–1873), dem Norddeutschen Bund ein Gegengewicht in Form eines vereinigten ›Südbundes‹ entgegenzustellen, scheiterte jedoch am Partikularismus der süddeutschen Kleinstaaten. Als sich zudem *Bismarck* mit der Frankreich brüskierenden »Emser Depesche«, in der es um einen Verzicht auf den spanischen Thron durch einen Hohenzollern ging, an die Presse wandte, kam es am **19. Juli 1870** zur Kriegserklärung Frankreichs an Preußen.

»Germania« weist den süddeutschen Staaten im Krieg gegen Frankreich den Weg über den Main (Allegorie von 1870)

Da sich, entgegen den Erwartungen Frankreichs, auch die süddeutschen Staaten an die Seite Preußens stellten und die übrigen europäischen Großmächte neutral blieben, kam es zu raschen militärischen Erfolgen der Deutschen. Nach der Kapitulation *Napoleons III.* in der Schlacht bei Sedan zog sich der Krieg jedoch noch bis Januar folgenden Jahres hin. Unter dem Eindruck des gemeinsamen Kriegserlebnisses und die nationale Euphorie der Stunde nutzend, gelingt es *Bismarck* nach intensiveren Verhandlungen mit einzelnen deutschen Staaten, vor allem mit Bayern, am **18. Januar 1871** die Proklamation des **Deutschen Kaiserreiches** in Versailles zu erreichen, womit der preußische König nun »Deutscher Kaiser« war. Frankreich musste im **Frieden von Frankfurt/M.** am **10. Mai** die Abtretung des Elsasses (ohne Belfort) und Lothringens mit Metz bestätigen, zudem in eine über drei Jahre zu zahlende Kriegsentschädigung in einer Gesamthöhe von 5 Mrd. Goldfranken einwilligen.

In Mitteleuropa war nun eine neue politische Großmacht mit fast 43 Mio. Einwohnern (Frankreich: 36 Mio., England: 32 Mio.) entstanden, die den Nachbarn wirtschaftlich und militärisch überlegen war. Auch wenn damit die evidente politische Schwäche des traditionell in viele Einzelstaaten zerklüfteten Gebildes überwunden war, fürchtete man im Ausland doch eine weitere Expansion und eine Hegemonialpolitik, die das Gleichgewicht der Mächte erschüttern würde.

Trotz seines dynamischen technischen Fortschritts erwies sich das Reich zunächst als Faktor gesamteuropäischer Stabilität, vor allem, weil *Bismarck* als Kanzler seine ganze Kraft daran setzte, das Deutsche Reich als

Die Entwicklung bis zum Kaiserreich

»saturiert« friedlich in die europäische Staatenwelt zu integrieren. In Frankreich allerdings wurde die Niederlage im Krieg, das Erlebnis des unglücklichen Kampfes auf dem eigenen Boden und der Verlust von Elsass und Lothringen nicht verwunden.

Das Rachebedürfnis einerseits und das Sicherheitsbedürfnis andererseits belasteten seither die deutsch-französischen Beziehungen.

Am 4. Mai trat schließlich die Verfassung des Deutschen Reiches in Kraft. Zwar erklärte die Präambel der Verfassungsurkunde das Reich zum »ewigen Bund«, dennoch war es kein Staatenbund, bestehend aus autonomen Gliedstaaten, wie ehedem der Deutsche Bund, sondern ein Bundesstaat, in dem die Gesamtheit der 22 Fürsten und drei Freien Städte Träger der Souveränität war, repräsentiert im Bundesrat. Hierhin entsandten die Bundesstaaten entsprechend ihrer Größe weisungsgebundene Vertreter; auf Preußen entfielen 17 Stimmen von insgesamt 58 Mitgliedern, wobei jene Stimmenzahl eine ausreichende Sperrminorität (14) bedeutete, die zugleich begünstigte, dass die Politik des Reiches und die seines größten Gliedstaates miteinander in Einklang gebracht werden konnten. Der preußische König als erblicher Deutscher Kaiser hatte das Präsidium des Reiches inne, führte u. a. den Oberbefehl über die Land- und Seestreitkräfte, ernannte den Reichskanzler und berief und schloss den Reichstag, ja konnte diesen sogar nach Bundesratsbeschluss auflösen.

Der Reichskanzler selber führte in Vertretung des Kaisers den Vorsitz im Bundesrat (in der Regel zugleich als preußischer Ministerpräsident), war vor allem nicht vom Vertrauen des Reichstages abhängig und konnte von ihm nicht zur Verantwortung gezogen werden. Gegenüber dem Bundesrat und dem Reichskanzler besaß der Reichstag nur bescheidene Befugnisse, wie z. B. das Budgetrecht; immerhin ging er aus allgemeinen, gleichen, direkten und geheimen Wahlen hervor, an denen sich jedoch nur die männliche Bevölkerung ab einem Mindestalter von 25 Jahren beteiligen konnte. Da man die Einteilung der Wahlkreise den Bevölkerungsverschiebungen durch Migration und Verstädterung jedoch nicht anpasste, wurden die dicht besiedelten Arbeiterregionen mit einem hohen Prozentsatz sozialdemokratischer Wähler gegenüber den meist konservativen ländlichen Gebieten benachteiligt. Hinzu kam, dass die Zusammensetzung des preußischen Landtags bis 1918 auf dem Dreiklassenwahlrecht beruhte, das den Einfluss konservativer und liberaler Kreise aus Landwirtschaft und Industrie besonders stärkte. So konnten die Sozialdemokraten ihren Anteil an Reichstagssitzen ab dem Ende des 19. Jh. zwar immens vergrößern, in Preußen mussten sie sich jedoch mit einem Bruchteil der Landtagsmandate zufrieden geben.

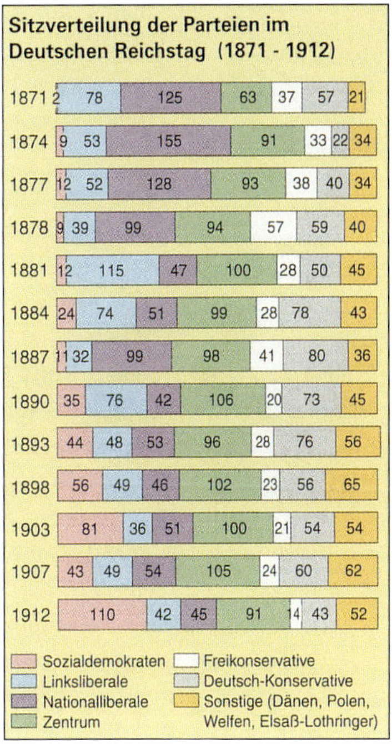

Ergebnisse der Reichstagswahlen

Als Vertreter eines ›Obrigkeitsstaates‹ lehnte *Bismarck* den Parlamentarismus grundsätzlich zwar ab, für die Durchsetzung der Landes- und Staatsinteressen war er jedoch angewiesen auf die Mitarbeit der Parteien, die für ihn »Verbündete auf Zeit« waren. Zunächst war das vor allem die Nationalliberale Partei, zeitweise auch die linksliberale Fortschrittspartei, mit deren Hilfe die Bedingungen für ein am Freihandel orientiertes Wirtschaftssystem zustande kamen. Gesetze über die Währungsvereinheitlichung, die Rechtseinheit im Reich sowie die Errichtung einer Zentralbank wurden beschlossen, zudem die Außenzölle nahezu vollständig abgebaut. Vor allem aber stützten die liberalen Parteien auch das als **Kulturkampf** bezeichnete Vorgehen *Bismarcks* gegen das Zentrum und die katholische Kirche (u. a. 1872 Verbot des Jesuitenordens, 1874/75 Einführung der Zivilehe), auch wenn durch diese Maßnahmen die katholische Bewegung nicht zu stoppen war. Erst 1886 und 1887 wurde dieser »Kulturkampf« nach zwei ›Friedensgesetzen‹ offiziell beendet, wobei ein Großteil der getroffenen Veränderungen erhalten blieb. Bereits 1890 war das Zentrum jedenfalls mit 106 Abgeordneten stärkste Partei, vor allem seit es den innenpolitischen Kurswechsel des Kanzlers unterstützt hatte.

1878 Angesichts einer dem konjunkturellen Hoch der »Gründerzeit« (bis zur Weltwirtschaftskrise 1873) folgenden Phase wirtschaftlicher Stagnation musste *Bismarck* dem Druck der ostelbischen Großgrundbesitzer und diverser Industrieverbände (dem »Bündnis zwischen Roggen und Eisen«) nachgeben und einen innenpolitischen Kurswechsel vom wirtschafts- und gesellschaftspolitischen Liberalismus zu Schutzzoll, Konservatismus und staatlicher **Sozialpolitik** einleiten, verbunden mit einem Kampf gegen die Sozialdemokratie. In wirtschaftlicher Hinsicht sollte das von *Smith* im Sinne der Theorie des Freihandels geforderte »freie Spiel der Kräfte« zugunsten eines ›Interventionsstaates‹ aufgegeben werden, der wirtschaftliches Wachstum, Arbeitsplätze und soziale Sicherheit schaffen sollte.

Die Unterstützung der konservativen Parteien brauchte *Bismarck* insbesondere gegen die Sozialdemokratie: Nach zwei Attentaten auf Kaiser *Wilhelm I.* im Mai und Juni, die fälschlicherweise den Sozialdemokraten zugeschrieben wurden, und einer Auflösung des Reichstages, um die Liberalen zu schwächen, kam am **19. Oktober** ein »Gesetz gegen die gemeingefährlichen Bestrebungen der Sozialdemokratie« zustande, das bis 1890 mehrfach verlängert wurde. Zwar traf die Ausführung des Gesetzes nicht die Partei selbst, jedoch alle Parteiorganisationen, die ihnen nahestehenden Gewerkschaften, die Parteipresse und durch Verhaftung und Verurteilung auch zahlreiche Sozialdemokraten.

Gleichzeitig zur Kampagne gegen die Sozialdemokratie ließ *Bismarck* auch Gesetze zur sozialen Absicherung der Arbeitnehmer beschließen, die den Beifall des Centralverbandes Deutscher Industrieller fand, der zu finanzieller Absicherung der Arbeitnehmer beitragen wollte, wenn dadurch der Einfluss der Gewerkschaften beschnitten werden konnte.

So wurden 1883 die Krankenversicherung, 1884 die Unfallversicherung und 1889 die Altersversorgung gesetzlich geregelt. Insgesamt stieg dadurch die soziale Sicherheit der Arbeitnehmer beträchtlich, da sie nun im Krankheitsfall und im Alter einen Rechtsanspruch auf finanzielle Leistungen besaßen. Die deutsche Sozialgesetzgebung stand damit im internationalen Vergleich auf lange Zeit konkurrenzlos da, zudem blieb die Unternehmerschaft relativ autonom, da sie nach wie vor die Arbeitsbedingungen weitgehend bestimmte. Immerhin war ein erster Schritt zur Sozialpartnerschaft getan.

Da die deutsche Reichsgründung das Kräfteverhältnis in Europa deutlich verschoben hatte, kam es *Bismarck* zunächst darauf an, in der Außenpolitik den Gegensatz zu Frankreich durch gute Beziehungen zu Russland und Österreich auszugleichen und ein Zusammengehen Englands mit Frankreich tunlichst zu verhindern.

Konfliktstoff boten über Jahrzehnte hinweg die Verhältnisse auf dem Balkan, da nicht nur Österreich dort seinen Einfluss vergrößern wollte, sondern auch Russland gegen den Widerstand Englands und Frankreichs einen Zugang zum Mittelmeer durch die Meerenge der Dardanellen anstrebte. Nachdem unter dem Vorsitz *Bismarcks* der Berliner Kongress 1878 erstmals diese internationalen Spannungen beigelegt hatte, versuchte Deutschland zunehmend eine wichtigere Rolle in der Außen- und Bündnispolitik zu spielen.

Dies gelang zunächst durch ein System von Bündnissen mit den Nachbarstaaten: Den Anfang machte der »Zweibund« mit Österreich (1878), zwei Jahre später sicherte der »Dreikaiservertrag« zudem das

Europäische Bündnisse

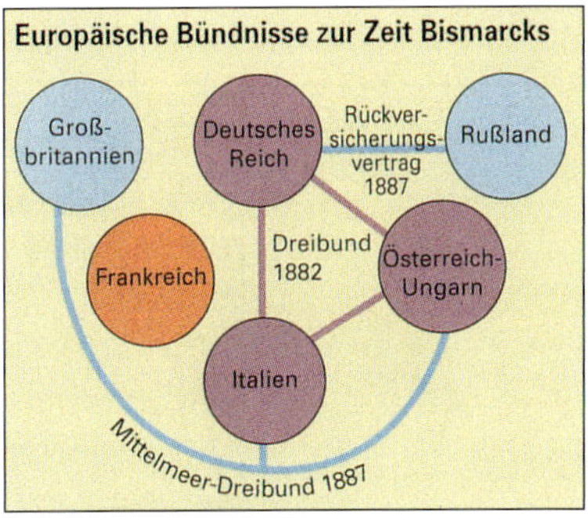

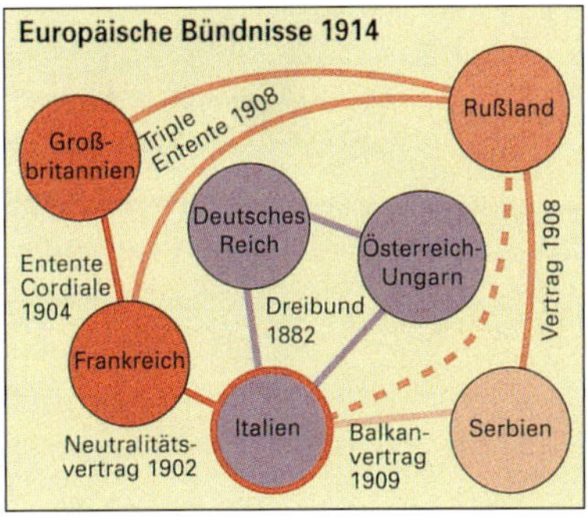

Einvernehmen mit Russland. Schließlich verband 1882 der »Dreibund« Deutschland und Österreich mit Italien. Gegen Ende von *Bismarcks* Amtszeit sollte der »Rückversicherungsvertrag« (1887) mit Russland die von der öffentlichen Meinung im Zarenreich geforderte Annäherung an Frankreich verhindern, da das 1882 abgeschlossene Neutralitätsabkommen zwischen dem Deutschen Reich, Österreich-Ungarn und Russland nicht mehr erneuert wurde.

Obwohl *Bismarck* in die kolonialen Auseinandersetzungen der europäischen Großmächte eigentlich nicht hineingezogen werden wollte, gab er dennoch den aufkommenden wirtschaftlichen und handelspolitischen Interessen nach und versprach als Reichskanzler am **26. Juni 1884** den kolonialen Erwerbungen deutscher Kaufleute fortan die Rückendeckung des Reiches.

In der Folge erlangte das Deutsche Reich **Kolonien** vor allem in Afrika (Südwestafrika, Ostafrika, Togo, Kamerun), daneben auch im Nordosten Neuguineas und auf kleineren Südseeinseln. Da die Kolonien staatsrechtlich nur als »Schutzgebiete« galten, waren die ca. 12 Mio. Einheimischen zwar Untertanen des Kaisers, besaßen aber nicht die deutsche Staatsangehörigkeit.

Allerdings wurde, wie in den Kolonien anderer europäischer Mächte auch, die Kolonialherrschaft der Deutschen keineswegs selbstverständlich akzeptiert. Es gab kleinere Unruhen und größere Aufstände, die regelrechte Kriege auslösten.

1888–1918 Wilhelm II.

Nachdem Kaiser *Wilhelm I.* am 9. März verstorben war, kam sein dem Liberalismus zuneigender Sohn, *Friedrich III.*, auf den Thron. Da dieser jedoch todkrank war, dauerte die Regierungszeit nur 99 Tage, sodass ihm sein Sohn – bei der Thronbesteigung erst 29 Jahre alt – als *Wilhelm II.* folgte. Mit ihm übernahm eine im neuen Reich aufgewachsene, von Nationalismus, Prestigedenken und expansiver Machtpolitik geprägte Generation das Ruder.

Der Lotse geht von Bord (Karikatur aus der engl. Zeitschrift »Punch« von 1890).

Weniger die Gegensätze in sachlichen Fragen, als vielmehr der menschliche Gegensatz zwischen dem alten Kanzler, der seine Machtstellung behalten wollte, und dem nach einem »persönlichen Regiment« strebenden jungen Kaiser erzwang dann in der Konsequenz am **20. März 1890** die Entlassung Bismarcks. Obwohl dem gestürzten Kanzler bei seiner Abreise von Berlin Ovationen entgegengebracht wurden, war doch nicht zu verkennen, dass die Mehrheit in Deutschland mit seiner Innenpolitik zutiefst unzufrieden war. *Bismarck* hatte zwar entscheidenden Anteil an der Gründung und Ausprägung des deutschen Nationalstaates gehabt, nun aber mussten Kräfte freigesetzt werden, die eine Politik des inneren Ausgleichs und der sozialen Versöhnung anstrebten, die bisher durch *Bismarcks* harte Kampfstellung gegen den Sozialismus und den Parlamentarismus an der Entfaltung gehindert worden waren.

1890

Als wichtigstes Ziel verfolgt der **neue Kurs** *Wilhelms II.* unter der Kanzlerschaft (1890–1894) von *Leo Graf von Caprivi* (1831–1899) im Inneren des Reiches die Fortführung der Sozialreformen, die eine Annäherung der Arbeiterbewegung an den Staat bringen sollten. Erste Maßnahme war dabei die Außerkraftsetzung des Sozialistengesetzes im Herbst; ihr folgten neben einer Reihe von Arbeitsschutzgesetzen (u. a. Verbot der Kinderarbeit bis zur Vollendung der Schulpflicht und Begrenzung der Arbeitszeit von Frauen und Jugendlichen) auch eine Steuerreform in Preußen (1891) zugunsten der niederen Einkommensgruppen, verbunden mit höheren Staatseinnahmen.

Kaiser Wilhelm II. in Admiralsuniform (Gemälde von C. Bublitz, 1900)

Während sich *Wilhelm II.* gerne als »Friedenskaiser« sah, der selbstbewusst-glanzvoll das Reich regierte, verfolgte das Ausland misstrauisch das machtvolle Aufkommen des Nationalismus in Deutschland, das durch die Reden des Kaisers nicht gerade gedämpft wurde. Hatte sich bereits am 1. Juli 1894 der »Alldeutsche Verband« gegründet (mit bis zu 40.000 Mitgliedern) mit völkischer und imperialistischer Zielsetzung, so musste das im Reichstag am 28. März **1898** verabschiedete Erste Flottengesetz, das unter der Leitung des Staatssekretärs im Reichsmarineamt, *Alfred von Tirpitz* (1849–1930), den langfristigen Aufbau einer großen deutschen Flotte initiierte, besonders England brüskieren.

Der im selben Jahr mit kräftiger staatlicher Unterstützung durch das Reichsmarineamt gegründete »Deutsche Flottenverein« (schließlich mit über 1 Mio. Mitglieder) warb in den nächsten Jahren offen für eine weitere Flottenverstärkung mit imperialistischen Zielen.

Die Marinerüstung wurde damit nicht nur ein bedeutsamer Wirtschaftsfaktor, sondern auch darüber hinaus durch eine staatliche Propagandakampagne ein wichtiges Mittel der nationalen Integration, das auf Dauer die englisch-deutschen Beziehungen erheblich belasten musste. Offiziell hatte die Staatsspitze seit Mitte der 90er Jahre ohnehin deutlich gemacht, dass Deutschland auch einen »Platz an der Sonne« beanspruchte und damit nach weltpolitischer Geltung strebte. Exemplarisch deutlich wurde das während der Kanzlerschaft (1900–1909) des Grafen *Bernhard von Bülow* (1848– 1929), als der deutsche Kaiser am **21. Mai 1905** in der marokkanischen Hafenstadt Tanger landete und Ansprüche auf einen Gebietserwerb in Nordafrika anmeldete, was wiederum Frankreich düpierte und die englisch-französischen Beziehungen verbesserte.

Während sich also kontinuierlich, vor allem infolge des Baus von Großkampfschiffen nach der Flottengesetznovelle vom **Mai 1906**, die englisch-deutschen Beziehungen verschlechterten, näherten sich andere Großmächte einander an. Großbritannien und Frankreich legten ihre Konflikte in Afrika friedlich bei und schlossen sich zur »Entente Cordiale« zusammen. 1907 bereinigten England und Russland ihre Differenzen in Asien, was dazu führte, dass sich Deutschland durch diese »Tripel-Entente« zunehmend eingekreist und isoliert fühlte – worauf in der Ära des Reichskanzlers (1909–1917) *Theobald von Bethmann-Hollweg* (1856–1921) eine weitere Aufrüstung, nicht nur zur See, einsetzte. Da auch die anderen Mächte die deutsche Aufrüstung mit eigenen Rüstungsanstrengungen konterten, verschärften sich die Spannungen zwischen der Tripel-Entente und dem Dreibund, bis die **Juli-Krise** im Jahre **1914** schließlich die Weichen für das Abgleiten Europas in den Ersten Weltkrieg stellte.

Kleine Statistik des Wettrüstens

	1905	1910	1913
Frankreich	991	1177	1327
Russland	1069	1435	2050
England	1263	1367	1491
Deutschland	1064	1377	2111
Öst.-Ungarn	460	660	720

(Ausgaben in Millionen Mark)

1914

Die seit Jahren anhaltenden Spannungen auf dem Balkan, der zu Recht als »Pulverfass Europas« bezeichnet wurde, explodierten, als am **28. Juni** ein serbischer Nationalist den österreichisch-ungarischen Thronfolger ermordete. Für die Regierung in Wien war das ein willkommener Anlass, die vom serbischen Nationalismus ausgehenden Gefahren für den österreichischen Vielvölkerstaat zu beseitigen. Da Deutschland Wien seiner Bündnistreue versicherte, erklärte Österreich am **28. Juli** Serbien den Krieg, was wiederum Russland zur Mobilmachung schreiten ließ, da man sein Ansehen unter den slawischen Völkern gewahrt haben

An das Deutsche Volk.

Seit der Reichsgründung ist es durch 43 Jahre Mein und Meiner Vorfahren heißes Bemühen gewesen, der Welt den Frieden zu erhalten und im Frieden unsere kraftvolle Entwicklung zu fördern. Aber die Gegner neiden uns den Erfolg unserer Arbeit.

Alle offenkundige und heimliche Feindschaft von Ost und West, von jenseits der See haben wir bisher ertragen im Bewußtsein unserer Verantwortung und Kraft. Nun aber will man uns demütigen. Man verlangt, daß wir mit verschränkten Armen zusehen, wie unsere Feinde sich zu tückischem Überfall rüsten, man will nicht dulden, dass wir in entschlossener Treue zu unserem Bundesgenossen stehen ...

So muss denn das Schwert entscheiden. Mitten im Frieden überfällt uns der Feind. Darum auf! Zu den Waffen! Jedes Schwanken, jedes Zögern wäre Verrat am Vaterlande.

Um Sein oder Nichtsein unseres Reiches handelt es sich ... Um Sein oder Nichtsein deutscher Macht und deutschen Wesens.

Wir werden uns wehren bis zum letzten Hauch von Mann und Ross. Und wir werden diesen Kampf bestehen auch gegen eine Welt von Feinden. Noch nie ward Deutschland überwunden, wenn es einig war.

Vorwärts mit Gott, der mit uns sein wird, wie er mit den Vätern war.

Berlin, den 6. August 1914.

Wilhelm.

wollte. Das wiederum war der Anlass für die Reichsregierung, am **1. August** Russland den Krieg zu erklären und am **3. August** Frankreich, da der Kriegsplan des deutschen Generalstabs für den Fall eines »Zweifrontenkrieges« vorsah, zunächst in wenigen Wochen die französische Armee durch eine gewaltige Umfassungsschlacht auszuschalten. Da hierzu die Verletzung der belgischen Neutralität in Kauf genommen wurde, erklärte Großbritannien am **4. August** Deutschland den Krieg. Am gleichen Tag bewilligten alle Parteien im Reichstag die Kriegskredite und schlossen auf breiter Ebene einen »Burgfrieden«, der erst durch die Abspaltung einer linken sozialdemokratischen Fraktion (am 24. März 1916) öffentlich gebrochen wurde.

Während der Beginn des Krieges von großen Teilen der Bevölkerung in allen beteiligten Staaten zunächst noch mit chauvinistischem Pathos begrüßt wurde, erschütterte die grauenvolle Realität der militärischen Auseinandersetzungen rasch den Glauben an ein »reinigendes Gewitter«: Der Einsatz moderner Waffentechnik und die Anonymisierung des Menschen in den Materialschlachten machten deutlich, dass sich der ›Charakter‹ eines Krieges verändert hatte.

Schienen die ersten Kämpfe im Westen und Osten noch die weit verbreitete Auffassung zu bestätigen, dass dieser Krieg nur von kurzer Dauer sein würde, so sah man sich bald anderen Realitäten gegenüber. Zwar gelang es, im **Westen** dank des vorher entwickelten »Schlieffen-Plans« innerhalb weniger Wochen durch

Auswirkungen der neuen Kriegstechnik: die Umgebung der nordfranzösischen Stadt Arras (Foto aus dem Jahre 1917).

Belgien nach Nordfrankreich und bis kurz vor Paris vorzudringen, die Marne zu überqueren gelang jedoch nicht, da der versammelte Widerstand der englischen und französischen Truppen zu groß wurde. So erstarrte im folgenden Jahr der Krieg im Westen zwischen belgischer Nordseeküste und der Grenze zur Schweiz zu einem **Stellungskrieg**, in dem jene mörderischen Kämpfe stattfanden, die den ›Charakter‹ dieses Krieges als menschenverachtendes Völkerringen geprägt haben: konzentrierter Einsatz von Artillerie, die das Schlachtfeld in eine Trümmerlandschaft verwandelte, Nahkämpfe um geringe Geländegewinne, Vegetieren der Soldaten in Laufgräben und Unterständen, auch der Einsatz von Giftgas. Die Zahl der Opfer in diesen sinnlosen Stellungskämpfen war gewaltig: Allein beim Kampf um die Festung Verdun verloren auf beiden Seiten rd. 750.000 Menschen das Leben.

Im Gegensatz zu der steckengebliebenen Offensive im Westen verliefen die Operationen im **Osten** für das Deutsche Reich erfolgreicher. Nach anfänglichen Niederlagen gelang es, tiefer in das zaristische Reich einzudringen, was letztendlich mit dafür verantwortlich war, dass die desolate Verfassung der russischen Truppen dazu beitrug, dass das Zarenreich durch die »bolschewistische Oktoberrevolution« im Herbst des Jahres **1917** gestürzt wurde. Der den ›Sowjets‹ im **März 1918** aufgezwungene **Diktatfrieden** von Brest-Litowsk konnte die inzwischen missliche militärische Situation für das Deutsche Reich jedoch auch nicht mehr retten.

Die zunehmend ausweglose Lage hatte die Oberste Heeresleitung – seit dem 29. August 1916 geführt durch die Generäle *Paul von Hindenburg* (1847–1934) und *Erich Ludendorff* (1865–1937) – nämlich veranlasst, den Krieg zur See durch den rücksichtslosen Einsatz von U-Booten zu verschärfen, um England zum Frieden zu zwingen. Da hierdurch jedoch auch die USA in ihrer Handelspolitik betroffen wurden, erklärten diese am **6. April 1917** Deutschland den Krieg, womit die Alliierten nicht nur militärische, sondern auch große finanzielle und wirtschaftliche Unterstützung erhielten, was das Kräfteverhältnis entscheidend zugunsten der Entente veränderte.

Natürlich hatte das Kriegsgeschehen auch massive Auswirkungen auf die **Heimatfront.** Das Ausbleiben des Sieges, der Tod vieler naher Angehöriger, den bald jede Familie zu beklagen hatte – am Ende hatte Deutschland knapp 2 Mio. Gefallene und 4,2 Mio. Verwundete zu registrieren (von ca. 10 Mio. Toten und 20 Mio. Verwundeten insgesamt) –, und die knapper werdende Ernährung waren Ursachen für eine zunehmende Kriegsmüdigkeit und für offene Proteste gegen den Krieg und den »Burgfrieden«.

Hatte das »Hindenburg-Programm« von 1916 noch eine Zusammenfassung aller Kräfte des Wirtschafts- und Arbeitspotenzials gefordert und eine immer stärkere Heranziehung von Frauen und Jugendlichen in das Arbeitsleben bedeutet, so verschärften sich seit dem **Sommer 1917** die innenpolitischen Probleme: Nach der Abspaltung der Unabhängigen Sozialdemokratischen Partei (USPD) im **April** und einer Friedensresolution der Reichstagsmehrheit am **19. Juli**, in der auf jegliche Annexionen verzichtet wurde, wird der beherrschende politische Einfluss der Heeresleitung immer geringer.

1918 Nach Massenstreiks im **Januar 1918** in Berlin und anderen großen Städten wächst der politische Druck auf die Regierung, endlich auch Verfassungsreformen durchzuführen. Angesichts der im Westen brechenden Front leitete diese der neue Reichskanzler, *Prinz Max von Baden* (1867–1929), Ende **Oktober** ein: Die Amtsführung des Reichskanzlers war jetzt an das Vertrauen des Reichstages gebunden, zudem konnten Kriegserklärung und Friedensschluss nur noch mit Zustimmung von Reichstag und Bundesrat erfolgen.

Die Umwandlung zu einer parlamentarischen Monarchie kam jedoch als »Reform von oben« zu spät. Das Eingeständnis der militärischen Niederlage im Westen, verbunden mit der Bitte um einen Waffenstillstand, hatte große Teile der Bevölkerung desillusioniert. Hinzu kam, dass die politischen Errungenschaften der »Parlamentarisierung« wegen der andauernden alltäglichen Beschwernisse der Lebensmittelversorgung und der willkürlichen Zensurmaßnahmen und Versammlungsverbote der kommandierenden Generale in den Korpsbezirken nicht wahrgenommen wurden, sodass es nur noch eine Frage der Zeit war, bis der Druck der Massen das System »von unten« sprengte. So brach am **28. Oktober**, als die Marineleitung den Befehl gab, zu einem letzten Flottenvorstoß in die Nordsee auszulaufen, eine offene Meuterei in der Hochseeflotte aus, die als ›Revolution‹ wie ein Flächenbrand innerhalb weniger Tage ganz Deutschland erfasste. Der Kaiser musste abdanken und entzog sich durch Flucht in die neutralen Niederlande der politischen Verantwortung. Am **9. November** wurde die »Deutsche Republik« ausgerufen und am **11. November** der Waffenstillstand in Compiègne unterzeichnet.

Nicht nur für Deutschland, sondern für ganz Europa war dieser Krieg eine Katastrophe gewesen. Millionen Menschen hatten ihr Leben verloren, weite Landschaften, vor allem in Frankreich und Belgien, waren völlig verwüstet worden. Gleichzeitig hatte sich die Landkarte Europas verändert: Die ebenfalls als Verlierer dastehende Donaumonarchie und das Osmanische Reich waren in mehrere Einzelstaaten zerfallen; in Osteuropa waren nach dem Zusammenbruch des Zarenreiches ebenfalls mehrere neue Staaten entstanden, zudem stellten sozialistische Revolutionen die bestehenden Ordnungen radikal in Frage. Auch wenn sich die USA schließlich wieder aus Europa zurückzogen, so zeigte ihr Eintritt in den Krieg doch, dass sich die alte Rollenverteilung in der Weltpolitik verändert hatte.

»Ich habe es nicht gewollt!« Kaiser Wilhelm II. an Kriegsgräbern (Postkarte aus dem Ersten Weltkrieg nach einem Gemälde von C. Schmidt).

Die Weimarer Republik

1918 Die militärische Niederlage und der Sturz des Kaisertums sind geschichtlich eng miteinander verknüpft. Für den militärischen Zusammenbruch ist mit Sicherheit nicht eine innere Umsturzbewegung verantwortlich zu machen, auch wenn ein Teil der deutschen Armee, nämlich die Flotte, in den letzten Tagen des Krieges der Führung entglitten war. Aber diese Meuterei war noch keine Revolution, auch richtete sie sich nicht gegen die Regierung in Berlin, die mit dem Waffenstillstandsangebot vom 4. Oktober endlich den Frieden in greifbare Nähe gerückt hatte. Sie richtete sich vielmehr gegen den Kaiser, in dessen Person man die Ursache dafür sah, dass der Krieg trotz des Waffenstillstandsangebots immer noch weiter dauerte.

Am 9. November ziehen revoltierende Massen von Arbeitern und Soldaten durch Berlin.

Nicht nur in Preußen, auch in den anderen deutschen Staaten verschwand die Monarchie, ohne dass sich eine Hand zu ihrer Verteidigung gerührt hätte. Dabei war das alte System nicht durch eine planmäßig vorbereitete Volkserhebung gestürzt worden, es brach zusammen, als die Matrosen meuterten und ihre Revolte in dem kriegsmüden Land auf die Garnisonen der Heimatheere und auf die Arbeiterschaft übersprang und eine Situation entstand, in der revolutionäre Neubildungen und revolutionäre Aktionen möglich wurden.

Die Kaiserfrage stellte sich aber auch vom Außenpolitischen her, da die Äußerungen des amerikanischen Präsidenten *Wilson* (1856–1924) in der Note vom 23. Oktober das deutsche Volk glauben ließen, dass es mit den bisherigen Machthabern an der Spitze des Staates keine erträglichen Friedensbedingungen erwarten könne. Der Kaiser jedoch entzog sich dem ihm auch von Monarchisten nahegelegten Rücktritt und begab sich am Tag der beginnenden Flottenmeuterei ins Hauptquartier nach Spa, um von dort aus, so die vage Hoffnung, mit zuverlässigen Truppen wieder nach Berlin zurückkehren zu können. Das aber hätte den Bürgerkrieg bedeutet, denn dort hatten die Arbeitermassen längst die Kontrolle der Öffentlichkeit übernommen. Also blieb *Prinz Max von Baden* nichts anderes übrig, als von sich aus, um die Massen zu beschwichtigen und eine Entscheidung herbeizuführen, um 12.00 Uhr am **9. November** zu verkünden, der Kaiser und König habe sich entschlossen, dem Throne zu entsagen.

Gleichzeitig übergab er das Kanzleramt dem Parteivorsitzenden der SPD – seit der Abspaltung der USPD auch als MSPD (»Mehrheitssozialdemokraten«) bezeichnet –, *Friedrich Ebert* (1871–1925), gegen dessen Rat *Philipp Scheidemann* (1865–1919) aus Sorge vor dem Radikalismus der sozialistischen Gruppen um **14.00 Uhr** die »Deutsche Republik« ausrief, was zunächst auf allgemeine Wahlen und die Einberufung einer verfassunggebenden Nationalversammlung hindeutete. Jedenfalls bedeuteten die Vorgänge in Berlin, dass *Wilhelm II.* nun mit dem Verlust der Kaiserkrone auch der preußischen Königsgeschichte ein unrühmliches Ende bereitet hatte. Mit seiner Flucht nach Holland am 10. November hatte das Reich auch das bisherige Symbol seiner Einheit verloren.

In fast allen Städten entstanden **Arbeiter- und Soldatenräte**, die weniger dem theoretischen Konzept eines Rätesystems entsprangen, sondern sich vielmehr an praktischen Aufgaben orientierten, die sich aus der durch die militärische Niederlage und dem Zusammenbruch der bisherigen Staatsautorität entstandenen Ausnahmesituation ergaben. Dass in den Monaten zwischen Novemberrevolution und dem Verfassungswerk von Weimar bezüglich der künftigen Gestaltung von Staat und Gesellschaft auch darum gerungen wurde, ob sich eher der westliche Typus der parlamentarischen Demokratie oder eher der aus Russland bekannte Typus der Räterepublik durchsetzen würde, lag natürlich darin begründet, dass nach dem Zusammenbruch der Monarchie die politische Macht in die Hände einer gespaltenen sozialistischen Bewegung gekommen war. Hatten nämlich die Mehrheitssozialdemokraten in keiner Weise auf die Revolution hingearbeitet – ihr Führer *Ebert* war ein ausgesprochener Gegner gewaltsamer Veränderungen, also zielten seine ersten Aufrufe als Kanzler hin zu »Ruhe und Ordnung«, um die Lebensmittelversorgung sicherzustellen und lebenswichtige Betriebe in Gang zu halten –, so sah die USPD und mit ihr der »Spartakusbund« die Chance gekommen, »alle Macht den Räten« zu übertragen. Das hieß,

Der Rat der Volksbeauftragten (zeitgenössische Postkarte). Links die Mitglieder der USPD, rechts die der SPD. In der Mitte die Ausrufung der Republik durch Philipp Scheidemann vom Gebäude des Reichstages aus.

dass eine »freie sozialistische Republik Deutschland« zu schaffen und »die Herrschaft des Kapitalismus« zu brechen war. Dieses hatte einer ihrer Führer, *Karl Liebknecht* (1871–1919), bereits wörtlich gefordert, als er im Rahmen einer Kundgebung am Berliner Schloss als Replik auf *Scheidemann* gegen **16.00 Uhr** erneut die Republik ausrief.

Auch wenn sich beide Seiten in dem am **12. November** gebildeten **Rat der Volksbeauftragten** noch zu Kompromissen bereit fanden und in ihrem Aufruf ankündigten, man werde ein »sozialistisches Programm verwirklichen«, fanden sich rasch deutliche Gegengewichte gegen eine weitertreibende Revolution im Sinne des Sozialismus: Das waren vor allem die von Anbeginn enge Verbindung zwischen *Ebert* und der Obersten Heeresleitung zwecks geordneter Auflösung des Heeres und Aufrechterhaltung der inneren Sicherheit und das so genannte Stinnes-Legien-Abkommen (vom 15. November), das die Gründung einer Tarifpartnerschaft zwischen Arbeitgebern und Arbeitnehmern, d.h., den Gewerkschaften, auf neuer sozialpolitischer Grundlage vorsah. Als sich sogar der vom **16. bis 21. Dezember** in Berlin tagende »Deutsche Rätekongress«, weil er mehrheitlich sozialdemokratisch orientiert war, gegen das Rätesystem als politische Organisationsform des Reiches aussprach und für den 19. Januar des folgenden Jahres Wahlen zur verfassunggebenden Nationalversammlung ansetzte, war die Entscheidung für eine repräsentative parlamentarische Demokratie gefallen. Der Austritt der USPD aus dem »Rat der Volksbeauftragten« und die Gründung einer »Revolutionären Kommunistischen Arbeiterpartei« (später: KPD) am 30. Dezember unter Führung u.a. von *Karl Liebknecht* und *Rosa Luxemburg* (1870–1919) war logische Konsequenz der radikalen Linken, die sich im weiteren Verlauf der Entwicklung mit dieser politischen Niederlage nicht zufrieden geben sollte.

1919

Es ist eine bemerkenswerte Tatsache, dass das aus dem Zusammenbruch am 9. November hervorgegangene Regime in seiner Geburtsstunde von linken Kräften, und nicht von rechten, mit Gewalt in seiner Existenz bedroht wurde. Hatten bereits im Dezember »Spartakisten« versucht, durch Straßendemonstrationen den Reichsrätekongress unter Druck zu setzen, so kam es nun Mitte Januar zu offenen gewaltsamen Auseinandersetzungen: Der von Kommunisten und USPD inszenierte **Spartakusaufstand** vom **6. bis 15. Januar** legte durch einen Generalstreik und Straßenkämpfe Berlin weitgehend lahm. Unter dem Befehl des Volksbeauftragten *Gustav Noske* (1868–1946) gelang es regulären Truppen und »Freikorpsverbänden«, die sich um die Jahreswende aus Teilen der aufgelösten Heeresverbände, aber auch aus Freiwilligen mit unterschiedlichster Motivation gebildet hatten, die Ordnung wiederherzustellen. Die dabei gefangengenommenen (alten) USPD-Führer *Karl Liebknecht* und *Rosa Luxemburg* wurden am 15. Januar von Freikorpsoffizieren ermordet.

Auch wenn die Freikorps im späteren Frühjahr entscheidend beteiligt waren an der blutigen Niederwerfung der ausgerufenen Räterepubliken in München (ausgerufen bereits am 7./8. November), Hamburg und Bremen, so schufen sie doch auch die Voraussetzung dafür, dass trotz Streiks und Unruhen überall im Reich die **Wahlen** zur Nationalversammlung am **19. Januar** durchgeführt werden konnten.

Plakat der SPD zur Mobilisierung der Frauen für die Wahlen am 19. Januar

Auf Anordnung des »Rates der Volksbeauftragten« basierte die Zusammensetzung der Nationalversammlung auf einem Wahlrecht (gleich, geheim, direkt und allgemein), bei dem erstmals in der deutschen Geschichte alle über 20 Jahre alten Frauen das aktive und passive Wahlrecht erhielten.

Neben den schon bestehenden Parteien SPD, USPD und Zentrum (die KPD nahm aus Protest nicht teil) stellten sich drei weitere neu gebildete Parteien zur Wahl: die Deutsche Demokratische Partei (DDP), die

die ehemalige Fortschrittliche Volkspartei und Teile der Nationalliberalen in sich sammelte, die Deutsche Volkspartei (DVP), die praktisch die Nachfolge der Nationalliberalen antrat, und die Deutschnationale Volkspartei (DNVP) als Sammelbecken der Nationalisten und Konservativen. Bei einer hohen Wahlbeteiligung von insgesamt 83 % (die der Frauen lag knapp unter 90 %) gewannen SPD (161 Mandate), Zentrum (91) und DDP (75) mehr als 75 % der abgegebenen Stimmen und stellten damit folgerichtig als »Weimarer Koalition« auch die erste Regierung.

Die wegen befürchteter Unruhen nicht in Berlin, sondern in Weimar am **6. Februar** eröffnete **Nationalversammlung** (Wahl *Friedrich Eberts* zum Reichspräsidenten am 11. Februar) stand von Beginn an vor der großen Hypothek, die Lasten des verlorenen Krieges in Form eines **Friedensvertrages** zu schultern. Dabei ging es nicht nur darum, die immensen Kriegsfolgelasten (z. B. Versorgung von Kriegsopfern, Hinterbliebenen, entlassenen Berufssoldaten) und die Schulden des alten Kaiserreiches etatmäßig zu tragen, die vor allem dadurch entstanden waren, dass die Finanzierung des Krieges maßgeblich über Anleihen erfolgt war, sondern auch darum, die Forderungen der Siegermächte zu erfüllen. Diese waren am 18. Januar in Paris zusammengekommen, um die Veränderungen im gesamteuropäischen Raum zu erörtern, die durch die vielen Tausende von Kilometern neuer Grenzen nach der Zerschlagung der Donaumonarchie, des Osmanischen Reiches und des Zarenreiches entstanden waren.

Vor allem aus französischer Sicht erschien eine empfindliche militärische Schwächung Deutschlands geboten, verbunden mit dauerhafter Kontrolle über die grenznahen Gebiete. Während jedoch die Entwaffnungsbedingungen und auch die territorialen Abtretungen (insbesondere das Elsass und die Kolonien) noch halbwegs akzeptiert werden konnten, vergiftete keine Bestimmung des Vertrages die Atmosphäre so sehr wie der »Kriegsschuldartikel« 231, der Deutschland und seine Verbündeten alleine mit der Schuld am

Kriege belastete. Aufgrund dieses »Kriegsschuldartikels« war das Reich verpflichtet, Reparationszahlungen für die Kriegsschäden der alliierten Staaten zu leisten, deren Höhe zunächst noch offen blieb, im weiteren Verlauf der (späteren) Verhandlungen jedoch immense Ausmaße annahm, die zu einer dauernden Belastung für die Republik wurden.

Jedenfalls stempelte der Artikel 231 das gesamte Vertragswerk zu einem »Diktatfrieden«, der durch Außenminister *Hermann Müller* (1876–1931) am **28. Juni** in **Versailles** unterzeichnet werden musste, da die Alliierten mit einer Wiederaufnahme der Kriegshandlungen drohten.

Die dritte große Aufgabe der Weimarer Nationalversammlung nach der Errichtung einer vorläufigen Zentralgewalt und dem Abschluss eines Friedensvertrages war die Schaffung einer neuen **Verfassung** (am **11. August** vom Reichspräsidenten unterzeichnet). Dabei hatten sich in den Vorentscheidungen, die in der politischen Entwicklung Deutschlands vom Zusammenbruch bis zur Eröffnung der Nationalversammlung gefallen waren, bereits die Umrisse der neuen Verfassung abgezeichnet:

Die wesentlichen räumlich-strukturellen Folgen des Versailler Vertrages.

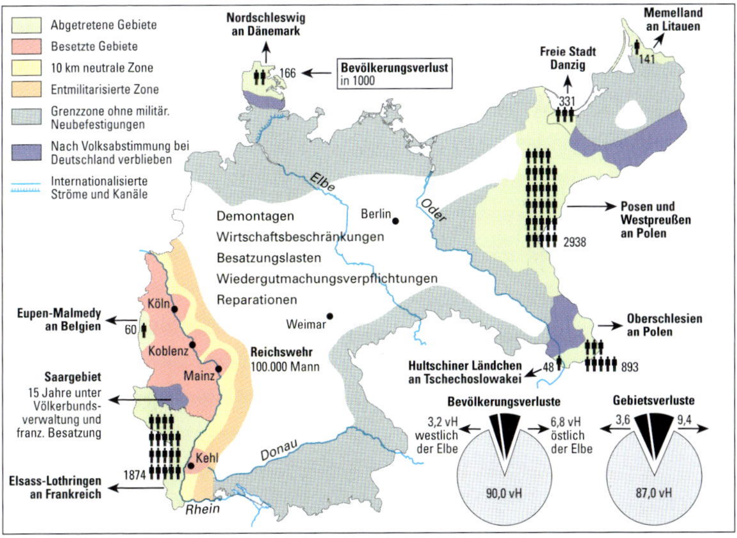

Neben der Tatsache, dass die föderale Struktur des Reiches bestehen blieb – der »Reichsrat« hatte allerdings wesentlich geringere Befugnisse als der alte »Bundesrat« –, erhielt der Reichstag als Verkörperung des Willens der Nation und der Einheit des Reiches besonderes Gewicht. Seine Kompetenzen erstreckten sich neben Gesetzgebung und Budgetrecht auf die Sanktionierung von Staatsverträgen, zudem waren Kanzler und Regierung an sein Vertrauen gebunden.

Dem Prinzip der Volkssouveränität entsprach die Tatsache, dass in der Verfassung nicht nur Elemente wie Volksbegehren und Volksentscheid enthalten waren, sondern auch der »Garant der Ordnung« (auch »Ersatzkaiser« genannt), der Reichspräsident, direkt vom Volk für eine Amtszeit von 7 Jahren gewählt wurde. Er erhielt weitreichende Befugnisse: So konnte er den Kanzler ernennen und entlassen (Art. 53) und den Reichstag auflösen (Art. 25), zudem hatte er den Oberbefehl über die Reichswehr. Vor allem aber hatte man ihm mit Artikel 48 eine Ausnahmegewalt in die Hand gegeben, durch die er ein Notverordnungsrecht besaß und die Befugnis, auch die persönlichen Grundrechte der Staatsbürger zum Teil oder ganz außer Kraft zu setzen. Dass die Kombination dieser drei Artikel zu Beginn der 30er Jahre in einer sehr kritischen wirtschaftlichen und politischen Phase zum Instrument einer präsidialen Reichsführung werden würde, hatte man bei der Konstruktion der Verfassung in jener Zeit nicht voraussehen können.

Neben einem breiten Fundament an (klassischen) bürgerlichen Freiheitsrechten brachte die Verfassung die Beseitigung aller Standesprivilegien und Ungleichheiten beim Wahlrecht. Sie führte ein reines Verhältniswahlrecht ein, nach dem die Mandatsverteilung direkt dem prozentualen Stimmenanteil der Parteien entsprach. Ohne ›Sperrklausel‹ für die Zulassung zum Reichtag und ohne Auftrag zur ›Verfassungsmäßigkeit‹ der Parteien, führte das jedoch dazu, dass zum einen auch eine Vielzahl kleinerer Splitterparteien Mandate errang und zum anderen die größeren Parteien oft

Die parlamentarischen Regierungen in der Weimarer Republik

1919
13.02. Phillip Scheidemann, SPD
21.06. Gustav Bauer, SPD
1920
27.03. Hermann Müller, SPD
21.06. Konstantin Fehrenbach, Zentrum
1921
10.05. Josef Wirth, Zentrum
26.10. Josef Wirth, Zentrum
1922
22.11. Wilhelm Cuno, parteilos
1923
13.08. Gustav Stresemann, DVP
06.10. Gustav Stresemann, DVP
30.11. Wilhelm Marx, Zentrum
1924
30.06. Wilhelm Marx, Zentrum

Schwierigkeiten hatten, tragfähige Koalitionen zu bilden. Häufige Regierungswechsel waren an der Tagesordnung.

1920

Mit Inkrafttreten des Versailler Vertrages am 10. Januar begann die Rückwanderung der Deutschen aus den ehemaligen Kolonien, zudem die Auswanderung bzw. Ausweisung aus den abgetretenen Gebieten. Gleichzeitig wurde von antirepublikanischer Seite dieser »Diktatfrieden« weiter gebrandmarkt und die regierenden Politiker, die den Vollzug des Vertrages zu gewährleisten hatten, als »Novemberverbrecher« und »Erfüllungspolitiker« diffamiert. Zudem war seit Ende November 1919 die »Dolchstoßlegende« publizistisch im Umlauf, nach der die deutsche Armee nicht durch gegnerische Truppen besiegt, sondern durch Verrat und Revolution »von hinten erdolcht« worden sei (so *Hindenburg* und *Ludendorff* vor einem parlamentarischen Untersuchungsausschuss zur Klärung der Ursachen des Zusammenbruchs).

Dabei schreckten Mitglieder von Geheimbünden ehemaliger Front- und Freikorpsoffiziere auch vor der Ermordung populärer Politiker nicht zurück – prominentestes Opfer war wohl der Reichsaußenminister *Walther Rathenau* am 24. Juni 1922 –, wobei sich die Justiz bei der Verfolgung und Verurteilung der Mörder als »auf dem rechten Auge blind« erwies.

Wie anfällig die junge Republik war, zeigte sich besonders im **Putsch** vom **13. bis 17. März**, als militante Freikorpsverbände unter Führung des Generals *Walter von Lüttwitz* (1859–1942) und des Gründers der Vaterlandspartei – zusammen mit *Tirpitz* im Jahre 1917 –, *Wolfgang Kapp* (1858–1922), versuchten, die Regierungsgewalt an sich zu reißen. Die Regierung entkam und der Putsch erwies sich Fehlschlag: Die Ministerialbürokratie im Reich weigerte sich, den Anordnungen der Putschisten Folge zu leisten, und die Gewerkschaften riefen zu einem Generalstreik auf, wodurch die Verbindungen Berlins mit der Außenwelt abgeschnitten wurden.

1925
15.01. Hans Luther, parteilos
1926
20.01. Hans Luther, parteilos
17.05. Wilhelm Marx, Zentrum
1927
29.01. Wilhelm Marx, Zentrum
1928
29.06. Hermann Müller, SPD
1930
30.03. Heinrich Brüning, Zentrum
1931
09.10. Heinrich Brüning, Zentrum
1932
01.06. Franz von Papen, Zentrum
04.12. Kurt von Schleicher, parteilos
1933
30.01. »Machtergreifung« durch Adolf Hitler

Fast gleichzeitig war es auch zu einer kommunistisch geführten Aufstandsbewegung im Ruhrgebiet gekommen, als eine »Rote Armee« innerhalb weniger Tage das gesamte Revier unter Kontrolle bringen konnte. Anders als beim Kapp-Lüttwitz-Putsch schritt in diesem Falle allerdings die Reichswehr ein und stellte im Auftrage der Regierung bis Anfang April nach blutigen Kämpfen die Ruhe wieder her, womit das zwiespältige Verhältnis zwischen Republik und Reichswehr offenbar wurde: Entsprechend der Losung »Reichswehr schießt nicht auf Reichswehr!« des Chefs der Heeresleitung, des Generals *Hans von Seeckt* (1866–1936), verharrte die Reichswehr gegen Republikfeinde von rechts in einer neutralen Stellung und verweigerte die Identifikation mit dem demokratischen Staat, blieb quasi »Staat im Staate«.

Letztlich waren die Ereignisse in der ersten Hälfte dieses Jahres verantwortlich dafür, dass die »Weimarer Koalition« in den Reichstagswahlen am **6. Juni** nur noch knapp die Hälfte der Mandate erhielt und die

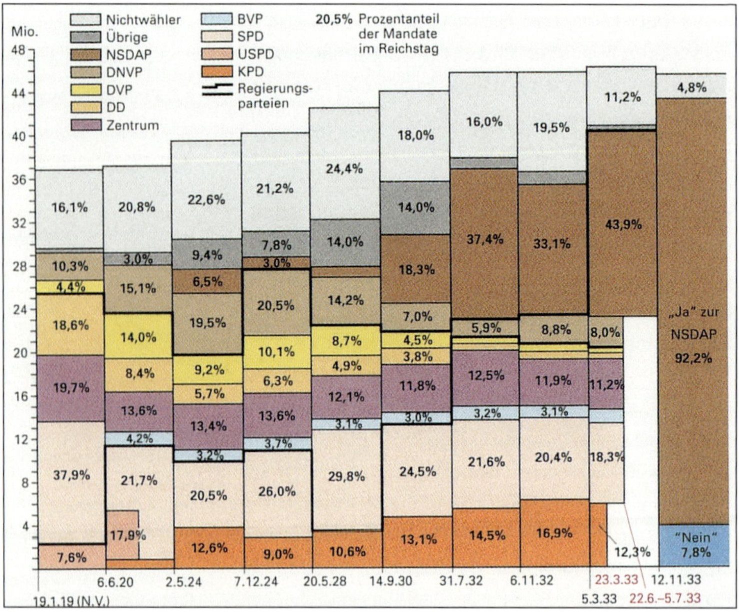

Ergebnisse der Wahlen zur Nationalversammlung und zum Reichstag

Mehrheit nie wieder errang. Demgegenüber wuchs der Stimmenanteil der extremen Parteien auf der Rechten und der Linken kontinuierlich an.

Die Geldentwertung 1914–1923

	Wert eines Guthabens von 100 000 Mark	Wertverlust gegenüber 1914
Juni 1914	100.000,00	
Januar 1919	47.190,00	52,8 %
Juli 1919	27.855,00	72,1 %
Januar 1920	6.480,00	93,5 %
Juli 1920	10.638,00	89,4 %
Januar 1921	6.468,00	93,5 %
Juli 1921	5.476,00	94,5 %
Januar 1922	2.189,00	97,8 %
Juli 1922	851,00	99,1 %
Januar 1923	23,46	
Juli 1923	1,19	

Während sich in außenpolitischer Hinsicht durch den Vertrag von **Rapallo** mit der Sowjetunion **(16. April 1922)**, in dem u. a. ein Verzicht auf Ansprüche aus dem Krieg vereinbart wurde, eine erfolgreiche Durchbrechung der Isolation Deutschlands abzeichnete, drohte im **Krisenjahr 1923** die Republik endgültig zu zerreißen. **1923**

Wie bereits angedeutet, waren die Kosten des Ersten Weltkriegs weitgehend durch Anleihen gedeckt worden, zudem hatten die Kriegsfolgelasten und die öffentlichen Haushalte die Schuldenlast weiter erhöht, sodass die Inflation immer weiter anstieg.

Als Deutschland mit Sachlieferungen in Rückstand geriet, erklärten Frankreich und Belgien gegen die Stimme Großbritanniens, die Republik habe ihre Reparationsverpflichtungen gebrochen, und rückten am **11. Januar** in das Ruhrgebiet ein.

Da die Reichsregierung in diesem **Ruhrkampf** mit der Verkündung des passiven Widerstandes antwortete, kam es mit Unterstützung der Gewerkschaften und aller Parteien zu massiver Arbeitsverweigerung, die wiederum durch staatliche Geldzuweisungen ausgeglichen werden musste. Diese ungeheure finanzielle Belastung (bis zu 40 Mio. Goldmark täglich) überstieg jedoch die Leistungsfähigkeit des Reiches, sodass der Wert der Mark ins Bodenlose fiel.

Plakat aus dem Ruhrkampf

Nach dem Rücktritt der bisherigen Regierung und der Bildung einer großen Koalition (SPD, DDP, Zentrum, DVP) unter Reichskanzler *Gustav Stresemann* (1878– 1929) am 13. August musste der Ruhrkampf schließlich am 26. September abgebrochen werden. Mit der Einführung der »Rentenmark« – seit dem 11. Oktober 1924 »Reichsmark« – am 15. November wurde zwar die Währung wieder stabilisiert, Geldwertbesitzer, auch Lohn- und Gehaltsempfänger, Rentner und Empfänger von Fürsorgeleistungen waren jedoch die Opfer der Inflation, während die Besitzer von Grund- und Sachwerten und vor allem Schuldner von der Währungsumstellung profitierten, da sich nun Darlehen, Hypotheken und Kredite leicht zurückzahlen ließen. Das galt auch für das Reich, dessen Kriegsanleihen von 164 Mrd. Mark am Ende der Inflationszeit nur noch wenige Pfennige wert waren. Allerdings trug gerade die Verarmung des Bürgertums, dessen Sparvermögen aufgezehrt wurde (so genannte Proletarisierung des Mittelstandes), dazu bei, dass das Vertrauen in das politische System der demokratischen Republik weiter verloren ging und vielen Menschen das Kaiserreich der Vorkriegszeit wie »die gute alte Zeit« geordneter Verhältnisse vorkommen musste.

Als vor dem Hintergrund einer nationalen Begeisterung für den Ruhrkampf und separatistischer Bewegungen im Rheinland und der Pfalz **Bayern** auf die Beendigung des passiven Widerstandes im Ruhrgebiet am **26. September** mit der Verhängung des Ausnahmezustandes reagierte und dem Regierungskommissar *Gustav von Kahr* (1862–1934) die gesamte vollziehende Gewalt übertrug, entbrannte ein heftiger Kompetenzstreit zwischen der Reichsregierung und Bayern.

Während der Reichspräsident als Gegenmaßnahme den Ausnahmezustand verhängte – was der Reichswehr im Übrigen gestattete, die unter sozialdemokratischen Regierungen in Sachsen und Thüringen geführten »proletarischen Hundertschaften« aufzulösen –, spekulierten völkische und nationalsozialistische Kreise in Bayern über einen Marsch *von Kahrs* gegen Berlin (analog zum Marsch der Faschisten unter *Mussolini* 1922 auf Rom).

In dieses aufgeheizte Klima in München fiel in der Nacht vom 8. auf den **9. November** der **Hitler-Putsch:**

Adolf Hitler
1889 geboren in Braunau am Inn als Sohn eines österreichischen Zollbeamten;
Besuch der Realschule (ohne Abschluss)
1908–1913 lebt in Wien von Gelegenheitsarbeiten; versucht vergeblich, an der dortigen Kunstakademie aufgenommen zu werden; entwickelt antisemitische und antimarxistische Ideen
1914–1918 Soldat im Ersten Weltkrieg
1919 Mitglied der Deutschen Arbeiterpartei (DAP, etwa 20 bis 30 Mitglieder)
1920 Vorsitzender der DAP, später NSDAP
09.11.1923 Hitler-Putsch in München
1925 Neugründung der NSDAP
1933 Reichskanzler

Durch Ausrufung einer »nationalen Revolution« erklärte *Hitler* die Regierungen des Reiches und Bayerns für abgesetzt und sich selber zum Reichskanzler. Trotz *Ludendorffs* Teilnahme erfüllte sich jedoch die Hoffnung auf Unterstützung durch die Reichswehr nicht. Der Demonstrationszug der Putschisten wurde durch die Polizei aufgelöst, *Hitler* mit einigen Gesinnungsgenossen verhaftet.

Die Regierung *Stresemann* stürzte über diese Ereignisse in Bayern am 23. November, da sie sich geweigert hatte, anders als etwa gegen Sachsen gegen das Land mit Gewalt vorzugehen. Gleichwohl hatte die kurze Zeit ihres Bestehens gereicht, um die gefährliche Krise zu meistern und die Republik in eine Phase der innen- und außenpolitischen Stabilisierung übergehen zu lassen.

1924

Nach Beilegung des Konfliktes zwischen Berlin und München am 18. Februar gelang es nämlich im Dawes-Plan zur Regelung des Reparationsproblems am 9. April, die deutsche Zahlungsfähigkeit wiederherzustellen, auch wenn die endgültige Höhe und Dauer der Zahlungen noch umstritten war.

Zudem sollten vor allem amerikanische Kredite die deutsche Wirtschaft ankurbeln, um sie für die jährlichen Raten zahlungsfähig zu machen. Da die Kredite – bei wachsender Zinslast – in den folgenden Jahren die

Reparationsleistungen des Reiches deutlich übertrafen, war eine Konjunkturbelebung spürbar, auch wenn es zu einer breit angelegten Verbesserung des Lebensstandards nicht kam und die Arbeitslosenzahl mit rd. 2 Mio. 1925/26 relativ hoch blieb.

Immerhin reichte die wirtschaftliche Beruhigung aus, um zusammen mit der Verbesserung der Sozialgesetzgebung (u. a. Einführung von Arbeitsgerichten 1926 und der Arbeitslosenversicherung 1927) den radikalen Flügelparteien einen Teil ihrer Anhängerschaft zu entziehen. Ein gewisser ›Rechtsruck‹ der gesamten Republik zeigte sich jedoch, als nach dem Tode Friedrich Eberts (am 28. Februar) der Monarchist und Miturheber der »Dolchstoßlegende«, Paul von Hindenburg, im zweiten Wahlgang am **26. April 1925** als Kandidat der Rechtsparteien zum **Reichspräsidenten** gewählt wurde. Schließlich kam es im gleichen Jahr am **16. Oktober** durch den Abschluss des Vertragswerks von **Locarno** zu einem Ausgleich zwischen Deutschland und Frankreich, indem ersteres die Westgrenze als endgültig anerkannte und sich mit der Entmilitarisierung des Rheinlandes abfand.

Gustav Stresemann (rechts) und Aristide Briand im Jahre 1925

Den Abschluss der Ausgleichspolitik, die vor allem von *Stresemann* und dem französischen Außenminister *Aristide Briand* (1862–1932) getragen wurde, bildete im September 1926 die Aufnahme Deutschlands in den Völkerbund. Beide Politiker erhielten dafür am Ende des Jahres den Friedensnobelpreis.

Im Gegensatz zur wirtschaftlichen und politischen Entwicklung blühte in den **goldenen 20er Jahren** das kulturelle und intellektuelle Leben in Deutschland auf. Zwischen dem Ende des Krieges und 1932 erhielten 20 Deutsche einen Nobelpreis, alleine 16 davon im Bereich der Naturwissenschaften.

Neue Verkehrsmittel wie Auto und Flugzeug sowie die (Kommunikations-)Medien Telefon, Radio und Film setzten sich durch, wobei letztere propagandistisch besonders geschickt von den Nationalsozialisten genutzt wurden. Insgesamt entfaltete sich eine neue Alltagskultur, indem das Vorbild Amerika Mode, Sport, Freizeit und Unterhaltung prägte. Die Anzahl der Presseerzeugnisse vermehrte sich sprunghaft, besonderes Interesse fanden die neuen »Illustrierten«.

Am 25. **Oktober** eröffnete in den USA ein Börsenkrach die bis dahin schwerste **Weltwirtschaftskrise**, in die auch Deutschland hineingezogen wurde, da die seit Mitte der 20er Jahre erfolgte hohe Kapitalzufuhr zu einer Auslandsverschuldung von 25 Mrd. Reichsmark geführt hatte, davon rd. die Hälfte als kurzfristige Kredite. Hatte die im Juni 1928 gebildete Große Koalition (SPD, DDP, Zentrum, DVP) in außenpolitischen Fragen noch Einigkeit erzielen können, vor allem im Hinblick auf den Young-Plan, durch den Raten und Laufzeit der Reparationsleistungen festgelegt wurden, so zerstritten sich die ›Lager‹ angesichts steigender Arbeitslosenzahlen in der Innen- und Wirtschaftspolitik. Da man sich in der Finanzierung der Arbeitslosenversicherung nicht einigen konnte, weil in der Frage der Beitragserhöhung die SPD unter den Druck der Gewerkschaften und die DVP unter den der Arbeitgeberverbände geraten war, zerbrach die Koalition am **27. März 1930.** **1929**

Mit präsidialer Rückendeckung bildete der Vorsitzende der Zentrumsfraktion, *Heinrich Brüning* (1885–1970), nun ein Minderheitenkabinett, von vornherein darauf bedacht, die verfassungsmäßigen Möglichkeiten des Reichspräsidenten (Kombination von Notverordnungs- und Auflösungsrecht) auszunutzen, um mit Hilfe einer starken Exekutive wirksame wirtschafts- und finanzpolitische Maßnahmen ergreifen zu können. Da der Reichstag seinen Plänen nicht folgte, wurde er kurzerhand am 18. Juli aufgelöst.

Die Neuwahlen am **14. September** kamen einem Erdrutsch gleich: Die extremen Parteien konnten ihren Stimmenanteil gegenüber 1928 erheblich erhöhen, wobei die NSDAP mit 107 Mandaten zur zweitstärksten

»Hungergraphik« von G. Grosz, ohne Jahr

Partei aufstieg. Die von *Brüning* mit Hilfe von Notverordnungen – 1930: fünf bei 98 beschlossenen Gesetzen, 1932: bei nur noch fünf Gesetzen bereits 66 Notverordnungen – durchgedrückte Deflationspolitik (vor allem: rigide Kürzung der Staatsausgaben und Erhöhung von Steuern) konnte die Wirtschaftskrise jedoch nicht eindämmen: Ende Dezember waren 4,4 Mio. Arbeitslose zu zählen (etwa 21 %), Ende Dezember **1931** gar 5,6 Mio. (etwa 30 %).

Korrespondierend zur Zunahme des Massenelends kam es zu einer Radikalisierung des innenpolitischen Kampfes, vor allem nach der Formierung der nationalistischen Opposition in der »Harzburger Front« (11. Oktober 1931) und der Bildung der »Eisernen Front« (16. Dezember 1931) als republiktreuer Kampfverband, geführt von der SPD.

1932 Wie weit die Weimarer Republik inzwischen nach ›rechts‹ abgerutscht war, zeigte sich bereits bei den Reichspräsidentenwahlen im **März** und **April**, als *Hindenburg* von den Parteien der Mitte und der SPD unterstützt wurde, während die Rechte *Adolf Hitler* präsentierte. *Hindenburg* siegte zwar (mit 19,4 Mio. Stimmen), für *Hitler* hatten aber immerhin auch 13,4 Mio. Menschen votiert.

Zwar gelang es *Brüning* noch in außenpolitischer Hinsicht, eine Streichung der Reparationszahlungen auszuhandeln (verabschiedet auf einer Konferenz in Lausanne aber erst im Juni/Juli), am **30. Mai** musste er mit seinem Kabinett jedoch zurücktreten, da einflussreiche Ratgeber aus antiparlamentarischen Kreisen *Hindenburg* darin bestärkten, eine Wendung nach rechts zu vollziehen, möglichst unter Einbeziehung der NSDAP.

Der Sturz *Brünings* bedeutete das Ende einer vom Parlament wenigstens noch tolerierten Regierung: Die neuen Kabinette hingen nur noch vom Vertrauen des Reichspräsidenten ab. Der von *Hindenburg* am **1. Juni** als Nachfolger eingesetzte *Franz von Papen* (1879–1969) zerschlug zunächst mit Hilfe von Notverordnungen und der Ausrufung des militärischen Ausnahmezustandes im »Preußenputsch« am 20. Juli die letzte SPD-Bastion Preußen. Er bemühte sich für sein »Kabinett der Barone« nach der Reichtagswahl im **Juli,** bei der die NSDAP mit 230 Abgeordneten die stärkste Fraktion wurde, um eine Zusammenarbeit mit *Hitler,* dieser lehnte jedoch am 13. August den Vizekanzlerposten ab.

Auf Forderungen von Großindustriellen und Großagrariern nach einer »vom parlamentarischen Parteiwesen unabhängigen Regierung« reagierte *Hindenburg* mit der Entlassung *von Papens.* Aber auch das am **3. Dezember** folgende Präsidialkabinett mit dem Kanzler *Kurt von Schleicher* (1882–1934) konnte sich nicht lange halten und trat nach Intrigen am 28. Januar des folgenden Jahres zurück. *Von Papen,* vom Reichspräsidenten mit Verhandlungen beauftragt, konnte nun *Hitler* zu einem Kabinett der »Nationalen Konzentration« bewegen, in dem *Hitler* Reichskanzler, *von Papen* Vizekanzler wurde. Am **30. Januar 1933** trat also *Hitler* als von *Hindenburg* berufener Reichskanzler sein Amt an, von einer ›Machtergreifung‹ im eigentlichen Wortsinne konnte also keine Rede sein.

Wahlplakate rechter Parteien aus dem Jahre 1932

Auswirkungen der nationalsozialistischen Herrschaft

Der Aufstieg der **NSDAP**, der Nationalsozialistischen Deutschen Arbeiterpartei, in der Weimarer Republik ist nur erklärbar aus deren tiefgreifenden politischen, gesellschaftlichen und ökonomischen Krisen, die sich festmachen lassen an den Folgen des verlorenen Ersten Weltkriegs, der Hyperinflation im Jahre 1923 und den Auswirkungen der Weltwirtschaftskrise in Deutschland nach 1929.

Die NS-Bewegung wurzelte in der 1919 in München gegründeten Deutschen Arbeiterpartei (DAP), bevor sie sich 1920 in NSDAP umbenannte. Ihre Mitglieder in dieser frühen Phase waren meist Arbeiter und Handwerker, deren Einstellung scharf antirepublikanisch und antisemitisch war. Das war explizit schon im Parteiprogramm der DAP enthalten, da neben großdeutschen Forderungen nach Zusammenschluss aller Deutschen, der Revision des Versailler Friedensvertrages u. a. auch der Ausschluss der Juden aus der »Volksgemeinschaft« gefordert wurde.

Sozialstrukturen im Vergleich

Die Krisenlagen der Zeit mobilisierten für den Nationalsozialismus eine zunehmend breitere Anhänger- und Wählerschaft, zudem gelang es der charismatischen Führergestalt Adolf Hitler wie in einem Brennspiegel Ängste und Sehnsüchte großer Bevölkerungskreise für die Utopie eines »Tausendjährigen Reiches« einzufangen, das dem Elend der erlebten Gegenwart ein Ende bereiten würde. Hierbei spielten nicht nur die psychisch-moralischen und materiellen Auswirkungen der Krisen eine Rolle, wirksam wurde zudem die in der nationalsozialistischen Ideologie enthaltene Palette möglicher Identifikationsangebote.

Während der Festungshaft nach dem fehlgeschlagenen Putschversuch am 9. November 1923 verfasste *Hitler* die neue Programmschrift des Nationalsozialismus: »Mein Kampf«. Hierin entwickelte er in radikalisierter Form, oft weitschweifig, aber die Ressentiments vieler deutscher Zeitgenossen bündelnd, seine Überlegungen zu »Rasse« und »Lebensraum«, seine Interpretation von der Geschichte als »Kampf der Rassen«. Die beste sei die »arische Rasse«; solange ihr die »Reinhaltung des Blutes« gelinge, herrsche sie unangefochten – was vor allem auch die Ausgrenzung des »jüdischen Untermenschen« beinhaltete. Voraussetzung für das Überleben der arischen Rasse im »Kampf ums Dasein« im Leben der Völker sei jedoch die Bewahrung »ausreichenden Lebensraumes«, was die Unterwerfung anderer Völker einschloss.

Nach der Entlassung aus der Haft in Landsberg 1925 begann *Hitler* mit dem Wiederaufbau ›seiner‹ Partei, allerdings mit anderer taktischer Zielsetzung: Da der putschistisch-revolutionäre Weg gescheitert war, sollte die Macht »legal« über die Teilnahme an den Wahlen zum Reichstag errungen werden, was den Ausbau der Parteiorganisation auf Reichsebene erforderlich machte.

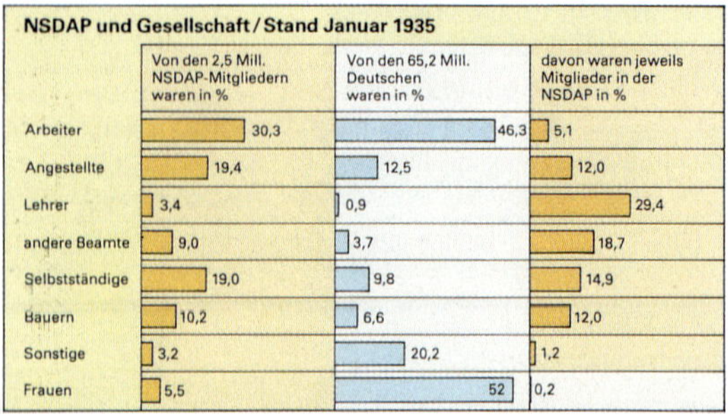

Korrespondierend hierzu blieb jedoch die 1920 gegründete SA (»Sturmabteilung«, auch »Braunhemden« genannt) bestehen, die in den Krisenzeiten der Weimarer Republik vor und mit Beginn der 30er Jahre maßgeblich für den Straßenterror verantwortlich war. Zum anderen wuchs die 1925 in der SA zum persönlichen Schutz leitender Funktionäre gebildete schwarz uniformierte SS (»Schutzstaffel«) zu einer elitären Organisation heran, die später innerhalb des NS-Staates in vielen Bereichen zu einem brutalen Unterdrückungsinstrument werden sollte.

Da der Neuaufbau der NSDAP Mitte bis Ende der 20er Jahre in die ›stabile‹ Zeit der Weimarer Republik fiel, wuchsen die Mitglieder- und Wählerzahlen trotz beträchtlicher propagandistischer Anstrengungen nur langsam. Erst die anhaltende wirtschaftliche Notlage großer Bevölkerungsteile begünstigte (auch) den nationalsozialistischen Extremismus, dessen breite Basis sich schließlich in den Wahlen des Jahres 1932 zeigte: Die NSDAP war zur Massenpartei herangewachsen, die schließlich auch Wähler aus allen Schichten zu mobilisieren vermochte. Dabei war die Anfälligkeit des alten und neuen Mittelstandes (Handwerker, Kleinhandel, Angestellte) besonders hoch.

1933

Die Berufung *Adolf Hitlers* (1889–1945) zum **Reichskanzler** durch *Hindenburg* am **30. Januar** bedeutete zunächst nichts anderes als die Einsetzung eines neuen Präsidialkabinetts, einer Koalitionsregierung des »Nationalen Zusammenschlusses«, in dem die Nationalsozialisten in der Minderzahl waren und die konservativen Kräfte das Übergewicht besaßen. Dass das Konzept des Vizekanzlers *von Papen, Hitler* durch eine ›Umrahmung‹ von konservativ-bürgerlichen Ministern zu »zähmen«, jedoch nicht aufging und sich die NS-Herrschaft überaus rasch durchsetzen konnte, hatte damit zu tun, dass *Hitler* (durch *Hindenburg*) den Notverordnungsartikel 48 der Weimarer Verfassung rücksichtslos anwandte.

Zunächst wurde am **1. Februar** der Reichstag aufgelöst, um den deutschnationalen Koalitionspartner zu überspielen, und Neuwahlen angesetzt. Im Wahlkampf entfaltete sich dann die nationalsozialistische Propaganda ungehemmt, zudem wurde der Terror der SA und

Gedenkpostkarte zum 30. Januar 1933

SS nun von keiner staatlichen Gewalt mehr gezügelt, da diese der preußischen Polizei sogar als ›Hilfspolizei‹ zur Verfügung gestellt wurden.

Der **Reichstagsbrand** vom **27. Februar** (dessen Brandlegung bis heute nicht definitiv geklärt ist) wurde von den Nationalsozialisten sofort und noch vor jeder Untersuchung den Kommunisten zur Last gelegt. Auf Veranlassung von *Hermann Göring* (1893–1946), einem Kabinettsmitglied, dem die Polizei in Preußen unterstand, wurden Abgeordnete und führende Funktionäre der KPD verhaftet und deren Presse verboten. Eine eilig vom Kabinett beschlossene »Verordnung zum Schutz von Volk und Staat«, die so genannte Reichstagsbrandverordnung, wurde schon am **28. Februar** vom Reichspräsidenten erlassen; sie setzte wichtige Grundrechte außer Kraft und leitete, da sie bis zum Ende der NS-Herrschaft gültig blieb, den Abbau der rechtsstaatlichen Grundlagen ein. Außerdem bot sie die Handhabe zur Beseitigung nicht genehmer Länderregierungen.

Die sich anschließende Verfolgung traf vor allem den Parteiapparat der KPD, Tausende von Funktionäre wurden in »Schutzhaft« genommen, ein Teil der KPD-Führung ging in die Emigration. In die ersten eingerichteten »KZ« (Konzentrationslager) wurden aber auch Sozialisten und namhafte Personen der intellektuellen Linken eingewiesen. Man schätzt die Gesamtzahl der allein in Preußen im März und April verhafteten Personen auf rd. 25.000.

Trotz dieser Terrormaßnahmen gegen die Linke, einer massiven Unterstützung durch die Wirtschaft und einer propagandistisch geförderten Wahlbeteiligung von über 88 % erhielt die Regierungskoalition bei den Reichtagswahlen am **5. März** nur eine knappe Mehrheit von 52 % (NSDAP: 43,9 %), wobei die bürgerlichen Mittelparteien fast ganz verschwanden und sich SPD und Zentrum im Wesentlichen halten konnten.

Das Kabinett verfügte nun im Parlament über eine einfache Mehrheit und hätte die Möglichkeit gehabt, die Gesetzgebung wieder in der von der Verfassung vorgesehenen Form durchzuführen. Damit wollte sich die NSDAP jedoch nicht zufrieden geben, und so brachte sie schon am **23. März** ein »Gesetz zur Behebung der Not von Volk und Reich«, kurz **Ermächtigungsgesetz**, in den Reichstag ein, nach dem auch die Exekutive legislative Gewalt erhalten sollte.

Einschüchterungen und vage Versprechungen – etwa hinsichtlich der Rechte der Kirche – brachten die konservativen und liberalen Abgeordneten dazu, trotz schwerer Bedenken zuzustimmen. Bei Ausschluss der Kommunisten stimmte einzig die SPD mit den ihr verbliebenen 94 Stimmen mutig gegen das Gesetz, das mit Zweidrittelmehrheit angenommen wurde und nicht nur am nächsten Tag bereits in Kraft trat, sondern Gültigkeit behielt bis zum Ende des Systems.

Entgegen den Versprechungen, die Hitler noch in der betreffenden Reichstagsdebatte gegeben hatte, wurde die **Gleichschaltung** von Staat und Gesellschaft nun erst recht zügig vorangetrieben: Die Eigenständigkeit der Länder wurde aufgehoben, diese ›Reichskommissaren‹ unterstellt (7. April); gleichzeitig regelte ein Gesetz die Möglichkeiten zu politischen Auswechslungen in der Beamtenschaft, auch solcher Beamter, die nicht »arischer Abstammung« waren. Anfang Mai wurden in ganz Deutschland die Gewerkschaftshäuser besetzt, die Gewerkschaften aufgehoben und wichtige Funktionäre in die Konzentrations-

Eines der bekanntesten Propagandaplakate der NSDAP

lager verschleppt. Ihrer Führung beraubt, mussten die Gewerkschaften am 10. Mai der faktischen Zwangsvereinigung von Arbeitern, Angestellten und Unternehmern in der »Deutschen Arbeitsfront« (DAF) zustimmen, die wiederum der NSDAP unterstellt wurde.

Auch der Parteienpluralismus wurde beseitigt: Nicht nur wurden Parteien zur Selbstauflösung gezwungen (wie die DNVP am 27. Juni oder das Zentrum am 5. Juli) oder verboten (wie die SPD am 22. Juni), seit dem »Gesetz gegen die Neubildung von Parteien« vom **14. Juli** war die NSDAP einzige Partei im Deutschen Reich. Hatte schon die Einsetzung eines Reichsministers für »Volksaufklärung und Propaganda« (am 13. März) in der Person von *Josef Goebbels* (1897–1945) der politischen Manipulation durch den Staat Tür und Tor geöffnet, so führten vor allem das »Reichskulturkammergesetz« vom 22. September und das »Schriftleitergesetz« vom 4. Oktober die »Gleichschaltung« von Staat und Kultur weiter. Als *Hitler* erste außenpolitische Akzente setzte und im Oktober den Austritt aus dem Völkerbund verkündete, bestätigten am 12. November so genannte Reichstagswahlen mit 92 % der abgegebenen Stimmen auf einer Einheitsliste die Politik der NSDAP – nicht ohne tatkräftige Unterstützung durch die Presse.

Aufruf in der württembergischen Rems-Zeitung mit einem ›Musterstimmzettel‹ zur Wahl am 12. November

So müssen deine zwei Stimmzettel aussehen!

Grün: Volksabstimmung

Billigst Du, deutscher Mann, und Du, deutsche Frau, diese Politik Deiner Reichsregierung, und bist Du bereit, sie als den Ausdruck Deines eigenen Willens zu erklären und Dich feierlich zu ihr zu bekennen?

Ja Nein

Weiß: Reichstagswahl

Reichstagswahl
Wahlkreis Württemberg
(Württemberg und Regierungsbezirk Sigmaringen)

Nationalsozialistische Deutsche Arbeiterpartei
(Hitlerbewegung)

Adolf Hitler
Rudolf Heß, Wilhelm Frick, Hermann Göring
Joseph Göbbels, Ernst Röhm, Walther Darré
Franz Seldte, Franz von Papen, Alfred Hugenberg

1934 Genau ein Jahr nach dem Regierungsantritt *Hitlers* wurde am 30. Januar 1934 mit dem »Gesetz über den Neuaufbau des Reiches« endgültig die bundesstaatliche Struktur, wie sie seit der Bismarckschen Staatsgründung bestanden hatte, beseitigt. An ihre Stelle trat ein **staatlicher Zentralismus**, dessen Unterdrückungsmechanismen sich u.a. in Form der Geheimen Staatspolizei (»Gestapo«) zunehmend institutionalisierten und sich mit der Ernennung von *Heinrich Himmler* (1900–1945) zu ihrem Chef am 20. April schließlich auch personifizierten.

Dass das System auch die Schranken der Rechtsstaatlichkeit schamlos brechen würde, zeigte sich in der Röhm-Affäre Ende Juni, als unter dem Vorwand einer angeblichen Verschwörung in einer schlagartig durchgeführten Mordaktion zahlreiche hohe SA-Führer und andere politisch unliebsame Personen mit Hilfe der Gestapo und der SS umgebracht wurden (insgesamt etwa 85 Opfer). Der von der Staatsführung organisierte Mord wurde am 3. Juli durch Gesetz als ›Staatsnotwehr‹ für rechtens erklärt.

Der vorläufige Abschluss der staatlichen Umbildung wurde erreicht, als *Hitler* am **2. August** nach dem Tode *Hindenburgs* auch das Amt des Reichspräsidenten übernahm und die Reichswehr auf seine Person als »Führer und Reichskanzler« vereidigen ließ. In der Eidesformel fehlte die zuvor übliche Verpflichtung auf die Verfassung, während die persönliche Gehorsamsbindung als eine unbedingte abverlangt wurde, auch dies im Gegensatz zum früheren Soldateneid. Auch die Beamten und Minister wurden statt auf die Verfassung jetzt auf die Person *Hitlers* vereidigt. Damit war der »Grundsatz der unbedingten Führerautorität« zum bestimmenden Prinzip »nicht nur innerhalb der eigenen Reihen, sondern für den gesamten Staat« (so *Hitler* in »Mein Kampf«) geworden.

Dabei sollte die ›Staatsgemeinschaft‹ im idealistischen Sinne vor allem eine **Volksgemeinschaft** sein, in der alle Deutschen ungeachtet ihrer Unterschiede als »Deutsche« denken und handeln, dabei die individuellen Sonderinteressen zurückstellen sollten (»Gemeinnutz geht vor Eigennutz!«).

Die Idealisierung der ›deutschen‹ Familie

Propagandistisch wurde nicht nur die ›Volksgemeinschaft‹ verherrlicht, sondern überhaupt die gesamte Politik der Regierung. Das bereits erwähnte und von *Goebbels* ge-

Die »Inszenierung der Geschlossenheit« auf dem Reichsparteitag in Nürnberg 1936

führte »Ministerium für Volksaufklärung und Propaganda« nutzte über Presse, Radio, Film und andere Medien jede Möglichkeit, um die öffentliche Meinung zu beeinflussen. Ein anderes beliebtes Mittel waren Inszenierungen von Aufmärschen und Massenveranstaltungen, die den Nationalsozialismus als starke und einheitliche ›Bewegung‹ präsentieren sollten.

Viele Menschen ließen sich durch solche Selbstdarstellungen wie auf den Parteitagen nicht ungern blenden, sahen sie doch in den Aufmärschen uniformierter Kolonnen Symbole eines einigen und aufstrebenden Deutschlands und einer wahren ›Volksgemeinschaft‹. Nach Möglichkeit wurde seitens der NS-Propaganda größter Wert darauf gelegt, den »Führer«, *Adolf Hitler,* herauszustellen und ihn wie eine übermenschliche Identifikationsfigur aussehen zu lassen. Bei der manipulativen Hinführung zur ›Volksgemeinschaft‹ war die »Erfassung« der Jugend dem NS-Regime besonders wichtig, war doch hier die Möglichkeit gegeben, durch frühe Wirksamkeit der nationalsozialistischen Ideologie die Jugend dazu zu bewegen, sich vollständig mit dem Staat zu identifizieren. Dabei waren sowohl die »Hitler-Jugend« wie auch der »Bund deutscher Mädel«

NS-Propagandaplakat

uniformiert, was nicht nur soziale Unterschiede verwischen, sondern vor allem bei den Jungen die Einübung soldatischer Disziplin erleichtern sollte.

Zur Idealisierung der »Volksgemeinschaft« gehörte als Kehrseite der Medaille die **systematische Ausgrenzung** so genannter »Gemeinschaftsfremder«, wozu nicht nur die politisch Oppositionellen gehörten, sondern auch Minderheiten wie Sinti und Roma, Homosexuelle, Anhänger religiöser Sekten, aber vor allem Deutsche jüdischen Glaubens. Durch Gesetze und Verordnungen wurden ihre Rechte und Lebensmöglichkeiten immer mehr eingeschränkt.

Es gab keine Instanz, die sie um Hilfe hätten angehen können, vor allem dann nicht, wenn sie als »Volksschädlinge« zur »Schutzhaft« in den Konzentrationslagern einsaßen. Hier war man den Erniedrigungen und Demütigungen einer willkürlichen und brutalen Gewalt durch die Wachmannschaften schutzlos ausgeliefert, nicht selten bis zum Tode.

Der Aufruf zum Boykott jüdischer Geschäfte am 1. April 1933 markierte den Beginn der Zwangsmaßnahmen, die sich immer weiter verschärften.

Vor allem die etwa 500.000 in Deutschland lebenden Juden traf eine seit 1933 eskalierende Diffamierungs- und Ausgrenzungskampagne, die zunächst neben beruflicher Ächtung, wirtschaftlichem Boykott oder körperlicher Drangsalierung zum förmlichen Ausschluss aus dem deutschen Reichsverband durch die »Nürnberger Gesetze« (1935) führte. Nach einer faktischen Ruhepause während der Olympischen Spiele (1936) gingen die Verfolgungen systematisch weiter und erreichten einen ersten Höhepunkt in der **Reichspogromnacht** vom **9./10. November 1938:** Nach einem Attentat auf einen deutschen Diplomaten in Paris durch einen jungen polnischen Juden organisierte *Goebbels* ›spontane‹ Ausschreitungen gegen die in Deutschland lebenden Juden, die zu 91 Morden und schwerwiegenden Zerstörungen an fast allen Synagogen im Reich und an zahllosen Wohnungen und Geschäften führten. Die der ›Reichskristallnacht‹ folgende Beschlagnahmung jüdischen Eigentums durch eine ›Sondersteuer‹ bedeutete die endgültige Ausschaltung der Juden aus der deutschen Wirtschaft.

Obwohl die Auswanderung schwierig und kostspielig war, hatten bei Kriegsbeginn mehrere Hunderttausend Juden Deutschland verlassen. Auf die ca. 185.000 Juden, die im September 1939 noch im Reich lebten, kamen jetzt weitere Diskriminierungen zu, u. a. mussten sie seit dem 1. September 1941 einen gelben Stern auf ihrer Kleidung tragen. Mit Ausweitung des deutschen Machtbereichs während des Krieges im Osten kam es zur Einrichtung von Ghettos und zu Massenerschießungen durch SS-Verbände und Einsatzgruppen der Wehrmacht, bis in der **Wannseekonferenz** am **20. Januar 1942** die industrielle »Endlösung der Judenfrage« beschlossen wurde.

Mit dem Bau von Massenvernichtungslagern begann die generalstabsmäßige Planung der Auflösung der Juden-Ghettos, der logistisch aufwendigen Abwicklung der Eisenbahntransporte und der eigentlichen Vernichtungsaktionen in den Lagern, auch im Rahmen einer gnadenlosen Ausbeutung der Inhaftierten durch Zwangsarbeit. Schätzungen zufolge wurden in den von der SS-Führung geleiteten Massenvernichtungslagern etwa 6 Mio. Menschen systematisch ermordet, alleine in Auschwitz-Birkenau ca. 1,4 Mio. Die bei weitem überwiegende Mehrzahl der in den Konzentrationslagern Inhaftierten kam dabei erst in der zweiten Hälfte des Krieges zu Tode, weniger durch gezielte Tötungsaktionen wie in den Gaskammern, sondern vor allem aufgrund der unmenschlichen Haftbedingungen: durch die überharten Arbeitsbedingungen im Zusammenhang mit der völlig unzureichenden Ernährung, der elenden Unterbringung und dem eklatanten Mangel an medizinischer Versorgung.

1935

Nach Abschluss der strukturellen Neuordnung des NS-Staates im Inneren wurden zunehmend auch in der **Außenpolitik** Akzente gesetzt, die die von den Nationalsozialisten angekündigte »Revision« des Friedensvertrages von Versailles umsetzen sollten: War die am **13. Januar** nach einer Abstimmung – 91 % der Bevölkerung hatten für eine Rückgliederung an das Deutsche Reich gestimmt – erfolgte Rückgewinnung des Saarlandes ein erster außenpolitischer Prestigegewinn gewesen, so bedeutete die von *Hitler* in einem Gesetz »für den Aufbau der Wehrmacht« am **16. März** angekündigte Wiedereinführung der allgemeinen Wehrpflicht einen offenen Bruch der Vertragsbestimmungen. Da England allerdings am 16. Juni einem Flottenabkommen mit Deutschland zustimmte und damit die offene Aufrüstung offenbar sanktionierte, war der Weg frei für weitere Aktionen.

1936

Unter Aufkündigung des Locarnovertrages ließ *Hitler* am **7. März** durch den Einmarsch in die entmilitarisierte Zone des Rheinlandes die militärische Souveränität wiederherstellen und mit dem Bau des ›Westwalls‹ Signale setzen für die künftigen Expansionsbestrebungen im Osten. Da auch hier die Westmächte nur protestierten und die glanzvoll aufgezogenen Olympischen Spiele im Sommer die Spannungen überdeckten, sah sich *Hitler* ermutigt zur Verlängerung der Wehrpflicht auf zwei Jahre (24. August) und zur Verkündung eines Vierjahresplanes (auf dem Reichsparteitag in Nürnberg vom 8. – 14. September) mit dem ausgesprochenen Ziel, den Krieg wirtschaftlich vorzubereiten. Nach Zustandekommen eines deutsch-italienischen Vertrages, der »Achse Berlin–Rom« (am 25. Oktober), und dem Abschluss des offen gegen die Sowjetunion gerichteten »Antikomintern-Paktes« mit Japan (am 25. November) sah sich *Hitler* schließlich in der Lage, im nächsten Jahr

Amerikanische Karikatur zu Hitlers »Friedensrede« am 17. Mai 1933

1937 den Oberbefehlshabern der Wehrmacht seinen Entschluss bekannt zu geben, die angeblichen ›Raumprobleme‹ unter »Anwendung von Gewalt unter Risiko« im Osten zu lösen (so genannte Hoßbach-Niederschrift vom 5. **November**).

Damit war am Ende einer ersten Etappe der NS-Außenpolitik die Grundsatzentscheidung für den Krieg gefallen, blieb nur die Frage des Wann und Wo. Dabei standen gerade diese letzten Äußerungen *Hitlers,* in denen es nicht mehr nur um eine nationale Gleichberechtigung im Sinne einer »Revision« bestehenden Unrechts, sondern um Eroberung und Raumgewinn ging, im krassen Gegensatz zu der wiederholt vorgetragenen Beteuerung seiner »Friedensliebe«.

Eine kraftvolle Außenpolitik des nationalsozialistische Deutschland war natürlich nur möglich auf der Basis einer florierenden **Wirtschaft**, die jedoch bei *Hitlers* Amtsantritt desolat daniederlag. Allerdings hatte bereits der Vorgänger, *Schleicher,* ein Programm staatlicher Arbeitsbeschaffung entwickeln lassen, an das die Nationalsozialisten nahtlos anknüpfen konnten. Sie erweiterten es und setzten vor allem alles daran, die Arbeitslosigkeit zu bekämpfen. Dazu förderten sie insbesondere solche öffentlichen Arbeiten, die menschliche Arbeitskraft erforderten, wie den Straßen- und Autobahnbau oder den Bau von Flugplätzen und Kasernen. Durch Ehestandsdarlehen, die mit ihrem bevölkerungs- auch einen wirtschaftspolitischen Zweck verbanden, sollten Frauen dem Arbeitsmarkt entzogen werden. Hinzu kamen der schnelle Ausbau der Wehrmacht mit der erst einjährigen, dann zweijährigen Dienstzeit und die Einführung des »Reichsarbeitsdienstes« (RAD) 1935, mit dem Ergebnis, dass die Arbeitslosigkeit auch infolge der allgemeinen wirtschaftlichen Erholung bereits in den ersten beiden Jahren der NS-Herrschaft von 5 Mio. auf 2,5 Mio. Erwerbslose sank,

Entwicklung der Arbeitslosigkeit von 1932–1938

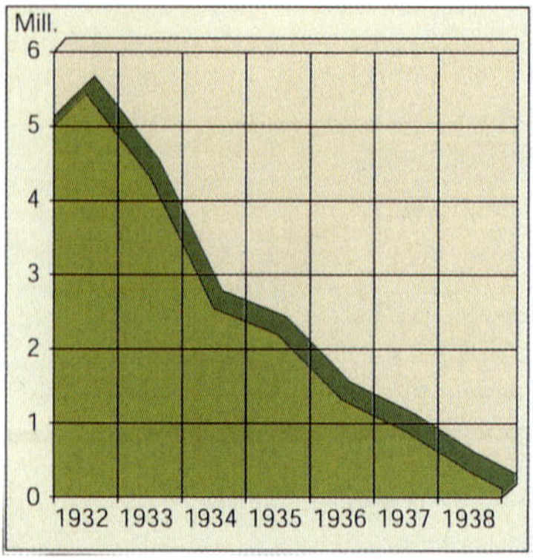

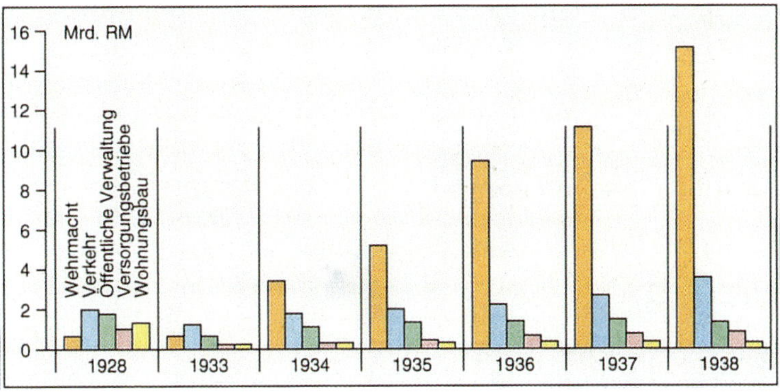

Öffentliche Investitionen in Deutschland

um am Vorabend des Krieges praktisch vollständig zu verschwinden.

Abgesehen davon, dass das krasse Missverhältnis zwischen den Ausgaben für militärische und zivile Zwecke überdeutlich erkennen ließ, dass sich Deutschland auf einen Krieg vorbereitete, konnten die Staatsaufträge nur auf Kosten einer bedenkenlos hohen **Staatsverschuldung** von der Reichsbank finanziert werden. Insgesamt verursachte die ›Deckung‹ der Aufrüstung zwischen 1933 und 1938 eine Verdreifachung der Reichsschuld. Im letzten Vorkriegsjahr, 1938, wurden 74 % aller öffentlichen Investitionen für die Wehrmacht ausgegeben, das waren fast 20 % des gesamten Volkseinkommens. Als Reichsbankpräsident *Hjalmar Schacht* (1877–1970) am 20. Januar 1939 entlassen wurde, weil er die Finanzpolitik des Reiches als inflationär und »verbrecherisch« kritisiert hatte, wurde die Reichsbank dem ›Führerprinzip‹ unterworfen und ihr die Verpflichtung auferlegt, dem Reich Kredite in jeder von *Hitler* gewünschten Höhe zu geben. Da die staatliche Reglementierung der Löhne und Preise das Ausmaß der finanziellen Katastrophe verdeckte, konnte der Mythos eines NS-Wirtschaftswunders entstehen, bevor der Ausbruch des Krieges das ganze Desaster der Verschuldung erst recht verschleierte.

Um einen Krieg zu führen, musste das Reich jedoch wirtschaftlich »autark«, also von Rohstoffimporten weitgehend unabhängig sein. Für unverzichtbare Rohstoffe wie Kautschuk und Erdöl mussten also z. B. künstliche Ersatzstoffe gefunden werden: So wurde Benzin synthetisch aus Kohle hergestellt, und in Sachsen produzierte man aus Braunkohle »Buna«, einen Ersatz für Naturkautschuk. Das mit planwirtschaftlichen Methoden, die teilweise tief in die Entscheidungsspielräume der Unternehmen eingriffen, angestrebte Ziel einer Autarkie in der Versorgung mit rüstungswichtigen Rohstoffen konnte dennoch nicht einmal annähernd erreicht werden.

1938 Die offenkundige wirtschaftliche Erholung des deutschen Reiches ermunterte die Nationalsozialisten nun, durch offene Gewaltandrohung den Vorstellungen eines »Großdeutschen Reiches« näherzukommen: Ultimativ wurde dem österreichischen Bundeskanzler, *Kurt Schuschnigg,* am 12. Februar die Forderung unterbreitet, die dortige Partei der Nationalsozialisten an der Regierung zu beteiligen. Da dieser sich weigerte, wurde er schließlich zum Rücktritt gezwungen und die Regierung vom Nationalsozialisten *Arthur Seyß-Inquart* (1892–1946) übernommen, was wiederum am 13. März zu der Entscheidung führte, sich dem Deutschen Reich anzuschließen. Nachdem der **Anschluss Österreichs** und damit die Vereinigung beider Länder am **14. März** als Reichsgesetz verkündet wurde, fanden am 10. April in beiden Ländern Volksabstimmungen statt, die den Anschluss mit 99,7 % der Stimmen guthießen.

Nach diesem politischen Erfolg machte sich *Hitler* zum Anwalt der deutschen Minderheit in der Tschechoslowakei, der nach 1918 das Selbstbestimmungsrecht vorenthalten worden war. Da den Forderungen nach Autonomie für die etwa 3,5 Mio. Sudetendeutschen nicht nachgegeben wurde und die tschechische Regierung im Mai die Mobilmachung anordnete, wuchs in Europa die Kriegsangst. Ohne die Regierung in Prag zu beteiligen (!), kam es deshalb am **29. September** in München zu einem Abkommen zwischen dem britischen Premierminister *Chamberlain,* dem französischen Ministerpräsidenten *Daladier* sowie *Hitler* und

Mussolini, in dem die Abtretung der sudetendeutschen Gebiete beschlossen wurde. Entgegen den im Vertrag enthaltenen Garantieerklärungen ließ *Hitler* dann jedoch die restliche Tschechoslowakei zerschlagen, indem er die Slowakei zwang, sich für souverän zu erklären (14. März), und den tschechischen Landesteil von der Wehrmacht besetzen ließ (16. März).

1939

Dieser Bruch der Versprechungen, die 1938 vereinbarten Grenzen zu respektieren, führte nun zum Ende der britischen »Appeasement«-Politik und zur Garantieerklärung der Briten und Franzosen für Polen am 31. März, weil *Hitler* die Rückgabe von Danzig und einen »Korridor« nach Ostpreußen gefordert hatte. Da *Hitler* jedoch fest davon überzeugt war, dass die Westmächte ihn trotz ihrer Garantie nicht würden daran hindern können, den Konflikt mit Polen gewaltsam zu lösen, kam es am **23. August** zu einem deutsch-sowjetischen Nichtangriffspakt **(Hitler-Stalin-Pakt)**, in dessen geheimem Zusatzprotokoll die Abgrenzung der Interessensphären beider Staaten in Polen vereinbart wurde. *Hitler* hatte freie Bahn für den Krieg gewonnen und nutzte nun schnell fingierte Überfälle auf deutsche Grenzorte propagandistisch zur Entfesselung des **Zweiten Weltkriegs** durch den Einmarsch in Polen am **1. September.** Die Kriegserklärung Englands und Frankreichs an Deutschland erfolgte daraufhin am 3. September. Dass auch die mit dem Deutschen Reich verbündeten Staaten Italien und Japan eingreifen würden, war nur eine Frage der Zeit und Gelegenheit.

Die deutsche Expansionspolitik in den Jahren 1938/39

Mit dem Angriff der deutschen Wehrmacht auf Polen am frühen Morgen des **1. September 1939** begann der

Die Entwicklung im Überblick

1939
01.09. Deutsche Truppen marschieren in Polen ein; Kapitulation am 6. Oktober
03.09. Kriegserklärung Englands und Frankreichs
1940
deutsche Truppen besetzen Dänemark und Norwegen, die Niederlande und Belgien und zwingen Frankreich zur Kapitulation
10.06. Eintritt Italiens in den Krieg
13.08. Beginn der »Luftschlacht um England«
1941
04.04. Deutsche Truppen fallen in Jugoslawien und Griechenland ein; Ausweitung des Krieges auf Nordafrika
22.06.Deutsche Truppen fallen in die Sowjetunion ein; Stalin ruft den »Großen Vaterländischen Krieg« aus
07.12. Japanischer Überfall auf Pearl Harbor und Kriegserklärung der USA
11.12. Kriegserklärung Deutschlands und Italiens an die USA

Zweite Weltkrieg zunächst als Krieg in Europa, da entgegen den Hoffnungen *Hitlers* die Westmächte England und Frankreich ihre Zurückhaltung der aggressiven nationalsozialistischen Außenpolitik gegenüber ablegten und ihrerseits Deutschland den Krieg erklärten. Abgesehen von der Unterstützung der Sowjetunion bei der Eroberung Polens fand *Hitler* Sympathien und Verbündete vor allem in den Staaten, die sich von den politischen Veränderungen territoriale Zugewinne versprachen. In Europa waren das vor allem Italien, Ungarn, Rumänien und die Slowakei, später, im pazifischen Raum, der (alte) Bündnispartner Japan.

Für die ersten Wochen des Kriegsverlaufs war es wichtig, dass die Westmächte zunächst selbst keine nennenswerten Operationen gegen Deutschland unternahmen, sodass Polen in einem »Blitzkrieg« rasch geschlagen, entsprechend dem Hitler-Stalin-Pakt aufgeteilt und der deutschen Herrschaft unterworfen werden konnte.

Noch vor der direkten Konfrontation mit den Westmächten befahl *Hitler* zunächst die Besetzung von Dänemark und Norwegen, um zum einen eine günstige Operationsbasis für den Seekrieg im Nordatlantik zu haben, zum anderen aber auch, um den Zugriff auf die schwedischen Erzzufuhren zu sichern.

So griffen die deutschen Truppen erst im **Mai 1940** unter Verletzung der niederländischen, luxemburgischen und belgischen Neutralität im Westen an und zwangen schließlich Frankreich am **22. Juni** zur Kapitulation. Der größte Teil des Landes (die nördliche Hälfte und die strategisch wichtige Atlantikküste) wurde besetzt, der Reststaat unter Marschall *Pétain* als »Vichy-Regime« zumindest bis Ende 1942 einer eigenen Verwaltung überlassen.

Trotz heftiger Luftangriffe auf England konnte der Durchhaltewillen der britischen Bevölkerung und auch die Wirtschaftskraft des Landes nicht geschwächt werden, da zudem die vorgesehenen deutschen Landungsunternehmen immer wieder verschoben wurden.

Obwohl Italien mittlerweile ebenfalls aktiv in das Kriegsgeschehen eingegriffen hatte, gab es keine gemeinsame militärische Gesamtplanung der ›Achsenmächte‹. Wegen der Annexionspläne *Mussolinis* in Nordafrika und auf dem Balkan kam es zu einer ersten bedenklichen Ausweitung der Fronten, an denen deutsche Soldaten zu kämpfen hatten. So erzwangen die Übermacht der Briten und der deutsche Nachschubmangel schon bald den Rückzug des Afrikakorps, das den Italienern im Februar 1941 zur Hilfe geschickt worden war.

Ganz besonders problematisch wurden die logistischen Schwierigkeiten der Truppenversorgung nach der Eröffnung des Feldzuges gegen die Sowjetunion am **22. Juni 1941**. Hitlers Absicht, »Lebensraum« im Osten zu gewinnen, zielte schon in seiner Programmschrift »Mein Kampf« auf die Sowjetunion, sein Pakt mit *Stalin* hatte lediglich taktische Gründe gehabt, um Zeit zur Niederwerfung der westlichen Gegner zu gewinnen. Nachdem es jedoch nicht gelungen war, den Widerstand Großbritanniens zu brechen, sollte ein Sieg über die Sowjetunion die Herrschaft über das gesamte europäische Festland erbringen, auf dessen Basis sich dann ein Frieden diktieren ließe. Von Beginn an war dieser Krieg jedoch gleichzeitig als ›Vernichtungskrieg‹ gegen das »jüdisch-bolschewistische System« gedacht und wurde deshalb mit äußerster Härte auch gegen die Zivilbevölkerung geführt. Das brutale Vorgehen von Einheiten der Waffen-SS, aber auch der Wehrmachtsverbände verschärfte jedoch den russischen Widerstand, sodass es *Stalin* möglich war, unter der Parole vom »Großen vaterländischen Krieg« alle Kräfte des russischen Volkes zu mobilisieren.

Nach anfänglichen Erfolgen der deutschen Truppen, die in wenigen Wochen Hunderte von Kilometern tief nach Russland eindringen konnten, traf der frühe und harte Winter am Ende des Jahres die Verbände und den Nachschub gänzlich unvorbereitet, sodass die erste erfolgreiche russische Gegenoffensive bereits im **Dezember** die »Wende vor Moskau« signalisierte. In den folgenden Jahren sollte das stetige Vordringen der sowjetischen Truppen nach Westen nicht aufzuhalten sein.

1942
20.01.»Wannseekonferenz«; Einleitung des koordinierten Massenmordes (Holocaust) an den Juden
28./29.03. Erstes Flächenbombardement auf eine deutsche Großstadt (Lübeck)
1943
24.01. Forderung einer »bedingungslosen Kapitulation« Deutschlands auf der Konferenz von Casablanca
02.02. Kapitulation der 6. Armee vor Stalingrad
19.04–19.05. Aufstand im Warschauer Ghetto
10.07. Landung der Alliierten in Sizilien
25.07. Sturz Mussolinis
1944
06.06. Landung der Alliierten in der Normandie
1945
04.–11.02. Konferenz von Jalta; Beschluss zur Aufteilung Deutschlands in Besatzungszonen
30.04. Selbstmord Hitlers
07./09.05. Kapitulation der deutschen Wehrmacht
02.08. Abwurf der amerikanischen Atombombe auf Hiroshima
02.09. Kapitulation Japans

Hatten die Vereinigten Staaten im Laufe des Jahres bereits England und die Sowjetunion mit Waffenlieferungen unterstützt, so traten sie vollends in den Krieg ein, als Japan am **7. Dezember** die amerikanische Pazifikflotte im Hafen von **Pearl Harbor** überfiel. Die vier Tage später erfolgende Kriegerklärung an die USA durch Deutschland und Italien zog nun auch die größte Wirtschaftsmacht der Welt in den europäischen Krieg hinein.

Brachte das Jahr **1942** zwar noch einmal deutsche Erfolge, so war die militärische Wende an der Ostfront mit der Niederlage in der Schlacht um **Stalingrad** am **2. Februar 1943** überdeutlich sichtbar. Zudem wurde das Reichsgebiet ab dem Sommer dieses Jahres ständig von britischen und amerikanischen Luftangriffen bedroht, die mit Bomberverbänden von Hunderten von Flugzeugen Industrieanlagen und Städte angriffen, systematisch zerstörten und zunehmend auch die Zivilbevölkerung zermürbten.

Die Truppenbewegungen in Europa zwischen 1939 und 1945

Wohnviertel in Hamburg nach der alliierten Bombardierung im Sommer 1943

So geriet die Verteidigung der von der NS-Propaganda als unüberwindlich bezeichneten »Festung Europa« in diesem »totalen Krieg« *(Josef Goebbels)*, der an der Heimatfront im ›Volkssturm‹ sogar Kinder und Jugendliche zu den Waffen rief, immer mehr ins Wanken. Als nach der Entmachtung *Mussolinis* am **25. Juli** der Bündnispartner Italien ausfiel und damit die Südflanke Europas den Westmächten geöffnet wurde, war es nur eine Frage der Zeit, bis diese auch mit massiven Kräften in Westeuropa landen würden.

Die von der Sowjetunion immer wieder zur Entlastung geforderte zweite Front im Westen wurde schließlich mit der Landung der Alliierten in der **Normandie** am **6. Juni 1944** geschaffen. Dank eines enormen Materialeinsatzes an Rüstungsgütern, der von der deutschen Marine und Luftwaffe nicht mehr ernsthaft gestört werden konnte, brach der deutsche Widerstand im Reichsgebiet im Frühjahr 1945 rasch zusammen: Am **7./9. Mai** musste die deutsche Wehrmacht bedingungslos kapitulieren, neun Tage nach *Hitlers* Selbstmord.

Anders als der Erste Weltkrieg war der ›totale‹ **Zweite Weltkrieg** geprägt vor allem durch drei wesentliche Aspekte:

- die Technisierung,
- die Ideologisierung und
- die Ubiquität des Krieges.

In unvergleichlich höherem Maße als im Ersten Weltkrieg wurde das Kriegsgeschehen von der **Technik** beherrscht. Quantität und Qualität von technischem Präzisionsgerät wurden zum wichtigsten kriegsentscheidenden Faktor und ließen die herkömmliche Generalstabsarbeit zu einer untergeordneten Voraussetzung der praktischen Kriegsführung werden. Die Technisierung des Krieges veränderte das Kriegsbild, vergrößerte die Reichweite kriegerischer Handlungen und verwischte die Grenze zwischen Kriegsmaterial und zivilen Gütern. Hatte früher noch die Infanterie die Hauptlast des Krieges getragen, so wurde diese jetzt vor allem der Luftwaffe und den Panzertruppen aufgebürdet. Allerdings verschlang der hohe Technisierungsgrad auch höhere Summen an Finanzmitteln als jeder Krieg zuvor; das machte sich insbesondere für das Deutsche Reich bemerkbar, das, anders als im Ersten Weltkrieg, keine Kriegsanleihen aufgelegt und die Kosten des Krieges durch Notendruck und Wechsel verschleiert hatte – in der Hoffnung, der »Endsieg« würde den finanziellen Ausgleich bringen. Am Ende war die Verschuldung des Reiches auf ca. 380 Mrd. Mark gestiegen, was etwa 95 % des gesamten Volksvermögens entsprach.

Hatten zwar früher kriegführende Staaten auch Ideologien entwickelt, um die physischen und psychischen Kraftanstrengungen der am Krieg beteiligten Menschen der eigenen ›Partei‹ zu vergrößern, so lagen im Zweiten Weltkrieg die Brutalität seiner Durchführung und die Maßlosigkeit der Zielsetzung nahezu ausschließlich in der **Ideologie** des nationalsozialistischen Angreifers begründet. Der Holocaust als Kampf gegen das »Weltjudentum« und der »Vernichtungskrieg der

Wehrmacht« gegen das »slawisch-bolschewistische Untermenschentum« sind ein beredtes Zeugnis dafür.

Last not least wurde Deutschland für die westlichen Alliierten zum wichtigsten Kriegsgegner (»Germany first!«), weil die Bedrohung der grundlegenden Substanz der europäischen Zivilisation durch den Nationalsozialismus als außerordentlich groß angesehen wurde, sodass der alliierte Oberbefehlshaber in Europa, General *Eisenhower,* seine Aufgabe als »Kreuzzug« verstand.

Schließlich verwischten Technisierung und Ideologisierung des Krieges die Grenzen zwischen Soldaten und Zivilisten, zwischen ›Front‹ und ›Heimat‹, und ließen den Krieg **ubiquitär** wirken.

Aus der Ferne wirkende Vernichtungswaffen wie Raketen, aber auch Flächenangriffe von Bombern schränkten die Möglichkeit der Differenzierung zwischen kriegswichtigen und zivilen Zielen schon vom verwendeten Waffensystem her ein. Wie sehr der Krieg die Zivilbevölkerung, nicht nur die Armeen, getroffen hatte, zeigen die Verlustzahlen: Es fielen insgesamt weltweit etwa ebenso viele Soldaten, wie Zivilisten durch Kriegshandlungen starben (über 27 Mio. Soldaten und etwa 25 Mio. Zivilisten). In Polen waren die Verluste der Zivilbevölkerung etwa dreizehnmal höher als die der Armee.

Geschätzte Verluste an Menschenleben im Einzelnen

Deutschland	5,25 Mio., davon 500.000 Zivilisten
Belgien	88.000, davon 76.000 Zivilisten
Frankreich	810.000, davon 470.000 Zivilisten
Griechenland	160.000, davon 140.000 Zivilisten
Großbritannien	386.000, davon 62.000 Zivilisten
Italien	330.000, davon ? Zivilisten
Japan	1,8 Mio., davon 600.000 Zivilisten
Jugoslawien	1,69 Mio., davon 1,28 Mio. Zivilisten
Niederlande	210.000, davon 198.000 Zivilisten
Polen	4,52 Mio., davon 4,2 Mio. Zivilisten
Rumänien	378.000, davon ? Zivilisten
Ungarn	420.000, davon 280.000 Zivilisten
USA	259.000, davon ? Zivilisten
und andere Länder	
Gesamtverluste	ca. 55 Mio Tote

»Selektion« an der Rampe des Vernichtungslagers in Auschwitz: Tod in den Gaskammern oder Zwangsarbeit?

Historisch ohne Beispiel bleibt der organisierte Massenmord an Millionen Juden aus rassenideologischen Gründen, symbolhaft verbunden mit Auschwitz.

Bleibt zum Schluss dieses Kapitels die gewichtige, aber auch diffizile Frage zumindest kurz zu erörtern, weshalb ein Unrechtssystem wie dieses »Tausendjährige Reich« so lange wirksam bestehen konnte, ohne durch einen aktiven **Widerstand** aus seinem Inneren heraus zu zerbrechen. Schließt man sich der Definition von *D. Peukart* an, der neben Formen der Verweigerung und des Protestes den Begriff »Widerstand« nur für Verhaltensformen anwenden möchte, die das System als ganzes ablehnten und auf eine öffentliche Wirksamkeit der getroffenen Maßnahmen zielten, dann muss man ganz einfach registrieren, dass die NS-Zeit nur geringfügig durch aktiven Widerstand gestört wurde. Natürlich gab es Widerspruch, Formen der inneren Emigration oder Beispiele mutigen Handelns gegenüber Verfolgten; organisierter (aktiver) Widerstand kam jedoch nur aus wenigen Gruppierungen. Neben Aktivitäten aus meist sozialistisch orientierten Arbeiterkreisen und dem militärischen Bereich (gegen Ende des Krieges vor allem: Attentatsversuch des *Claus Graf Schenk von Stauffenberg* am **20. Juli 1944**) wären hier zu nennen u. a. die Studentengruppe »Weiße Rose« um die Geschwister *Scholl*, der national-konservative »Kreisauer Kreis« oder die Kölner »Edelweißpiraten«. Auch wenn das heldenhafte Verhalten der Widerstandskämpfer, die fast ausnahmslos mit dem Tode bestraft wurden, in der kollektiven Erinnerung von heute höchste Bewunderung genießt – sichtbaren Erfolg hatten sie damals nicht: Das NS-System wurde schließlich von außen gestürzt – was wiederum Auswirkungen auf die Verarbeitung der NS-Zeit im Nachkriegsdeutschland haben musste.

Zusammenbruch und staatlicher Neuanfang

Nachdem sich *Hitler* am 23. April endgültig entschlossen hatte, in der umkämpften Hauptstadt Berlin zu bleiben, war sein **Selbstmord** am **30. April** logische Konsequenz, da er nach eigenem Bekunden »der Schande der Absetzung oder Kapitulation« entgehen wollte. **1945**
Da die Westmächte durch *Churchill* am 28. April noch einmal ausdrücklich diplomatisch bekundet hatten, unbedingt an der bereits auf der Konferenz von Teheran 1943 beschlossenen »bedingungslosen Kapitulation« festhalten zu wollen, kam es nur noch darauf an, dass die in Flensburg seit dem 2. Mai residierende »Geschäftsführende Reichsregierung« unter Großadmiral *Dönitz* (1891–1980) den Krieg in Europa endlich beendete. Im Westen geschah dieses durch Unterzeichnung der Kapitulationsurkunde am **7. Mai** im Hauptquartier des amerikanischen Oberbefehlshabers *Eisenhower* in Reims, im Osten am **9. Mai** im sowjetischen Hauptquartier in Berlin-Karlshorst. Damit war der durch *Hitler* mit dem Überfall auf Polen am 1. September 1939 entfesselte Krieg auf den Kampfplätzen in Europa beendet; in Ostasien geschah dieses erst nach dem Abwurf zweier Atombomben auf Hiroshima und Nagasaki mit der bedingungslosen Kapitulation Japans am **2. September**.

Nach dem ungeheuren Verlust von ungefähr 55 Mio. Menschen – von denen die Sowjetunion alleine 20 Mio. Menschen, davon 7 Mio. Zivilisten, zu beklagen hatte – waren die materiellen Schäden gewaltig: Ein Großteil der deutschen Städte lag in Trümmern, jede fünfte vor dem Krieg vorhandene Wohnung war zerstört, ein weiteres Fünftel schwer beschädigt. Große Teile der technischen Infrastruktur wie die Wasser- und Energieversorgung waren beschädigt, Transportmöglichkeiten nicht vorhanden, sodass sich durch die mangelnde Verbindung der ländlichen mit den städtischen Bereichen auch die Ernährungslage dramatisch verschlechterte. Hinzu kam, dass das Kriegsende gewaltige Wanderungsbewegungen ausgelöst hatte, die die Unterbringungs- und Versorgungsprobleme erheblich verschärften. Nicht nur flohen rd. 12 Mio. Deutsche aus Ostdeutschland, Ost- und Südosteuropa zunächst vor der »Roten Armee« und später durch die von den neuen Machthabern durchgeführten Vertreibungen nach Westen, sondern es bewegten sich auch jene rd. 10 Mio. »displaced persons«, die als Kriegsgefangene und Zwangsarbeiter nach Deutschland verschleppt worden waren, in ihre Heimat zurück.

An die Stelle der völkerrechtlich ausgelöschten Staatlichkeit des Reiches trat die **Hoheitsgewalt**, die die Regierungen der vier Siegermächte mit ihrer Proklamation vom **5. Juni** in unbeschränktem Umfang über Deutschland in Anspruch nahmen. An die Stelle der nicht mehr vorhandenen deutschen Staatsgewalt trat der »Kontrollrat«, dessen Sitz die alte Reichshauptstadt Berlin war und in dem die vier Zonenbefehlshaber und Chefs der Militärregierungen zusammenarbeiten sollten. Da zwar grundsätzlich eine Annexionsabsicht fernlag und auch eine Teilungsabsicht nicht (ernsthaft) ausgesprochen worden war, war die zentral wichtige Frage der künftigen Grenzen Deutschlands eng mit der des wiedererrichteten polnischen Staates verknüpft. Da *Stalin* unbedingt die Beibehaltung der im Hitler-Stalin-Pakt (vom 13. August 1939) festgelegten sowjetisch-polnischen Grenze beanspruchte und Polen dafür im Westen großzügig mit deutschem Territorium entschädigt werden sollte, kam es zu grundsätzlichen Zugeständnissen der Westmächte zur Oder-Neiße-Linie als Westgrenze zu Polen, auch wenn diese Grenzregelung erst in einem Friedensvertrag endgültig festgelegt werden sollte.

Auch wenn *Churchill* bereits Mitte Mai vor einem »Eisernen Vorhang« gewarnt hatte, der einen freien Einblick in den sowjetischen Machtbereich verhindere, und die Rücknahme der amerikanischen Truppen auf die endgültigen Zonengrenzen verhindern wollte, so gelang es den Sowjets doch, beträchtliche territoriale Gewinne im Osten des alten Reiches zu erreichen und dadurch bis heute wirksame vollendete Tatsachen zu schaffen. Besiegelt wurden diese (eigentlich vorläufigen) Grenzfragen im Osten mit der Ziehung der Grenzen der Besatzungszonen und der damit verbundenen »Überführung« der deutschen Bevölkerung, die sich faktisch zu einer Vertreibung auswuchs, auf der **Konferenz von Potsdam** vom **17. Juli bis 2. August.**

Auch wenn für die USA die Beendigung des Krieges gegen Japan das nach der Niederwerfung Deutschlands alles überragende Problem war, so sollte doch auch dieser Konferenz weltpolitische Bedeutung zukommen, da ihre Ergebnisse einen vorläufig letzten Kompromiss zur Überdeckung der ideologischen Antagonismen zwischen den alliierten Siegermächten darstellten. Da man sich nicht auf genau durchdachte gemeinsame Zielvorstellungen einigen konnte, deutete sich hier schon das Ende eines Bündnisses an, das nur durch

Deutschland nach dem Potsdamer Abkommen von 1945

den gemeinsamen Gegner, nicht aber durch gemeinsame Ziele nach Beendigung des Krieges zusammengehalten hatte.

Da man dem eigentlichen Kriegsziel, einen dauerhaften Frieden zu schaffen, bereits mit der Verkündung der Satzung der Vereinten Nationen am 26. Juni global nähergekommen zu sein glaubte, ging es nun vorrangig um die politische und wirtschaftliche Gestaltung Deutschlands. War man sich in der Sprachregelung zwar einig, dem deutschen Volk zu helfen, das politische Leben auf »demokratischer Grundlage« wiederherzustellen, was die Entmilitarisierung, die Entnazifizierung und die Schaffung von dezentralen Verwaltungs- und Wirtschaftsstrukturen bei Aufrechterhaltung der wirtschaftlichen Einheit einschloss, so stand die Regelung der politischen Zuständigkeit dazu bereits im Widerspruch. Zwar sollten die vier Oberbefehlshaber gemeinsam im **Alliierten Kontrollrat** die oberste Gewalt ausüben, da jedoch gleichzeitig die Souveränität jeder einzelnen Besatzungsmacht für ihre eigene **Zone** vereinbart wurde, waren die Weichen für eine Teilung zwischen den westlichen und den östlichen »Demokratie«-Vorstellungen gestellt. Da man sich zudem in der Frage der Reparationszahlungen, die Deutschland zu leisten hatte, vor allem zwischen den USA und der UdSSR nicht einigen konnte, kam es in der Folge praktisch zur Schaffung zweier Reparationsgebiete: Während Sowjets und Franzosen beträchtliche Abtransporte von Produktionsanlagen, aber auch von Infrastruktureinrichtungen vornahmen, waren Amerikaner und Briten eher auf den Wiederaufbau der deutschen Wirtschaft bedacht.

Obwohl der Alliierte Kontrollrat am **30. August** in Berlin eingerichtet wurde und auch eine Reihe gemeinsamer Gesetze bzw. Verordnungen erlassen wurden, war zur Jahreswende offenkundig, dass zumindest in der französischen und der sowjetischen Zone vorsätzlich nicht im Sinne der verabredeten Wirtschaftseinheit gehandelt wurde, was zur Folge hatte, dass sich die Lebensbedingungen immer weiter verschlechterten.

Immerhin gelang es (noch) in einer juristisch gemeinsam abgestimmten Aktion, ein Internationales Militärtribunal in Nürnberg einzurichten, vor dem ab November Verfahren gegen die 22 so genannten Hauptkriegsverbrecher eröffnet wurden, denen vor allem Verbrechen gegen die Menschlichkeit, Führung eines Angriffskrieges und Völkermord vorgeworfen wurden.

Da durch die Grenzziehung der jeweiligen Besatzungszonen vielfach die alten gewachsenen Länder durchschnitten wurden – was vor allem für Preußen galt –, war es zur Aufrechterhaltung der Verwaltungsaufgaben erforderlich, oberhalb der Ebene der Kommunen neue organisatorische Zuständigkeiten zu schaffen. In der US-Zone entstanden so in diesem und im folgenden Jahr die Länder Bayern, Württemberg-Baden und Hessen (dazu kam die Enklave Bremen als Zugang der Truppen zum Meer), in der britischen Zone Schleswig-Holstein, Nordrhein-Westfalen und Niedersachsen und in der französischen Zone Süd-Baden, Württemberg-Hohenzollern und Rheinland-Pfalz – womit im Westen die künftige föderale Struktur der Bundesrepublik bereits vorgegeben war.

1946

Hatten »aufklärerische« Maßnahmen der Alliierten über die Verbrechen des NS-Regimes bereits seit Übernahme der Regierungsgewalt stattgefunden, so wurde nun mit der »Direktive Nr. 24« vom **12. Januar** offiziell die **Entnazifizierung** eingeleitet und damit begonnen, systematisch ›Nationalsozialisten‹ aus öffentlichen

Entnazifizierung
Insgesamt musste die formalisierte Politik der »Entnazifizierung« zwangsläufig dazu führen, dass die »Bewältigung der Vergangenheit« ein ungelöstes Problem blieb. Während die ›großen‹ Prozesse mit wachem Interesse verfolgt wurden und vielen Zeitgenossen das Gefühl vermittelten, für die Verbrechen seien letztlich »die da oben« allein verantwortlich, kam es bei den Spruchkammern nur darauf an, alles zu leugnen, was nicht nachgewiesen werden konnte, und das Bewiesene in seiner Bedeutung abzuschwächen. Dafür Entlastungsmaterial beizubringen war häufig einfach genug, sodass eine ehrliche Auseinandersetzung um die Frage nach Mitverantwortung und Mitschuld nicht stattfand.

Ämtern und Führungspositionen in der Industrie zu entfernen. Auch wenn hierzu die Direktiven der Besatzungsmächte zunächst unterschiedlich waren, so war doch insgesamt nichts anderes beabsichtigt, als alle Deutschen bezüglich ihrer aktiven und nominellen Rolle im Staats- und Parteiapparat zu überprüfen.

Am bürokratischsten gingen die Amerikaner vor, die über umfassende Fragebögen das Maß der individuellen Verstrickung erfahren wollten. Da hierbei jedoch auch deutsche Instanzen maßgeblich beteiligt werden sollten, verabschiedeten die Ministerpräsidenten der Länder in der US-Zone am **5. März** das »Gesetz zur Befreiung von Nationalsozialismus und Militarismus«, das die Errichtung so genannter Spruch- und Berufungskammern verfügte. Nach Übernahme dieses Verfahrens auch in den anderen Westzonen wurden so in den folgenden Jahren etwa 3,66 Mio. Verfahren abgeschlossen, in denen etwa 1.700 Personen als »Hauptschuldige« und rd. 23.000 als »Belastete« eingestuft wurden. Für die amerikanische Zone bedeutete das, dass ungefähr 9.000 Personen eine Gefängnisstrafe zu verbüßen hatten und bei 25.000 Teile ihres Vermögens oder Besitzes eingezogen wurden; 22.000 wurden aus ihren öffentlichen Ämtern entfernt.

Nach Verkündung der Urteile im **Nürnberger Prozess** vom **30. September bis 1. Oktober** – 12 Todesurteile wurden ausgesprochen, 7 Personen zu langen Freiheitsstrafen verurteilt; in drei Fällen wurde Freispruch zuerkannt – wurden weitere ›Nachfolgeprozesse‹ u. a. gegen Diplomaten, Militärs, Wirtschaftsführer und Juristen durchgeführt, in denen es in den Westzonen zu weiteren insgesamt 5.025 Verurteilungen kam. Von den insgesamt 806 Todesurteilen wurden 486 vollstreckt.

1947 Hatte bereits am 6. September 1946 der amerikanische Staatssekretär *Byrnes* in einer Aufsehen erregenden Rede in Stuttgart u. a. die Bildung einer deutschen Regierung auf Länderbasis in Aussicht gestellt, so war die Vereinigung der amerikanischen und britischen Zone zur **Bizone** am **1. Januar** die logische Konsequenz

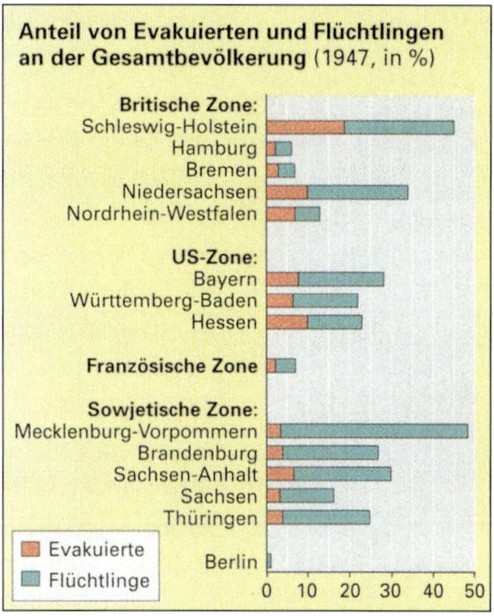

einer nicht nur stärkeren wirtschaftlichen Kooperation. Als zudem der amerikanische Präsident *Truman* am **12. März** in einer bedeutsamen Rede vor beiden Häusern des Kongresses die kommunistische Staatenwelt als »Lebensform« charakterisierte, die sich »auf Terror und Unterdrückung, auf die Zensur von Presse und Rundfunk, auf manipulierte Wahlen und auf den Entzug der persönlichen Freiheiten« stütze, war nicht nur ideologisch der »Kalte Krieg« eingeläutet.

Wirtschaftspolitisch entscheidend wurde dann jedoch der **Marshall-Plan** vom **5. Juni**, ein wirtschaftliches Hilfsprogramm für den Aufbau Europas (ERP, European Recovery Program), damit auch der Besatzungszonen. Da jedoch die UdSSR diesen Plan wegen befürchteter Einflussnahme von außen ablehnte und sowohl der SBZ als auch den in ihrem Hegemonialbereich liegenden osteuropäischen Staaten die Inanspruchnahme untersagte, war die politische Spaltung Deutschlands vorgezeichnet.

Als eine der größten sozialpolitischen Leistungen in der Nachkriegszeit muss die Integration der Flüchtlinge und Evakuierten gelten, die ohne die logistische und wirtschaftliche Hilfe der (vor allem westlichen) Alliierten nicht möglich gewesen wäre.

1948

Die faktische Schaffung zweier unterschiedlicher Wirtschaftsräume – hier der marktwirtschaftlich orientierte, finanziell gestützte Westen, dort die planwirtschaftlich ausgerichtete SBZ, in der die Demontagen weitergingen – führte schließlich auch zu einer weitreichenden politischen Entscheidung: Am **6. März** einigte sich die **Londoner Sechs-Mächte-Konferenz** (die westlichen Siegermächte plus die Benelux-Staaten) auf die Errichtung eines föderativen westdeutschen Staates und die Einbeziehung Westdeutschlands in das europäische Wiederaufbauprogramm.

Aus Protest gegen diese Beschlüsse verließen die Sowjets am **20. März** den Alliierten Kontrollrat und reagierten auf die wirtschaftspolitisch bedeutsame Währungsreform vom **21. Juni** (Abschaffung der Reichsmark und Einführung der Deutschen Mark, der DM) – die logischerweise auch den baldigen Beitritt der französischen Zone zur Bizone bedeuten musste – am **24. Juni** mit der **Blockade** der Westsektoren **Berlins**, die den Interzonenverkehr zu Wasser und zu Lande vollständig unterband. Auch wenn beide Seiten in dieser ersten »heißen« Konfrontation davon überzeugt waren, dass die Gegenseite es nicht auf einen Krieg ankommen lassen werde, gelang die Erpressung der westlichen Alliierten nicht: Die in Berlin lebenden Menschen wurden bis zur Aufgabe der Blockade (am 12. Mai 1949) durch ein außergewöhnliches Unternehmen, eine Luftbrücke, über einen Zeitraum von fast einem Jahr mit dem Nötigsten ausreichend versorgt.

Nachdem auch in der SBZ durch die SMAD eine Währungsreform durchgeführt worden war und die SED auf einer Parteivorstandstagung Ende Juni die vorbehaltlose »Ausrichtung von Partei und Staat« nach Osten proklamiert hatte, war die Teilung Deutschlands endgültig vollzogen. Bis zum Oktober hatte der im März gewählte »Deutsche Volksrat« eine Verfassung für eine »Deutsche Demokratische Republik« vorgelegt, die von einem Volkskongress im Mai 1949 bestätigt wurde.

Auf der Basis der am **1. Juli** den Ministerpräsidenten in den Westzonen durch die westlichen Militärgouverneure überreichten **Frankfurter Dokumente** bildete sich schließlich am 1. September der aus Mitgliedern der gewählten Landtage bestehende »Parlamentarische Rat« unter seinem Präsidenten, *Konrad Adenauer* (1876–1967), dem Vorsitzenden der britischen Zone, der mit der Ausarbeitung eines ›Grundgesetzes‹ als Verfassung beauftragt wurde. Ergänzend zum Grundgesetz regelte ein ›Besatzungsstatut‹, das die Außenminister der drei Westmächte beschlossen hatten, die verbliebenen Zuständigkeiten der Alliierten u. a. für die Außenbeziehungen. Erst mit der Wiedervereinigung sollte die uneingeschränkte volle Souveränität erreicht werden.

Von der Teilung Deutschlands zur Wiedervereinigung

Sieht man einmal davon ab, dass nach der Wiederherstellung Österreichs drei selbstständige Staaten auf dem Gebiet des ehemaligen Reiches entstanden waren, so bedeutete das Ende Großdeutschlands auch das Ende der nationalstaatlichen Periode der deutschen Geschichte. Auch wenn in dieser Darstellung die Entwicklung des wiedererstandenen selbstständigen Österreichs nicht behandelt werden soll, so heißt das nicht, dass dessen Entwicklung aus dem deutschen Geschichtszusammenhang ausgeklammert werden kann. Auch ist die Geschichte der Bundesrepublik nicht die Geschichte Deutschlands; das Gleiche gilt für die Versuche der Deutschen Demokratischen Republik, die nationale Tradition für sich zu monopolisieren.

Anders jedoch als nach dem Ersten Weltkrieg, wo sich dem geschlagenen Deutschland die Erinnerung an die Kriege gegen Napoleon und die Befreiung aufdrängte, die zugleich soziale Reform und nationale Erhebung gewesen war, verblasste nun für die meisten Deutschen die Idee einer nationalen Einheit infolge des erfahrenen Missbrauchs und ihrer Übersteigerung in einen verbrecherischen Exzess. Von entscheidender Bedeutung war zudem, dass sich die aus den Besatzungszonen erwachsenden beiden deutschen Staaten den Prioritäten rivalisierender Staats- und Gesellschaftssysteme unterwerfen mussten und im Spannungs-

Europa im »Kalten Krieg«

feld des »Kalten Krieges« zwischen Ost und West auf lange, lange Sicht keine realen Chancen für eine Gewinnung der Einheit dieser ›Restnation‹ bekommen sollten. Der »österreichische Weg« einer Neutralität war angesichts der völlig verfestigten Einbindung der BRD und der DDR in die jeweiligen Machtsphären keine Option.

1949 Die BRD zwischen 1949 und 1990

Nachdem der »Parlamentarische Rat« am 8. Mai das wegen seines provisorischen Charakters so genannte **Grundgesetz** mit deutlicher Mehrheit verabschiedet und die Militärgouverneure es am 12. Mai genehmigt hatten, konstituierte sich die Bundesrepublik also endlich am **23. Mai** durch die feierliche Verkündung seiner neuen ›Verfassung‹.

Da die Mehrheit des Parlamentarischen Rates bewusst eine »Gegen-Verfassung« zur Weimarer Reichsverfassung schaffen wollte, wurde für die künftige Demokratie insbesondere der Präsident entmachtet, dem man den Einfluss auf die Gesetzgebung und Regierungsbildung entzog und im Wesentlichen nur repräsentative Aufgaben beließ. Außerdem wurde die Wahl des Präsidenten – und damit seine direkte Legitimierung – durch das Volk abgeschafft, dem man zudem die Instrumente des Volksbegehrens und der Volksabstimmung auf Bundesebene nahm. Da es, anders als in Weimar, vor allem auch auf die Schaffung starker und stabiler Regierungen ankam, wurde die Position des Kanzlers gestärkt: Er kann nunmehr nur noch durch ein »konstruktives Misstrauensvotum« gestürzt werden, d. h. nur dadurch, dass die Mehrheit der Mitglieder des Bundestages einen neuen Kanzler wählt.

Nach dieser Umwandlung des semipräsidentiellen Regierungssystems der

Gewaltenteilung in der Bundesrepublik auf der Basis des Grundgesetzes von 1949

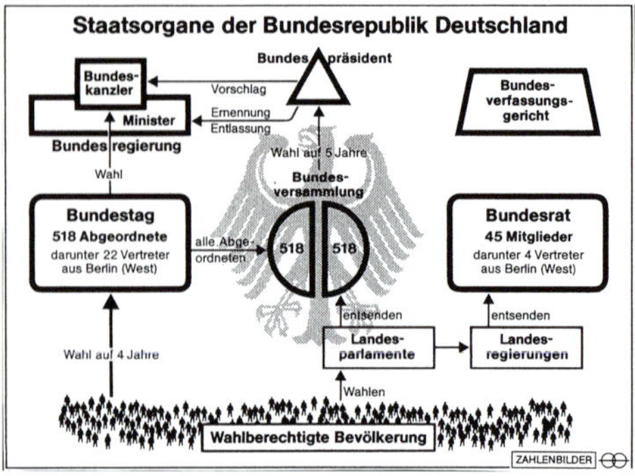

Weimarer Reichsverfassung in ein parlamentarisches Regierungssystem wurden aber auch noch andere gewichtige Veränderungen im Grundgesetz verankert, vor allem hinsichtlich der Bewertung des Rechts und der Verfassung insgesamt.

Da eine unbeschränkte Veränderung der Weimarer Verfassung möglich gewesen war, solange nur die formalen Voraussetzungen erfüllt waren, wurden Änderungen des Grundgesetzes, die auf Aufhebung der föderalen Gliederung des Bundes, auf Beseitigung der Mitwirkungsrechte der Länder bei der Gesetzgebung oder auf eine Verletzung der in den Artikeln 1 – 20 enthaltenen Grundsätze zielen, für unzulässig erklärt (Art. 79, Abs. 2).

In enger Verbindung dazu steht das Bekenntnis zum Grundsatz der »wehrhaften Demokratie«, indem man den Missbrauch demokratischer Spielregeln, den vor allem die NSDAP und die KPD in der Weimarer Republik nachhaltig demonstrieren konnten, so weit wie möglich zu unterbinden suchte. Deshalb schuf man Möglichkeiten, verfassungsfeindliche Parteien (Art. 21, Abs. 2) und Vereinigungen (Art. 9, Abs. 2) zu verbieten und Personen, die die Grundrechte zum Kampf gegen die freiheitlich-demokratische Grundordnung einsetzen, den Grundrechtsschutz zu entziehen (Art. 18).

Anders als in der Weimarer Republik, wo die Rolle des »Hüters der Verfassung« trotz eines Staatsgerichtshofs durch den Reichspräsidenten ausgeübt worden war, übertrug man nun dem Bundesverfassungsgericht mit weitreichenden Kompetenzen diese Aufgabe und machte es so zu einem effektiven gewaltenteilenden Gegenpol von Bundestag und Bundesrat.

Ebenfalls im Unterschied zur Weimarer Verfassung, in der das Verhältniswahlrecht festgeschrieben war, das bei Berücksichtigung praktisch jeder Wählerstimme auch kleinsten Splitterparteien eine parlamentarische Repräsentanz garantiert hatte, wurde das Wahlsystem nicht im Grundgesetz verankert. Die beschlossene Mischung aus einem Personen- und Verhältniswahlrecht wurde 1953 um die so genannte Fünf-Prozent-

Hürde ergänzt, die den Einzug kleinerer Parteien in den Bundestag verhindern soll.

1949–1963 Nach den Wahlen zum ersten Bundestag am 14. August 1949, die die CDU (31 %) nur denkbar knapp vor der SPD (29,2 %) und deutlicher vor der FDP (11,9 %) gewinnen konnte, wurde *Konrad Adenauer* zum **Bundeskanzler** einer Regierungskoalition aus CDU/CSU, FDP und DP (Deutsche Partei) gewählt. Mit seinem Amtsantritt bei den drei alliierten Hochkommissaren und dem damit verbundenen Inkrafttreten des Besatzungsstatuts wurden die Militärregierungen aufgelöst.

Adenauers Antrittsbesuch bei den alliierten Hochkommissaren am 21. September 1949

Im Mittelpunkt der Innenpolitik in der »Ära« *Adenauer* standen zwangsläufig zunächst die Probleme des Wiederaufbaus und die der Integration der Vertriebenen und Flüchtlinge. Beides gelang in einer beispiellosen Phase wirtschaftlichen Aufschwungs, dem so genannten Wirtschaftswunder, wie ihn die Bundesrepublik seither nicht mehr erlebt hat. Hatte sich die CDU mit der Verabschiedung der »Düsseldorfer Leitsätze« am 15. Juli 1949 bereits der Theorie der **Sozialen Marktwirtschaft** zugewandt, so wurde dieses System nun unter dem ersten Bundeswirtschaftsminister *Ludwig Erhard* (1897–1977) konsequent politisch umgesetzt: Bei einem grundsätzlichen Verzicht auf Planung und Lenkung der Wirtschaft, im Vertrauen auf die Dynamik unternehmerischer Initiative in einem freien Markt, der durch Angebot und Nachfrage reguliert würde, kam dem Staat nur noch die Rolle zu, den freien Wettbewerb durch die Verhinderung von Monopolen zu sichern und durch eine aktive Sozial- und Subventionspolitik »Wohlstand für alle« zu erreichen.

Ludwig Erhard 1957. »Wohlstand für alle« meinte nicht nur Sozialpolitik in Form staatlicher Fürsorge für sozial Schwache (wie beim Lastenausgleichsgesetz von 1952, der Rentenreform von 1957 oder dem Sozialhilfegesetz von 1961), sondern ebenso einen Ausgleich zwischen ›Kapital‹ und ›Arbeit‹, der die ökonomische Effizienz der gesamten Volkswirtschaft steigern sollte. Beispielhaft hierfür steht die Verabschiedung des »Gesetzes zur Mitbestimmung der Arbeitnehmer in den Aufsichtsräten und Vorständen der Unternehmen des Bergbaus und der Eisen und Stahl erzeugenden Industrie« vom 10. April 1951 und die Verabschiedung des »Betriebsgesetzes« vom 19. Juli 1952.

Allerdings darf nicht übersehen werden, dass das »Wirtschaftswunder« neben dem Konzept der »Sozialen Marktwirtschaft« auch Ergebnis anderer Faktoren war, wie der Marshall-Plan-Hilfe oder der Eingliederung der BRD in den Welthandel nach Ausbruch des Korea-Krieges im Juni 1950. Zudem erwies sich häufig auch die Demontage industrieller Anlagen als positiv, da nun neue Betriebsanlagen dazu beitrugen, die westdeutsche Industrie zu einer der modernsten der Welt zu machen. Nicht zuletzt trug auch gerade der Flüchtlingsstrom zum wirtschaftlichen Aufschwung bei, da er viele willige und gut ausgebildete Arbeitskräfte in das westdeutsche Wirtschaftsgebiet führte.

Nachdem jedoch Ende der 50er Jahre die Vollbeschäftigung erreicht war und mit dem Bau der Berliner Mauer 1961 der Flüchtlingsstrom aus der DDR versiegte, musste man dazu übergehen, ausländische Arbeitskräfte anzuwerben. Auch wenn in der Gesellschaft der »Wirtschaftswunderära« vielfach traditionell-konservative Wertvorstellungen dominierten und der Rückzug vieler Bundesbürger in die Privatsphäre häufig restaurative Tendenzen begünstigte, so brachte der technische Wandel (Motorisierung, Fernsehen etc.) doch auch neue Lebensumstände und Mentalitäten hervor: Die Mobilität der Bevölkerung nahm zu (Massentourismus und Camping), die Bindungen an soziale Milieus, wie z. B. die der Kirchen, wurden geringer.

Familienidylle in einem Wohnzimmer in den 50er Jahre

Die politischen Akzente, die die Regierung *Konrad Adenauers* in der Außenpolitik setzen musste, ergaben sich von Beginn an ebenfalls beinahe zwangsläufig, da die ›Aufsicht‹ der Westmächte den Handlungsspielraum der Bundesrepublik im Allgemeinen einschränkte und die Angst vor einem wirtschaftlich wieder erstarkenden deutschen Nachbarn groß war.

Hinzu kam, dass sich die Bundesrepublik als Rechtsnachfolgerin des Deutschen Reiches verstand, was die Frage der Auslandsschulden und besonders die der »Wiedergutmachung« aufwarf. Gerade letztere wurde nicht nur durch das Bundesentschädigunsgesetz von 1953 geregelt, sondern führte auch durch ein Abkommen (vom 10. September 1952) zu Entschädigungszahlungen an Israel in einer Höhe von knapp 4,5 Mrd. DM, was das politische Verhältnis zueinander merklich entspannte.

Ein erster Schritt zur Annäherung in Europa war der Plan des französischen Außenministers *Robert Schuman* von 1950, zwecks besserer Kontrolle die Kohle- und Stahlindustrie der Benelux-Staaten, der Bundesrepublik, Frankreichs und Italiens zusammenzuschließen und einer »Hohen Behörde« zu unterstellen, die über Produktion, Ausfuhren und Preise entschied (Montanunion vom 11. Januar 1952). Die deutsch-französische Aussöhnung mündete nach der Wiedereingliederung des Saarlandes in die Bundesrepublik (1957) schließlich am 22. Januar 1963 in einem Vertrag, der eine besonders enge Zusammenarbeit vorsah.

Die **Westintegration** *Adenauers* und damit das Streben nach mehr Souveränität hatte von Beginn an jedoch auch eine militärische Dimension, vor allem seit der Korea-Krieg die Sorge vor einer Bedrohung durch die Sowjetunion verstärkte. Eine ähnliche geopolitische Situation beschwörend – hier in Europa wie dort in Asien eine Konfrontation zwischen einem kommunistischen und einem demokratischen Teilstaat konstatierend –, warf *Adenauer* die Frage eines westdeutschen Verteidigungsbeitrags auf, dem die Westmächte schließlich zustimmten. Unter starken Protesten der Opposition, die nach einer Wiederbewaffnung die endgültige Festschreibung der Teilung Deutschlands befürchtete, und unter diplomatischer Negierung eines Angebots *Stalins* zu einer Wiedervereinigung, verbunden mit politischer Neutralität, wurde die BRD schließlich in den **Pariser Konferenzen** vom 19. bis 23. Oktober 1954 in die NATO aufgenommen.

Letztendlich führten die Pariser Verträge zu einer Neufassung des am 26. Mai 1952 abgeschlossenen »Generalvertrages« und damit zur Beendigung des Besatzungsstatuts und zur Auflösung der Alliierten Hohen Kommission, was am **5. Mai 1955** nach der Ratifizierung der Verträge durch den Bundestag und den Bundesrat feierlich proklamiert wurde. Logische Folge war der Beitritt der BRD zur NATO am 9. Mai.

Zwar hatte die BRD damit die (fast) volle Souveränität erreicht – die Alliierten behielten sich noch Rechte bezüglich einer Wiedervereinigung vor –, *Adenauers* **Politik der Stärke** hatte jedoch die Spaltung Deutschlands vertieft. Zwar kam es anlässlich eines Besuchs *Adenauers* in Moskau Mitte September 1955 zur Aufnahme diplomatischer Beziehungen zwischen BRD und UdSSR, die Berlin-Krise von 1958 um Zufahrtswege und Zuständigkeiten und schließlich der Bau der Berliner Mauer am 13. August 1961 belegten jedoch eindrucksvoll, dass jene »Politik der Stärke« die Wiedervereinigung nicht erzwingen konnte. »Alleinvertretungsanspruch« und ständiges Infragestellen des Status quo der Grenzen in Europa isolierten die Bundesrepublik zunehmend, während der internationale Entspannungsprozess voranschritt. Erst der Durchbruch einer ›neuen‹ Ostpolitik seitens der sozialliberalen Koalition seit 1969 konnte diese Selbstblockade aufheben.

1963–1966

Nach dem Rücktritt *Adenauers* am 11. Oktober 1963 war die kurze Regierungszeit von *Ludwig Erhard* als **Bundeskanzler** maßgeblich geprägt durch innenpolitische und wirtschaftlich-konjunkturelle Krisen. Hatte bereits die »Spiegel-Affäre« um einen angeblichen Landesverrat durch dieses Nachrichtenmagazin gegen Ende des Jahres 1962 zu einer Kabinettsumbildung und dem Versprechen *Adenauers* geführt, vorzeitig zurückzutreten, so bestimmte unter *Erhard* zunächst der am 20. Dezember 1963 eröffnete Prozess gegen zwan-

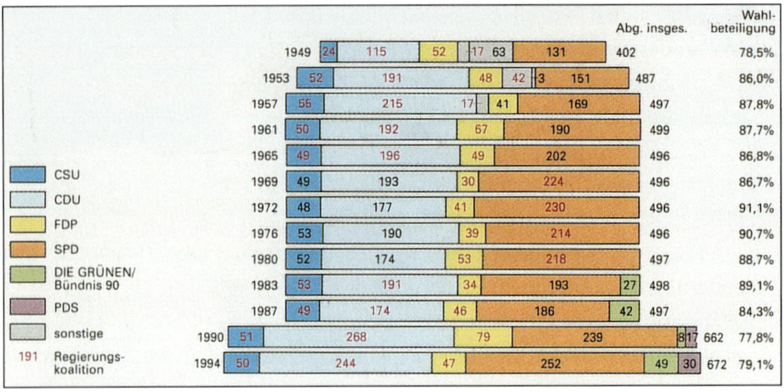

Die Ergebnisse der Bundestagswahlen bis 1994 im Überblick

zig ehemalige Aufseher des Konzentrationslagers Auschwitz die Diskussion in der Öffentlichkeit.

Dass ausgerechnet der als »Vater des Wirtschaftswunders« geltende *Erhard* nun als Kanzler die erste so genannte Wirtschaftskrise der Bundesrepublik zu meistern hatte, war schon kurios, zumal sie aus heutiger Sicht eigentlich auch gar keine war: Hatten sich die Bundesbürger in den 50er Jahren an ständig steigende Wachstumsraten und Löhne, an Vollbeschäftigung und kürzere Arbeitszeiten gewöhnt, so irritierte nun sogar schon eine Verlangsamung des Wirtschaftswachstums und hatte die sich ankündigende Rezession eine psychologisch geradezu niederschmetternde Wirkung. Dennoch konnte sich *Erhard* in den Bundestagswahlen vom 19. September 1965 (CDU/CSU: 47,6 %) in seiner Politik bestätigt fühlen. Da die FDP als eindeutige Verliererin der Wahl jedoch strikt gegen Steuererhöhungen als Mittel zum Ausgleich des Haushaltsdefizits war, platzte die Koalition einen Tag später.

1966–1969 Einen Tag nach dem Rücktritt *Erhards* wählte der Deutsche Bundestag *Kurt Georg Kiesinger* zum **Bundeskanzler** einer Großen Koalition aus CDU/CSU und SPD. Aber schon die Tatsache, dass sich diese Koalition auf die überwältigende Mehrheit von 447 Abgeordneten stützen konnte und ihr als parlamentarische Opposition nur die 49 Abgeordneten der FDP gegenüberstanden, rief eine zunehmend stärker werdende »Außerparlamentarische

Opposition« **(APO)** auf den Plan, die nicht nur den Funktionsverlust des Parlaments beklagte, sondern ein breites Unbehagen am politischen und gesellschaftlichen System der Bundesrepublik artikulierte.

Gelang indessen die erste Hauptaufgabe der Koalition, die Überwindung der wirtschaftlichen Krise, durch eine aktive staatliche Konjunkturpolitik und durch eine befristete Zusammenarbeit zwischen Unternehmerverbänden und Gewerkschaften in der »Konzertierten Aktion« recht gut, so provozierten andere politische Aktivitäten der Koalition Massenproteste der APO.

War eine der Wurzeln der APO die »Ostermarschbewegung« gewesen, die sich seit Beginn der 60er Jahre für eine allgemeine Abrüstung vor allem der Atomwaffen einsetzte, so bot nun die Wirklichkeit eines brutal geführten Vietnamkrieges seitens der US-Regierung, die die Freiheit und demokratischen Werte des Westens gegen den totalitären Kommunismus zu verteidigen vorgab, einen weiteren Ansatz zu fundamentaler Kritik. Zudem wurden im eigenen Interesse die Forderungen nach einer »Demokratisierung der Hochschulen« vehement vom Verband Deutscher Studentenschaften (VDS) und vor allem dem Sozialistischen Deutschen Studentenbund (SDS) vorgetragen, in denen es um die Abschaffung der alten »Ordinarien-Universitäten« und um Einführung einer Drittelparität von Professoren, Assistenten und Studenten in den Entscheidungsgremien der Hochschulen ging.

Kristallisationspunkt, konkretes und zentrales Ziel der Studentenbewegung (hier auch das der Gewerkschaften) war jedoch die Verhinderung der von der Großen Koalition geplanten **Notstandsgesetze**, die es im Falle eines inneren und äußeren ›Notstandes‹ ermöglichen sollten, bestimmte Artikel des Grundgesetzes außer Kraft zu setzen.

Als nach einem Attentat auf den wohl bekanntesten Studentenführer, *Rudi Dutschke*, am 11. April 1968 die schwersten Straßenunruhen in der Geschichte der Bundesrepublik ausbrachen, in zahlreichen Städten Hunderttausende von Menschen demonstrierten und

Rudi Dutschke bei einer Protestaktion in Berlin 1967

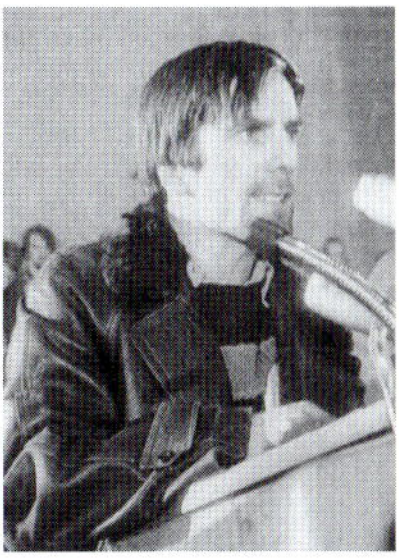

es dabei vor allem bei Übergriffen auf Redaktionen und Druckereien des Springer-Verlages zu teilweise blutigen Konfrontationen mit der Polizei kam, schien die APO vielleicht doch siegen zu können.

Trotz dieser Massenproteste verabschiedete jedoch der Bundestag am **30. Mai 1968** in dritter Lesung die Notstandsgesetzgebung, deren Gesetze schließlich am 28. Juni in Kraft traten.

Die Auseinandersetzungen um die Notstandsgesetze markieren den Höhepunkt der APO, aber bereits auch den Beginn ihres Zerfalls. Da die Gewerkschaftsführungen einen Streik gegen die Verabschiedung dieser Gesetze abgelehnt hatten, zerbrach das ohnehin spannungsvolle Verhältnis zwischen Gewerkschaften und Studentenbewegung. Zudem splitterte sich diese in eine Vielzahl politisch unterschiedlich ausgerichteter Kleingruppen auf, aus denen sich bald auch terroristische Kader wie die »Rote Armee Fraktion« (RAF) bilden sollten. Vor allem aber machten sich viele Aktivisten und Sympathisanten der APO auf den »langen Marsch durch die Institutionen«, wie *Rudi Dutschke* den (unrevolutionären) Weg zur Veränderung der Gesellschaft beschrieben hatte. Er selber starb am 24. Dezember 1979 an den Spätfolgen des Attentats.

Während Ende der 60er Jahre die westdeutsche Gesellschaft offener geworden war und sich immer mehr Menschen in politischen Fragen engagierten und die Einlösung demokratischer Grundsätze forderten, zeigte sich nach der Verabschiedung der Notstandsgesetze die Gemeinsamkeit der Großen Koalition bald erschöpft. Strittige Probleme waren vor allem die Deutschland- und Ostpolitik, also auch die Frage der Beziehungen zur DDR. Als am 5. März 1969 der Sozialdemokrat *Gustav Heinemann* mit den Stimmen der FDP zum Bundespräsidenten gewählt wurde, war klar, dass es zu einem politischen Führungswechsel in der BRD kommen konnte. Obwohl die FDP bei den Bundestagswahlen vom 28. September 1969 nur knapp die 5-Prozent-Hürde schaffte, kam es in der Tat zu einem »Machtwechsel«: Nach 20 Jahren Regierungszeit standen CDU und CSU in der Opposition.

1969–1982

Neuer **Bundeskanzler** einer **sozialliberalen Koalition** wurde am 22. Oktober *Willy Brandt,* als Vizekanzler und Außenminister amtierte der FDP-Vorsitzende *Walter Scheel,* womit bereits deutlich wurde, dass es nun vorrangig darum gehen sollte, die gemeinsamen Überzeugungen in der Deutschland- und Ostpolitik energisch in Verträge umzusetzen. In der Praxis bedeutete dies, dass Bonn bereit sein musste, mit der DDR zu verhandeln, diese also de facto anzuerkennen. Offiziell erklärte Bundeskanzler *Brandt* diese Bereitschaft am 28. Oktober, zudem kam es zu zwei Treffen zwischen *Brandt* und dem Vorsitzenden des DDR-Ministerrates, *Willi Stoph,* in Erfurt (am 19. März) und Kassel (am 21. Mai 1970). Vor dem Hintergrund einer internationalen Entspannungs- und Abrüstungspolitik, die nach der Kuba-Krise vom Oktober 1962 von den Großmächten eingeleitet worden war, konnte eine Verbesserung der Beziehungen zur Sowjetunion jedoch nur erreicht werden, wenn es seitens der BRD zu einer Anerkennung des territorialen Status quo in Europa kam, d. h., zu einer Anerkennung der Oder-Neiße-Linie als polnischer Westgrenze, aber auch der Grenze zwischen der BRD und der DDR.

Nach zügigen Verhandlungen geschah dieses zunächst im **Moskauer Vertrag** vom 12. August 1970, in dem nicht nur die Grenzen als »unverletzlich« anerkannt wurden, sondern sich zudem beide Vertragspartner auf einen »Gewaltverzicht« bei künftigen politischen Auseinandersetzungen festlegten.

Auch gegenüber Polen wurde ein ähnlicher Vertrag der Anerkennung der Oder-Neiße-Linie als Grenze abgeschlossen (**Warschauer Vertrag** vom 7. Dezember 1970), wobei es anlässlich des Besuchs des Bundeskanzlers in Warschau zu jenem denkwürdigen Kniefall vor dem Mahnmal für die Opfer des Warschauer Ghettos kam.

Willy Brandt am 7. Dezember 1970 in Warschau

Einen weiteren Schritt zur Entspannung in Europa bedeutete das **Vier-Mächte-Abkommen** vom 3. September 1971, da die Bindung zwischen West-Berlin und der Bundesrepublik durch die UdSSR bestätigt und damit der Transitverkehr vereinfacht und erleichtert wurde. Den Schlusspunkt in der Aussöhnung mit dem östlichen Nachbarn, der Tschechoslowakei, sollte der **Vertrag von Prag** vom 11. Dezember 1973 bilden.

Als sich jedoch – weniger in der publizistischen Öffentlichkeit als im Bundestag selber – nach Aufnahme von Verhandlungen zum so genannten **Grundlagenvertrag** zwischen der BRD und der DDR am 16. August 1972 der Widerstand gegen die »neue Ostpolitik« verstärkte und der Kanzler am 20. September die Vertrauensfrage im Bundestag verlor, mussten erst Neuwahlen am 19. November diese Entspannungspolitik bestätigen, so dass es am 21. Dezember schließlich zur Unterzeichnung eines Vertrages über die »Grundlagen der Beziehungen« zwischen der BRD und der DDR kommen konnte, in dem die Bundesrepublik den deutschen Nachbarn als gleichberechtigten und souveränen Staat anerkannte, seine völkerrechtliche Einschätzung als »Ausland« jedoch vermied. Diese vertragliche Aussöhnung wurde belohnt durch die Aufnahme beider deutscher Staaten in die Vereinten Nationen am 18. September 1973.

Der deutliche Zugewinn der SPD in den Wahlen, die erstmals in der Geschichte der Bundesrepublik stärkste Partei wurde, war aber nicht nur eine Bestätigung der sozialliberalen Koalition in ihrer Deutschland- und Ostpolitik, sondern auch in ihrer Politik der »inneren Reformen«, die vom Bundeskanzler in seiner Regierungserklärung am 28. Oktober unter dem Motto: »Mehr Demokratie wagen!« angekündigt worden waren. Auch wenn die Fülle der Reformvorhaben z. B. im Bildungswesen, im Umweltschutz, im Strafrecht und Strafvollzug, beim Ausbau der sozialen Sicherheit, bei der Monopolkontrolle und der Ausweitung der Mitbestimmung oder bei der Gleichstellung der Frau im Ehe- und Familienrecht in Teilbereichen nicht umgesetzt werden konnte, so leiteten diese doch eine überfällige Anpassung an gesellschaftliche Veränderungen und gewandelte Moral- und Wertvorstellungen ein.

Dem Rücktritt *Willy Brandts* nach Bekanntwerden der Spionagetätigkeit (für die DDR) seines Referenten *Günter Guillaume* folgte eine Umbesetzung des Kabinetts, das seit dem **16. Mai 1974** von **Bundeskanzler** *Helmut Schmidt* geführt wurde. Das nun geltende Motto der Regierung lautete »Konzentration und Kontinuität« und bedeutete vor allem, die Flut von eingeleiteten Reformabsichten durch das Kriterium ihrer Finanzierbarkeit zu kanalisieren. Dieses war auch dringend notwendig geworden, da die Wirtschaft seit dem Ausbruch der Ölkrise im Oktober 1973 in tiefe Schwierigkeiten geraten war.

In wirtschaftspolitischer Hinsicht verbrauchten sich jedoch zunehmend die Gemeinsamkeiten der Koalition: Im Hinblick auf die Senkung der Arbeitslosigkeit und die Belebung der Konjunktur stand die nachfrageorientierte Politik der SPD der eher angebotsorientierten Linie des wirtschaftsliberalen Flügels der FDP entgegen.

Dagegen kam es im Kampf gegen den RAF-Terrorismus zu naheliegenden Solidaritätseffekten, weit über das Regierungslager hinaus. Entführung und Ermordung von Repräsentanten von Staat und Wirtschaft durch die RAF sowie Überfälle auf Banken zur ›Geldbeschaffung‹ führten schließlich auch zu Änderungen im Rechtssystem (»Anti-Terrorismusgesetz« vom 17. Februar 1978), wobei sich insgesamt jedoch die Demokratie als »wehrhaft« behaupten konnte.

Als der SPD zusätzlich zu den Querelen in der Koalition gegen Ende der 70er Jahre vorrangig von Seiten der ökologischen Bewegung – erstmals gelang es einer »Grünen Liste« am 7. Oktober 1979 in ein Länderparlament (Bremen) einzuziehen – sowie durch »basisdemokratische« Bürgerinitiativen eine neue soziale Bewegung entgegenwuchs, sich zudem innerparteiliche Kritik am außen- und verteidigungspolitischen Regierungskurs artikulierte, war die Position des Kanzlers deutlich geschwächt. Ein konstruktives Misstrauens-

Die Selbstbezichtigung als inszenierter Tabubruch: Titelbild des »Stern«/ Heft 24 von 1971.

Zu den »inneren Reformen« der Regierung Brandt gehörte u. a. die Akzeptanz der Volljährigkeit ab dem 18. Lebensjahr (Gesetz vom 1. Januar 1975) sowie die Reform des § 218.

votum von CDU/CSU und FDP machte am 1. Oktober 1982 *Helmut Kohl* zum neuen **Bundeskanzler** einer **christlich-liberalen Koalition.**

1982–1990 Der Beginn der 16-jährigen Kanzlerschaft – wahrlich einer »Ära Kohl«, die erst beendet werden sollte mit den Bundestagswahlen 1998, bei denen es einer Koalition aus SPD und Grünen gelang, den Regierungswechsel herbeizuführen – bescherte der CDU/CSU bei den vorgezogenen Neuwahlen im März 1983 mit 48,8 % der Stimmen das beste Ergebnis seit 1957, während für die SPD der Abstieg unter die Vierzig-Prozent-Marke begann. Erstmals zogen die Grünen in den Bundestag ein.

Angetreten war die neue Koalition zwar mit dem Slogan, eine »geistig-moralische **Wende**« herbeizuführen, dennoch nahm die Unzufriedenheit der Bevölkerung zu. Das lag nicht nur an den unpopulären Einschnitten bei der Alterssicherung, im Gesundheitssystem und bei den Einkünften der Erwerbslosen, sondern vor allem auch an einigen politischen Skandalen, die dem Regierungslager angelastet wurden: So wurden etwa Verwicklungen von Mitgliedern der Regierung im »Flick-Parteispenden-Skandal« bekannt, in dem zwei führende Politiker sowie ein wichtiger Repräsentant der deutschen Unternehmerschaft rechtskräftig zu hohen Geldstrafen verurteilt wurden.

Trotz dieses allgemeinen Vertrauensverlustes gelang es der christlich-liberalen Koalition in wirtschaftspolitischer Hinsicht relativ gut, die technologischen Umbrüche in der Arbeitswelt und den zunehmenden Druck des globalen Wettbewerbs zu meistern, wenn auch zu Lasten einer steigenden Staatsverschuldung.

In außenpolitischer Hinsicht führte die Bundesregierung in den 80er Jahren die Deutschland- und Ostpolitik der sozialliberalen Koalition fort. Von besonderer Bedeutung war hierbei nicht nur die Weiterentwicklung der Integration der Europäischen Union, die die Bundesrepublik besonders zusammen mit Frankreich vorwärtstrieb (Inkrafttreten der »Einheitlichen

Der Bundeskanzler begrüßt Erich Honecker am 7. September 1987 in Bonn.

Der DDR-Staatsratsvorsitzende wurde mit allen staatsrechtlichen Ehren empfangen, was in den Augen der DDR-Führung den Prozess der Gleichberechtigung beider deutscher Staaten vollendete. Dabei trug die Regierung Kohl nur der realpolitischen Entwicklung Rechnung, die vor dem Hintergrund einer spürbaren internationalen Entspannung vor allem auf weitere innerdeutsche Abkommen und eine praktische Zusammenarbeit im Interesse der Menschen abzielte. Hierzu gehörte nicht nur ein neuer deutsch-deutscher Kulturvertrag, sondern auch eine Kreditvergabe in Milliarden-Höhe.

Europäischen Akte« am 1. Juli 1987), sondern auch die verstärkten Bemühungen um einen Dialog mit der DDR.

Als die Bundesrepublik im Frühjahr **1989** den 40. Jahrestag ihrer Gründung feierte, konnte niemand ahnen, dass das Thema der Wiedervereinigung so rasch auf der Tagesordnung stehen würde. Aber die Staat und Gesellschaft »revolutionär« verändernden Entwicklungen in der DDR gewannen in jenem Jahr eine sensationelle Dynamik, sodass auch die Bundesregierung nicht umhin konnte, diesen Prozess des politischen Umbruchs und der sich abzeichnenden Wiedervereinigung zu begleiten.

Im Nachhinein als »Kanzler der Einheit« tituliert, gab *Helmut Kohl* hierzu wesentliche Impulse, indem er etwa am 28. November 1989 im Bundestag ein »Zehn-Punkte-Programm« zur schrittweisen Überwindung der Teilung einbrachte, sich persönlich anlässlich der Volkskammerwahlen am 18. März 1990 für das konservative Wahlbündnis »Allianz für Deutschland« engagierte und am 15. Juli 1990 bei einem Besuch in Moskau mit *Michail Gorbatschow* eine Einigung über die Modalitäten einer deutschen Einheit erzielte.

Am 12. September wurden diese dann als das »Zwei-plus-Vier-Abkommen« vertraglich unterzeichnet, in dem Deutschland seine volle Souveränität zuerkannt wurde. Am 3. Oktober wurde schließlich mit dem Beitritt der DDR zur BRD die Wiedervereini-

Das wiedervereinigte Deutschland

gung formal vollzogen. *Helmut Kohl* war tags zuvor auf dem 38. Parteitag einer nun auch ›wiedervereinigten‹ Bundes-CDU mit 98,5 % als Vorsitzender bestätigt worden.

Die Entwicklung von SBZ und DDR bis 1990

Wie die Bundesrepublik, so war auch die DDR aus einem **Besatzungsregime** entstanden, das im Gegensatz zum Westen jedoch von Beginn an rigide die Umwandlung der Gesellschaft und des Staates nach dem Leitbild der UdSSR vorantrieb. Zwar war die 1946 neu formierte Sozialistische Einheitspartei Deutschlands (SED) zunächst noch keine Kaderpartei sowjetischen Typs, sondern eine Massenpartei (Mitte 1948 mit knapp 2 Mio. Mitgliedern), deren Vorstandsgremien paritätisch aus Mitgliedern der ehemaligen SPD- und KPD-Funktionäre besetzt waren. Allmählich setzte sich jedoch mit Hilfe der Sowjetischen Militäradministration (in) Deutschland **(SMAD)** der moskautreue Flügel durch, der die Partei bereits auf seinem 2. Parteitag vom 20. bis 24. September 1947 in Berlin zu einer »Partei neuen Typs« nach den ideologischen Grundsätzen der sowjetischen KPdSU umstrukturierte. Nicht anpassungswillige Sozialdemokraten (und auch Kommunisten) wurden verdrängt, und in der klaren hierarchischen Gliederung eines »demokratischen Zentralismus« hatten sich alle Parteimitglieder den Weisungen von oben unterzuordnen (Beschluss der 1. Parteikonferenz der SED am 28. Januar 1949).

Nun entpuppte sich aber auch die bereits sehr früh von der SMAD zugelassene Gründung anderer »antifaschistischer« Parteien wie der Christlich Demokratischen Union (CDU) am 26. Juni 1945 oder der Liberal-Demokratischen Partei Deutschlands (LDPD) am 5. Juli 1945 nur als Schein eines pluralistischen Parteiensystems, denn die SED beanspruchte innerhalb der nun formierten »Blockparteien« die Führung.

Eine ähnliche Rolle wie den Parteien wies die SED auch den großen Massenorganisationen wie dem Freien Deutschen Gewerkschaftsbund (FDGB; gegründet am 15. Juni 1945) und der Freien Deutschen Jugend (FDJ; gegründet am 27. März 1946) zu, die im Sinne *Lenins* als »Transmissionsriemen« zur Durchsetzung der kommunistischen Ideologie wirken sollten. Nach Gründung der DDR wurden Parteien und Massenorganisationen zur »Nationalen Front des demokratischen Deutschlands« unter Führung der SED zusammengeschlossen; ›Wahlen‹ fanden nunmehr nur noch auf »Einheitslisten« statt, auf denen man nur »Ja« oder »Nein« ankreuzen konnte. Die Auswahl der Vertreter und damit die Verteilung der Mandate erfolgte dabei nach einem festgelegten Schlüssel, bei dem die SED in der Regel deutlich bevorzugt war. Nicht von ungefähr gab es daher bei den Wahlen zur Volkskammer regelmäßig Traumergebnisse von fast 100 % Zustimmung zur Einheitsliste.

Anders als im Westen war der Neuaufbau der Verwaltungen der **Länder** gekennzeichnet durch eine weitgehende personelle Neubesetzung der Ämter, die wie fast jede Maßnahme in den ersten Jahren nach der NS-Diktatur mit der Beseitigung der Überreste des Hitler-Regimes begründet wurde.

Die Verwaltungsgliederung in SBZ und DDR

Tatsächlich erreichte die SMAD durch die rigorose Ausschaltung der Nationalsozialisten (bis 1948 etwa 520.000 Personen) aus dem öffentlich-politischen und beruflichen Leben eine weitgehende Entnazifizierung; allerdings wurden bei diesen »Säuberungen« im Gegenzug die entscheidenden Funktionen mit Kommunisten besetzt, die bald nicht nur die Verwaltung, sondern auch Justiz und Polizei kontrollierten.

In wirtschaftlicher Hinsicht war die Ausgangssituation der Länder in der SBZ alles andere als rosig. Nicht nur war die Zahl der erwerbsmäßig Ausgebildeten bei einer (vorläufig verbliebenen) Gesamtbevölkerung von 18,6 Mio. Einwohnern ohnehin relativ gering, erschwerend hinzu kamen die von der SMAD eingeleiteten gravierenden wirtschaftlichen Umwälzungen, die nicht nur einen Transformationsprozess in Gang setzen sollten, der auf den Aufbau des Systems der »sozialistischen Planwirtschaft« hinauslief, sondern zudem den umfassenden Anspruch der Reparations-Demontagen der UdSSR befriedigen sollten.

Hatte die bereits im September 1945 eingeleitete (erste) **Bodenreform**, bei der alle Grundbesitzer, die über 100 ha Land besaßen, enteignet worden waren und aus dem so geschaffenen Bodenfonds rd. 500.000 Personen (darunter knapp 120.000 Landarbeiter und 83.000 Flüchtlinge) eine Bauernstelle zuerkannt worden war, noch breite Zustimmung bei der Bevölkerung erhalten, so stieß die im Oktober 1945 eingeleitete **Industriereform** auf stärkere Ablehnung. Nicht nur wurde das gesamte Eigentum des deutschen Staates, der NSDAP und ihrer Amtsleiter durch die SMAD beschlagnahmt und ein Teil dieser (meist schwerindustriellen) Betriebe direkt in »Sowjetische Aktiengesellschaften« (SAG) umgewandelt, auch der Rest wurde nach so genannten Volksabstimmungen oder per Dekret in »Volkseigentum« überführt. Zwar war davon zunächst nur ein geringer Teil der fast 4.000 Betriebe betroffen, ihr Anteil an der Bruttoproduktion betrug 1948 aber immerhin rund 40 %. Hinzu kam, dass im Zuge der **Demontagen** bis Ende 1946 weit über 1.000 Betriebe, vor allem im Maschinenbau und der chemischen und optischen Industrie, abgebaut wurden, sodass sich nicht nur die Versorgungslage der Bevölkerung verschlechterte, sondern sich zudem auch kein den Westzonen vergleichbares Wirtschaftswachstum herausbilden konnte. Eine durch die SMAD am 23. Juni 1948 durchgeführte Währungsreform konnte daran nichts ändern.

1949 Nach dem Scheitern verschiedener Außenministerkonferenzen, der Handlungsunfähigkeit des Alliierten

Kontrollrates seit dem 20. März 1948 und dem sich abzeichnenden Scheitern der Berlin-Blockade forcierte die Sowjetunion nun ihre Strategie zur Schaffung eines eigenen Staates auf ihrem Besatzungsgebiet. Entsprechend der russischen Gesamtpolitik, die neuen Staaten Osteuropas in ihren Hegemonialbereich einzugliedern, wurde Ende **April** der »Rat für gegenseitige Wirtschaftshilfe« **(RGW)** ins Leben gerufen, gleichzeitig gab die UdSSR den Weg frei für eine zweite deutsche Staatsgründung: Am 29. Mai nahm der »Deutsche Volkskongress« – zunächst ›nur‹ als Reaktion auf die Entwicklung in Westdeutschland – die Verfassung für eine »deutsche demokratische Republik« an. Der vom Volkskongress gewählte »Deutsche Volksrat« konstituierte dann am **7. Oktober** in Berlin (Ost) die Deutsche Demokratische Republik und erklärte sich zur provisorischen Volkskammer, dem Parlament der DDR. Erster Ministerpräsident wurde *Otto Grotewohl*. An die Stelle der SMAD trat die »Sowjetische Kontrollkommission« (SKK) unter General *Tschuikow*.

Die **Verfassung** der DDR unterschied sich trotz ihres Anspruchs, die zwischen 1945 und 1949 aufgebaute »antifaschistisch-demokratische Ordnung« rechtlich zu fixieren, in den meisten Teilen nur wenig von den üblichen bürgerlich-demokratischen Verfassungen. In vielen Passagen diente sogar die Weimarer Verfassung als Vorbild. So stützte sich der Staat als »unteilbare Republik« zwar zunächst auf seine fünf »Länder« – zumindest bis zum 23. Juli 1952, als die Bildung von 14 Bezirken auf Grund des »Demokratisierungsgesetzes« verfügt wurde –, von Beginn an erhob er jedoch »zentralistische« Ansprüche mit einem Parlament, der »Volkskammer«, als »höchstem Organ der Repu-

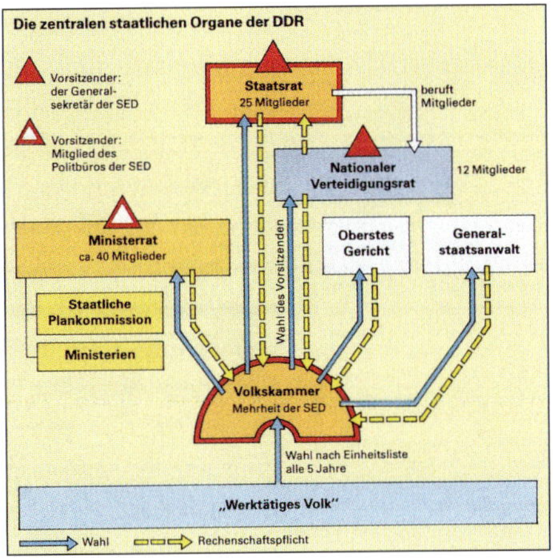

Die Staatsorgane der DDR entsprechend der Verfassung von 1949.

Neben einer Garantie der allgemeinen Grundrechte enthielt die Verfassung als Besonderheit auch den Art. 6, der nicht nur Glaubens-, Rassen- und Völkerhass unter Strafe stellte, sondern auch die »Boykotthetze gegen demokratische Einrichtungen und Organisationen« als »Verbrechen im Sinne des Strafgesetzbuches« definierte. Mit Hilfe dieses ›unscharfen‹ Artikels 6 konnte die SED in der Folgezeit durch entsprechende Auslegungen jede Form von Opposition strafrechtlich verfolgen lassen.

blik« (Art. 50). Diese tagte in unregelmäßigen Abständen mehrmals im Jahr. Zwischen den Tagungen nahm der »Staatsrat« die Aufgaben der Volkskammer wahr. Der an der Spitze des Staatsrates stehende Vorsitzende fungierte als Staatsoberhaupt, dessen Befugnisse sich jedoch vor allem auf den repräsentativen Bereich bezogen, auch nach außen hin (Art. 107).

Durch die Betonung der »höchsten« Macht im Staate für die **Volkskammer** sollte in Abkehr von dem Prinzip der »Gewalten(drei)teilung« in den so genannten bürgerlichen Verfassungen die »Gewalteneinheit«, d. h. eine Konzentration in den Händen der SED, sichergestellt werden, da diese durch eine festgelegte Zusammensetzung der Mitglieder der Volkskammer dort die klare Mehrheit hatte. Da alle politisch wichtigen Entscheidungen in den Gremien dieser Partei fielen – richtungsweisende Beschlüsse wurden vor allem im »Politbüro« der SED getroffen, das sich aus 20 bis 30 Mitgliedern zusammensetzte und wöchentlich tagte – und es zu ständigen Kontakten und personellen Verflechtungen zwischen Parteiapparat und Staatsapparat kam, war gewährleistet, dass die Prinzipien eines »demokratischen Zentralismus« zur Anwendung kommen konnten. Wichtigstes Instrument der SED zur Kontrolle des öffentlichen Lebens wurde jedoch das »Ministerium für Staatssicherheit« (**MfS**), das auf Beschluss der Volkskammer am 8. Februar 1950 gegründet worden war und als selbstständige Institution nur dem Politbüro der SED unterstand.

Die DDR verstand ihre Verfassung als Spiegelbild des jeweiligen Entwicklungsstandes ihrer Gesellschaft. Nachdem die 3. Parteikonferenz der SED im Juli 1952 den »planmäßigen Aufbau des Sozialismus« verkündet hatte, wurde dieser schließlich **1968** für abgeschlossen erklärt und am **9. April** die **Verfassung** zu einer »sozialistischen« verändert. Die DDR wurde nun als »sozialistischer Staat deutscher Nation« deklariert, die »unter Führung der Arbeiterklasse und ihrer marxistisch-leninistischen Partei« den Sozialismus vollenden wolle. Der in Artikel 1 nun staatsrechtlich festgelegte Führungsanspruch der SED wurde von der Volkskammer erst in der Schlussphase des revolutionären Jahres 1989 auf Druck der Massendemonstrationen am 1. Dezember wieder gestrichen.

Nach der Aufnahme beider deutscher Staaten 1973 in die UNO wurde die **Verfassung** am **7. Oktober 1974** erneut geändert. Nun betonte die DDR u. a. ihr »für immer und unwiderruflich« geltendes Bündnis mit der UdSSR und grenzte sich in »nationaler Selbstbestimmung« stärker von der Bundesrepublik ab.

1950–1971

Nach einer auf stalinistische Vorbilder zurückgehenden Umbildung des Parteivorstandes der SED Ende Juli 1950 wurde am 25. Juli mit der Konstituierung eines »Zentralkomitees« (ZK) *Walter Ulbricht* erster **Generalsekretär** der SED. Auf demselben Parteitag wurde der erste Fünfjahresplan verabschiedet – in der Folge abgelöst durch andere Mehrjahrespläne –, der nach sowjetischem Vorbild den »planmäßigen Aufbau des Sozialismus« gewährleisten sollte, wozu als zentraler Maßnahmenkatalog die »Überführung der Produktionsmittel« in das »Eigentum des Volkes« gehörte. Mitbestimmt wurde die Umgestaltung der Wirtschaftsstruktur durch die Eingliederung der DDR in den RGW (Rat für gegenseitige Wirtschaftshilfe) am 29. September 1950, der in den folgenden Jahren das östliche Pendant zum Marshall-Plan bzw. zur Europäischen Wirtschaftsgemeinschaft (EWG bzw. EG) werden sollte. Der Abschluss von Handelsverträgen sowie wissenschaftlich-technischen Abkommen vertiefte die wirtschaftlichen Bindungen der DDR mit den übrigen kommunistisch regierten Ländern, sodass bereits 1954 drei Viertel des Außenhandels der DDR auf den Ostblock entfielen.Voraussetzung für den Erfolg der **sozialistischen Planwirtschaft** in diesen

Walter Ulbricht, erster Generalsekretär der SED

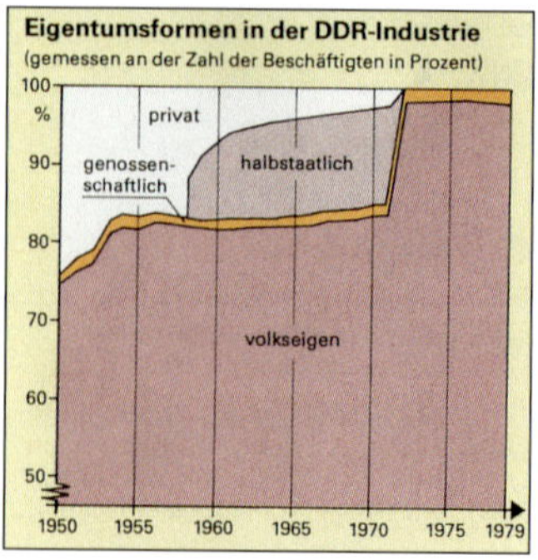

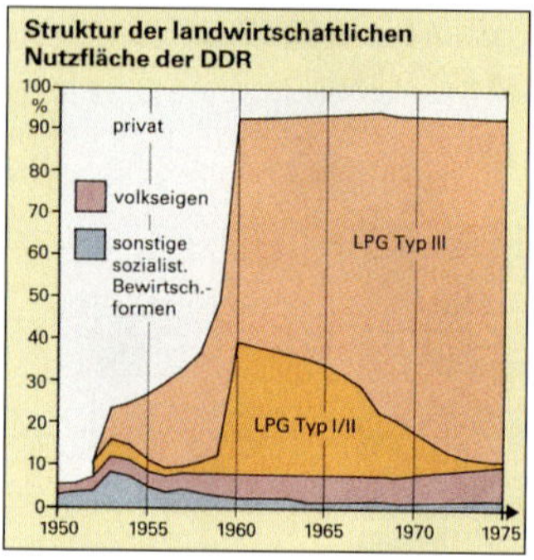

Die »Vergesellschaftung« in Industrie und Landwirtschaft.

Als Folge der veränderten Eigentumsformen wurden nicht nur neue Besitzverhältnisse geschaffen, es entstanden auch neue Sozialstrukturen, da sich die Zahl der Selbstständigen stetig verringerte und damit die direkte Abhängigkeit der Beschäftigten vom Arbeitgeber Staat immer weiter wuchs.

Jahren und auch später war die Ausweitung des staatlichen und genossenschaftlichen Anteils zum einen an den Industriebetrieben, zum anderen auch an den landwirtschaftlichen Produktionsformen. So nahm in der Industrie der Anteil der »Volkseigenen Betriebe« **(VEB)**, also des Staatssektors, ständig zu, sodass bis 1955 deren Zahl auf fast 6.000 Betriebe gewachsen war, deren 2,2 Mio. Beschäftigte mehr als 83 % der industriellen Bruttoproduktion herstellten. 1954 waren auch die letzten SAG-Betriebe von der Sowjetunion an die DDR übergeben und in den Bereich der VEB eingegliedert worden, was den Staatsanteil weiter vergrößerte. Doch nicht nur in der Industrie, auch in anderen Wirtschaftszweigen errichtete die DDR-Führung systematisch eine neue Eigentumsordnung: Der Großhandel ging fast völlig auf den Staat über, und auch der Einzelhandel veränderte seine Struktur. Der private Anteil sank hier bis 1955 auf weniger als ein Drittel.

Im Bereich der Landwirtschaft vollzog sich die »Vergesellschaftung« in zwei Phasen: Hatte die Durchführung der Bodenreform in den Jahren 1945–1950 noch dazu geführt, dass vorwiegend Großgrundbesitz enteignet und an Kleinbauern verteilt wurde, so kam es ab 1952 in einer zweiten Phase zu einer »Kollektivierung« mit der Bildung unterschiedlicher Typen »Landwirtschaftlicher Produktionsgenossenschaften« **(LPG)**, die bis 1960 fast 90 % aller Betriebe umfasste. In den Jahren danach verfolgte die Landwirtschaft der DDR vorrangig das Ziel, die Betriebsgrößen der LPGs zu steigern, was deren Zahl schließlich auf etwa 6.600 schrumpfen ließ bei einer durchschnittlichen Größe von rd. 820 ha (zum Vergleich: die durchschnittliche Betriebsgröße in der BRD lag in den 60er und 70er Jahren bei ca. 10 ha).

War der ›Umbau‹ von Staat und Gesellschaft in der

unmittelbaren Nachkriegszeit noch von manchen Sympathien begleitet gewesen, so trafen die tief greifenden Veränderungen in der DDR-Wirtschaft in den 50er Jahren zunehmend auf Unverständnis und Widerstände, denen man sich nicht nur durch Flucht in den Westen entzog.

So kam es nach einem Beschluss des ZK der SED vom 17. Mai **1953**, die Arbeitsnormen um durchschnittlich 10 % zu erhöhen – und das, obwohl die Partei- und Staatsführung nach dem Tode *Stalins* am 5. März »eine Reihe von Fehlern« eingeräumt und einige Zwangsmaßnahmen gegen Bauern und Selbstständige zurückgenommen hatte –, am 16. Juni zunächst zu Protesten von Bauarbeitern in Berlin (Ost), die sich jedoch am folgenden Tag zu Demonstrationen und Massenstreiks in fast allen großen Städten der DDR ausweiteten. Nur mit Hilfe sowjetischer Truppen konnten die Unruhen blutig niedergeschlagen und damit Regierung und Staat gerettet werden.

Während die Bundesrepublik diesen »Volksaufstand« vom **17. Juni** zu ihrem nationalen Feiertag, dem »Tag der deutschen Einheit«, erhob und den Weg der »Westintegration« konsequent fortsetzte, gliederte sich die DDR immer stärker in das östliche Blocksystem ein. Hatte ihr die UdSSR bereits am 25. März 1954 die »erweiterte Souveränität« übertragen, so wurde die DDR nach der Aufnahme der BRD in die NATO am **14. Mai 1955** militärisch in den **Warschauer Pakt** eingegliedert und die sowjetische Kontrollkommission in Ost-Berlin aufgelöst. Zwar blieben sowjetische Truppen in der DDR stationiert, mit Beschluss zur Schaffung einer eigenen »Nationalen Volksarmee« (NVA) am 18. Januar 1956 und der Unterstellung dieser Truppen unter das Oberkommando des

Die Fluchtbewegung aus der DDR in die BRD 1949–1990

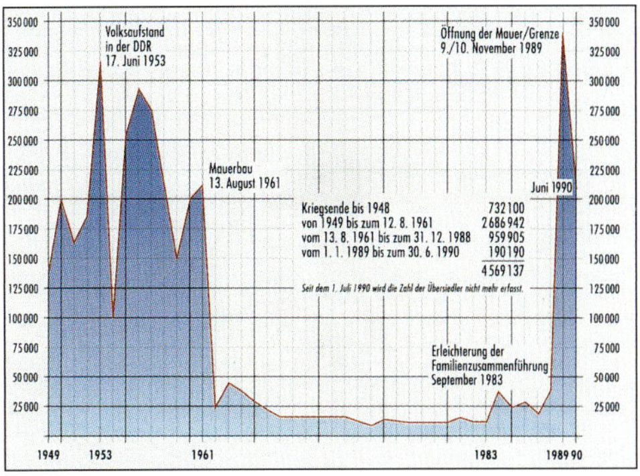

Warschauer Paktes unterwarf man sich aber auch stärker den außen- und sicherheitspolitischen Zielen der Sowjetunion.

Da diese unter *Chruschtschow* die internationalen Spannungen und vor allem den Druck auf West-Berlin erhöhte, kam es zu einem erneuten Anstieg der Flüchtlingsströme aus der DDR, was die ohnehin kritische wirtschaftliche Situation dramatisch verschärfte, da die meisten Flüchtlinge im arbeitsfähigen Alter waren. Um ein ›Ausbluten‹ des Staates zu verhindern, kam es deshalb mit Zustimmung Moskaus in der Nacht vom 12. zum **13. August 1961** zur Abriegelung Ost-Berlins durch Volkspolizei und NVA. Diese **Berliner Mauer** – fast drei Jahrzehnte *das* Symbol für die Spaltung der deutschen Nation – und die Anlagen an der Interzonengrenze zur Bundesrepublik wurden in den folgenden Jahren mit erheblichem Aufwand zu einer hermetisch schließenden Absperrung ausgebaut, an der auf der Suche nach Freiheit bis 1989 fast 500 Menschen ihr Leben lassen mussten.

Blick auf das ›abgeriegelte‹ Brandenburger Tor (Foto aus dem Jahre 1962)

Nicht überraschend wurden diese »Grenzsicherungsmaßnahmen« der DDR-Regierung tatsächlich die Basis für eine bis in die 70er Jahre hineinreichende Phase der inneren Konsolidierung des Systems. Wirtschaftliche Grundlage waren die vom 6. Parteitag der SED beschlossenen und vom Staatsrat am **15. Juli 1963** bestätigten Richtlinien zur Einführung des »Neuen ökonomischen Systems der Planung und Leitung« **(NÖSPL)**, die auf eine stärkere Dezentralisierung der wirtschaftlichen Entscheidungen abzielten. Zwar blieb es grundsätzlich bei einer staatlich gelenkten Wirtschaftspolitik, aber die Betriebe erhielten nun mehr Eigenverantwortung bei der Produktion, der Preisgestaltung und sogar bei den Investitionen; zudem konnte über materielle Anreize für die Leistungen der Arbeitnehmer die Produktivität erhöht werden. Die sichtbaren Erfolge dieser Wirtschaftsreformen trugen nicht nur dazu bei, dass die Bevölkerung eine gewisse Akzeptanz für das politische System entwickelte, da individuelle Leistung häufiger als früher mit beruflichen und sozialen Aufstiegsmöglichkeiten verbunden war, sondern auch dazu, dass die DDR-Volkswirtschaft zur zweitstärksten Industriemacht im RGW wachsen konnte, was durch günstige Rohstoffversorgung und Sicherung der Absatzmärkte gefördert wurde.

Als trotz der Reformen Ende 1970 Versorgungsschwierigkeiten im Konsumgüterbereich auftraten und *Ulbricht* nach der Niederschlagung des »Prager Frühlings« (einer sozialistischen Reformbewegung in der Tschechoslowakei), an der im August 1968 auch NVA-Truppen beteiligt gewesen waren, größere Eigenständigkeit gegenüber der Sowjetunion forderte, musste er auf Druck Moskaus am **3. Mai 1971** zurücktreten.

1971–1989

Seinem Nachfolger, *Erich Honecker*, seit 1976 auch **Generalsekretär** der SED, gelang es zum einen, bis Mitte der 70er Jahre sukzessive alle wichtigen Funktionen in Partei und Staat in seiner Hand zu vereinen und damit der mächtigste Mann in der DDR zu werden, zum anderen gingen durch den von ihm initiierten Kurs der »Einheit von Wirtschafts- und Sozialpolitik« erhebliche Wachstumsimpulse auf die Volkswirtschaft aus.

Erich Honecker

Getragen durch die innerdeutsche Annäherung in Form des **Grundlagenvertrages** vom **21. Dezember 1972** und wachsende internationale Anerkennung, gelang es bis Mitte der 70er Jahre u. a., die Industrieproduktion um 30 % zu steigern und die durchschnittlichen Löhne um 15 % anzuheben. Da gleichzeitig die Mieten und die Kosten für Grundnahrungsmittel und Gebrauchsgüter stabil blieben und aus arbeitsmarkt- und bevölkerungspolitischen Gründen insbesondere auch die soziale Lage der Frauen gezielt verbessert wurde, kam es zumindest nach außen hin zu einem breiten Arrangement mit dem politischen System.

Dass die innere **Distanz** zum »real existierenden Sozialismus« jedoch in einzelnen Fällen auch öffentlich wurde, zeigte z. B. die Ausbürgerung des Liedermachers *Wolf Biermann* (am 16. November 1976) als »Staatsfeind« oder die Verfolgung kommunistischer »Abweichler« und Systemkritiker wie *Rudolf Bahro* oder *Robert Havemann*. Insgesamt vermied allerdings die Bevölkerung (noch) eher die offene, aktive Auseinandersetzung mit einem System, das ihr bei ständiger Indoktrinierung auch ›Nischen‹ ließ zur Entfaltung persönlicher Freiräume in der Privatsphäre oder im Freundeskreis. Hinzu kam, dass die Neugier nach Informationen über den deutschen Nachbarn durch das »Westfernsehen« hinlänglich befriedigt werden konnte.

Da die DDR jedoch auch, um weitere internationale Anerkennung bemüht, die Schlussakte der »Konferenz für Sicherheit und Zusammenarbeit« **(KSZE)** vom **1. August 1975** unterzeichnet hatte, die die Einlösung zentraler »Grundfreiheiten« (wie der Reisefreiheit) forderte, geriet das politische System zunehmend unter Druck. Vor allem seit Beginn der 80er Jahre bildeten sich aus dem Protestpotential der jüngeren Generation kleine, unabhängige Gruppen, die sich unter dem Schutz der Evangelischen Kirche z. B. mit Fragen der Friedenssicherung oder des Umweltschutzes in der DDR beschäftigten. Deren Mitglieder, zumeist Akademiker und Studenten, engagierte Christen oder junge Künstler, artikulierten zunehmend öffentlich ihre Proteste, die allerdings eher auf einen Wandel des sozialistischen Systems als auf seine Beseitigung abzielten.

Um diesen Protesten zu begegnen, verschärfte der Staatsapparat, respektive das **MfS**, die Überwachung und Bespitzelung seiner Bürger, die mit Verhaftung, hohen

Zuchthausstrafen oder Ausbürgerung zu rechnen hatten. Seit Beginn der 80er Jahre stieg nach verlässlichen Quellen alleine die Zahl der »Hauptamtlichen Mitarbeiter« des MfS von knapp 75.100 (1980) auf rd. 99.000 (1989) Mitglieder. Dieser ohne rechtsstaatliche Schranken arbeitenden ›Stasi‹ waren noch jene »Inoffiziellen Mitarbeiter« (IM; 1989 ca. 180.000) hinzuzurechnen, die quasi alle gesellschaftlichen Bereiche bis in den Alltag der Bürger hinein engmaschig kontrollieren konnten. Aber auch diese Maßnahmen konnten den Zusammenbruch des Systems nicht aufhalten. Als die krisenhafte Zuspitzung der wirtschaftlichen Lage seit Mitte der 80er Jahre auch das tief verwurzelte Gefühl der Ohnmacht gegenüber jenen Herrschaftsmethoden verblassen ließ, mobilisierten sich große Teile der Bevölkerung und trugen zum Zusammenbruch des Staates bei.

Erich Honecker übergibt am 12. Oktober 1988 die angeblich dreimillionste Wohnung, die im Rahmen der Sozialpolitik der SED erstellt wurde. Tatsächlich waren bis dahin erst 1,92 Mio. fertiggestellt worden.

Obwohl die DDR bereits Ende der 70er Jahre, nicht zuletzt auch durch die beiden Ölkrisen als externe Faktoren, deutlich verschuldet war, wurde die von *Honecker* propagierte **Sozialpolitik** um des Erhalts der Loyalität der Bevölkerung willen fortgesetzt. Aber »strengste Sparsamkeit« bei Roh- und Brennstoffen, der Zwang zu teuren und umweltschädlichen Ersatzmaßnahmen (z. B. in der Braunkohlewirtschaft) und die Förderung von Renommierprojekten schufen immer neue Produktions- und Verteilungsprobleme, die wiederum die Versorgung der Bevölkerung verschlechterten. Zwar hatte *Honecker* auf dem letzten Parteitag der SED (1986) noch die Überlegenheit des Sozialismus über den Kapitalismus mit den hohen Steigerungsraten der Wirtschaft beweisen wollen, die ökonomische Realität sah anders aus: Die »sozialen

Errungenschaften« konnten nur durch hohe staatliche Subventionen gesichert werden, die wiederum wegen der Unproduktivität der DDR-Volkswirtschaft nur durch eine immer höhere **Verschuldung** im Westen finanzierbar waren.

Obwohl bereits seit Anfang der 80er Jahre bekannt war, dass auch die Sowjetunion vor erheblichen ökonomischen Problemen stand und der Staats- und Parteichef, *Michail Gorbatschow*, seit seinem Amtsantritt **1985** mit den Schlagworten »Perestroika« (Umwandlung) und »Glasnost« (Offenheit) grundlegende Reformen eingeleitet hatte, sah die DDR-Regierung keinen Grund, diesen Tendenzen zu folgen. Im Gegenteil: Hatte die SED noch gehofft, durch die Genehmigung einer Übersiedlung von 46.000 Bürgern in die Bundesrepublik in der ersten Hälfte des Jahres **1989** die »Ruhe im Lande« wiederherstellen zu können, so ließen Berichte über Wahlfälschungen bei den Kommunalwahlen am **7. Mai** die Opposition zunehmend selbstbewusster auftreten, da die Drohgebärden der Machthaber offenkundig ihre Wirkung verloren.

Als weitere Hunderte von Flüchtlingen über diplomatische Vertretungen der BRD in Ost-Berlin, Budapest und Prag flohen und Tausende den Weg in den Westen über Ungarn suchten, da dort die Grenzen zur DDR am **11. September** geöffnet wurden, verstärkten sich im

Gorbatschow (erste Reihe Mitte) und Honecker (rechts daneben) bei den Feiern in Berlin (Ost) am 7. Oktober 1989

Kampf um die Reisefreiheit (»Wir wollen raus!«) die Proteste vor allem in den Städten Berlin (Ost), Leipzig und Potsdam. Bei anhaltender Massenflucht und sich formierender Bürgerrechtsbewegung (u. a. »Neues Forum«, »Demokratie jetzt«, »Demokratischer Aufbruch«), deren Parole jetzt lautete: »Wir bleiben hier!« geriet die anstehende Feier zum 40. Jahrestag der DDR am **7. Oktober** zu einer selbstinszenierten Farce, die vor den Augen der Weltöffentlichkeit nur unter starken Sicherheitsvorkehrungen durchgeführt werden konnte.

Obwohl *Gorbatschow* in seiner Grußansprache die SED-Führung zu einer »Politik des Realismus und der Vernunft« aufrief und die Einleitung eines »Prozesses der Modernisierung und Erneuerung« anmahnte, war die Partei- und Staatsführung zu strukturellen Änderungen nicht in der Lage. Zum einen schwollen die Massendemonstrationen immer weiter an – seit dem Spätnachmittag des 9. Oktober in Leipzig erstmals ohne das gewaltsame Eingreifen der Bereitschaftspolizei –, wobei die Parole nun lautete: »Wir sind das Volk!« Zum anderen begannen ›Rückzugsgefechte‹ der SED, zunächst allerdings nur auf personeller Ebene: Auf der 7. Tagung des ZK der SED wurde am **18. Oktober** das Ende einer Ära verkündet; *Erich Honecker* musste zurücktreten und wurde durch *Egon Krenz* ersetzt.

Da jedoch der ›revolutionäre‹ Druck der Straße (u. a. in Leipzig am 30. Oktober und in Ost-Berlin am 4. November Demonstrationen mit jeweils etwa 500.000 Menschen) immer größer wurde, da es vor allem zu keinen substantiellen Verbesserungen im Reiserecht kam, musste schließlich am 7. November die gesamte Regierung zurücktreten. Noch wichtiger war jedoch, dass die am **9. November** verkündete **Öffnung der Berliner Mauer** (und der übrigen Grenzen) in einem rasanten Tempo das Thema der »Wiedervereinigung« unübersehbar auf die politische Tagesordnung brachte, und zwar im nationalen und internationalen Rahmen. Fraglich war nicht nur das Tempo, sondern auch das »Wie«. Während nämlich auf östlicher Seite unter der neuen Regierung von *Hans Modrow* (seit dem **17. No-**

vember) nicht nur die Trennung von Partei und Staat versucht, sondern das ganze Dilemma der unausgewogenen SED-Wirtschaftspolitik und der systematischen Bespitzelung durch das MfS bekannt wurde, diskutierte man im Westen zunächst noch auf der Basis des »Zehn-Punkte-Programms« von Bundeskanzler *Kohl* eine »Konföderation« als neue bundesstaatliche Ordnung, zumindest für eine längere Übergangszeit.

Hatten breite Kreise der Bürgerrechtsbewegung im Herbst noch versucht, durch Diskussionen in der Öffentlichkeit einen »menschlicheren Sozialismus« in der DDR – und damit den Staat selber – zu retten, so forderten die anhaltende Abwanderung der Bevölkerung und die neue Maxime: »Wir sind ein Volk!« nun andere Perspektiven. Einerseits institutionalisierte man die Oppositionsbewegung, indem man sie seit dem **7. Dezember** in einen **Runden Tisch** einband, wo sie mit Vertretern der Regierung zusammenarbeiten konnte, andererseits versuchte der Staat u. a. mit der Einführung der Gewerbefreiheit für Handwerks-, Handels- und Dienstleistungsbetriebe die Erosion der Volkswirtschaft zu stoppen.

Während sich der Einfluss der SED immer schneller abschwächte – Umbenennung sogar des Parteinamens am **15. Dezember** in SED-PDS (»Partei des demokratischen Sozialismus«) –, nahm die ›Einmischung‹ bundesdeutscher Parteien im Osten immer deutlicher zu. So war es nicht überraschend, dass bei den ersten freien **Wahlen** in der DDR am **18. März 1990** dank massiver Unterstützung durch Bundeskanzler *Kohl* die konservative »Allianz für Deutschland« mit 48,1 % nur knapp die absolute Mehrheit verfehlte und die SPD (21,8 %), die das Tempo einer Wiedervereinigung drosseln wollte, ebenso wie die PDS (16,3 %) deutlich auf die Plätze verwies.

Die von *Lothar de Maizière* (CDU) am **11. April** gebildete große Koalition (ohne die PDS) als letzte Regierung der DDR hatte nun vor allem damit zu tun, den seit dem **18. Mai** von beiden deutschen Staaten verabschiedeten Staatsvertrag über die Schaffung einer **»Währungs-,**

Wirtschafts- und Sozialunion« umzusetzen. Nicht überraschend brachte diese Einführung der freien (kapitalistischen) Marktwirtschaft am 1. Juli (und die Währungsumstellung) alles andere als »blühende Landschaften« *(Helmut Kohl)*, sondern zunächst eine drastische Verschlechterung der ökonomischen und sozialen Verhältnisse. Deshalb sah sich die Volkskammer der DDR nach intensiven Beratungen veranlasst, am **23. August** mit mehr als Zweidrittel der Abgeordneten zu beschließen, dass der Beitritt zur Bundesrepublik nach Artikel 23 des Grundgesetzes so rasch als möglich erfolgen sollte. Da für den sich anbahnenden Prozess der Wiedervereinigung die internationale Zustimmung eingeholt und der **»Einigungsvertrag«** am **20. September** vom Bundestag und der Volkskammer mit großer Mehrheit verabschiedet worden war, traten die wieder ins Leben gerufenen Länder Brandenburg, Mecklenburg-Vorpommern, Sachsen, Sachsen-Anhalt und Thüringen am **3. Oktober 1990** der Bundesrepublik bei.

Am Tag zuvor hatten die Bundestagswahlen in Ost- und West-Deutschland nicht nur den »Kanzler der Einheit«, *Helmut Kohl*, sondern auch die amtierende CDU/ CSU-FDP-Koalition mit fast 55 % der Stimmen deutlich bestätigt.

Die offizielle Feier zur Wiedervereinigung am 3. Oktober 1990 fand auch unter europäischer Flagge statt.

Neue Herausforderungen

Im Rückblick auf den (kurzen) Prozess der Wiedervereinigung Deutschlands bleibt festzustellen, dass die Initiative hierzu vor allem von einer großen Mehrheit der DDR-Bevölkerung ausgegangen ist. Im Westen wurden diese Impulse dann von den politisch Führenden (und den Medien) aufgegriffen und zu einer aktiven Deutschlandpolitik positiv verstärkt. Anders als 1870/71 ging der ›Vereinigung‹ von 1990 keine gesamtdeutsche Nationalbewegung voraus; jene ergab sich unerwartet aus dem Zusammenbruch des sowjetisch-kommunistischen Herrschaftsbereichs und der kausal damit verknüpften Revolution im Osten Deutschlands.

Trotz der Massenbewegungen in der DDR blieb die Wiedervereinigung selber aber eine »von oben«, denn die Möglichkeiten einer breiteren Volksbeteiligung bis hin zur Entwicklung einer neuen gesamtdeutschen Verfassung, die Artikel 146 des Grundgesetzes möglich gemacht hätte, wurden nicht ausgeschöpft. Nach der Feststellung des Mehrheitswillens der DDR-Bevölkerung in den Wahlen am 18. März handelten in beiden deutschen Staaten ausschließlich die Exekutiven. So ist das wiedervereinigte Deutschland in Wirklichkeit ›nur‹ eine »vergrößerte Bundesrepublik«, in der die nachhaltige Ausprägung einer einheitlichen Nation mit gemeinsamer politischer Kultur problematisch bleibt. Verantwortlich hierfür sind die dramatischen Folgen der Transformation der ostdeutschen Planwirtschaft in eine kapitalistische Wettbewerbswirtschaft westlicher Prägung, die nicht nur zu enorm hohen Arbeitslosenzahlen geführt hat, sondern auch zu tiefgreifenden Veränderungen im gesamten Alltagsleben der neuen Bundesbürger. Zwar brachte die Modernisierung der Infrastruktur und die ›Abfederung‹ der sozialen Härten für den »Aufbau Ost« manchen Fortschritt bei der Angleichung an die westlichen Standards, dafür bedurfte es jedoch außergewöhnlich hoher Finanzhilfen aus dem Westen.

Nicht von ungefähr fühlen sich nach den drastischen Veränderungen in den Lebensverhältnissen viele »Ossis« deklassiert und verklären in nostalgischer Erinnerung die DDR-Vergangenheit, während zahlreiche »Wessis« sich durch die Erwartungen ihrer Landsleute im Osten überfordert sehen, nicht selten auch gezeichnet von Intoleranz den Traditionen der ehemaligen DDR gegenüber.

Zu den neuen Herausforderungen im Inneren kommen auch solche von und nach außen. Das wiedervereinigte Deutschland ist kein Nationalstaat (mehr) im alten Sinne, für den die nationale Autarkie maßgebend wäre, sondern entsprechend der politischen Zeitläufte der letzten Jahrzehnte ein Staat, für den im internationalen Rahmen Kooperation und Integration alternativlos konstitutives Element seiner Existenz sind.

Birke, A. M., Nation ohne Haus. Deutschland 1945–1989; Berlin 1989

Blickle, P., Der Bauernkrieg, München 1999

Blumenthal, U.-R., Der Investiturstreit, Stuttgart 1992

Bracher, K. D., Die Krise Europas 1917–1975, Frankfurt/M. 1982

Christ, K., Geschichte der römischen Kaiserzeit, München 1988

Craig, G. A., Deutsche Geschichte 1866–1945, München 1980

Der Große Plötz. Auszug aus der Geschichte von den Anfängen bis zur Gegenwart, Würzburg 1992

Döll, E., Städte und Bürger im Mittelalter, Stuttgart 1992

Elias, N., Über den Prozess der Zivilisation, Frankfurt/M. 1973

Fischer, F., Griff nach der Weltmacht. Die Kriegszielpolitik des kaiserlichen Deutschlands 1914/18, Düsseldorf 1971

Fleckenstein, J., Grundlagen und Beginn der deutschen Geschichte, Göttingen 1974

Friedenthal, R., Luther. Sein Leben und seine Zeit, München/Zürich 1985

Gall, L., Bismarck. Der weiße Revolutionär, Berlin/Frankfurt/Wien 1983

Goetz, H.-W., Leben im Mittelalter, München 1986

Grab, W. (Hrsg.), Die Revolution von 1848/49. Eine Dokumentation, München 1980

Hillgruber, A., Die gescheiterte Großmacht. Eine Skizze des Deutschen Reiches 1871–1945, Düsseldorf 1984

Jacob, H., Kirchenreform und Hochmittelalter 1046–1215, München 1988

Kielmansegg, P., Nach der Katastrophe. Eine Geschichte des geteilten Deutschland, Berlin 2000

Kleßmann, Ch., Die doppelte Staatsgründung. Deutsche Geschichte 1945–1955, Bonn 1991

Kleßmann, Ch., Zwei Staaten, eine Nation. Deutsche Geschichte 1955–1970, Bonn 1997

Mieck, I., Europäische Geschichte der frühen Neuzeit, o. O., 1982

Nipperdey, Th., Deutsche Geschichte 1800–1866. Bürgerwelt und starker Staat, München 1983

Rürup, R., Deutschland im 19. Jahrhundert, Göttingen 1992

Schulze, H., Der Weg zum Nationalstaat – Die Nationalbewegung vom 18. Jahrhundert bis zur Reichsgründung, München 1985

Steck, G. (Hrsg.), Martin Luther. Studienausgabe, Frankfurt/M. 1970

Steininger, R., Deutsche Geschichte 1945–1961, Frankfurt/M. 1995

Stürmer, M., Das ruhelose Reich. Deutschland 1866–1918, Berlin 1983

Süß, W., Ende und Aufbruch. Von der DDR zur neuen Bundesrepublik, Frankfurt/M. 1997

Weber, H., Die DDR 1945–1990, München 1993

Wehler, H.-U., Das Deutsche Kaiserreich 1871–1918, Göttingen 1983

Wehler, H.-U., Deutsche Sozialgeschichte, 2 Bde., München 1987

Wollstein, G., Deutsche Geschichte 1848/49. Gescheiterte Revolution in Mitteleuropa, Berlin/Köln/Mainz 1986

Personenregister

Sachregister

Bildnachweis

AKG, Berlin 134, 143
Archives Départ. des Pyrénées-Orientales, Perpignan 31
Aus: Als Feuer vom Himmel fiel, hg. von Stephan Burgdorff und Christian Habbe, Bundeszentrale für politische Bildung, Bonn 2004 173
Aus: Anschläge. Deutsche Plakate im Spiegel ihrer Zeit 155 beide
Aus: BSV Geschichte, 3 N, hg. von Karl-Heinz Zuber und Hans Holzbauer, © Bayerischer Schulbuch-Verlag, München 1988 (S. 144, 202, 225) 129, 131, 183
Aus: BSV Geschichte 4 GN, hg. von Karl-Heinz Zuber und Joachim Conelissen, © Bayerischer Schulbuch Verlag, München (S. 85) 156
Aus: BSV Geschichte 4 N, hg. von Karl-Heinz Zuber und Hans Holzbauer, © Bayerischer Schulbuch-Verlag, München 1991 (S. 187, 192, 193) 203, 206 beide
Aus: Deutschland und die Welt nach 1945, © C. C. Buchners Verlag, Bamberg (S. 133) 207
Aus: Geschichte und Geschehen A 3, © 1996 Ernst Klett Schulbuchverlag GmbH, Stuttgart 122 unten
Aus: Geschichte und Geschehen A 4, © 1997 Ernst Klett Verlag GmbH, Stuttgart (S. 51, 184) 148, 192
Aus: Informationen zur politischen Bildung, Heft 227, München 1990 186
Aus: Informationen zur politischen bildung, Heft 258, München 1998 193
Aus: Zeiten und Menschen, Bd. 2, hg. von Hans-Jürgen Lendzian und Wolfgang Mattes, © 2001 Verlag Ferdinand Schöningh, Paderborn (S. 127) 41
Aus: Zeiten und Menschen, Bd. 4, hg. von Hans-Jürgen Lendzian und Wolfgang Mattes, © 2002 Verlag Ferdinand Schöningh, Paderborn (S. 123/124) 166, 167
Bayerische Staatsbibliothek, München 25
Biblioteca Vaticana, Rom 28, 35
Bibliothèque nationale de France, Paris 26
Bildarchiv Preußischer Kulturbesitz, Berlin 39, 77, 110, 111, 140
British Museum, London 47
Demag AG, Duisburg 117
Deutsches Historisches Musem, Berlin 106
Egerer Museum, Eger 69
Foto Marburg 24
Freies Deutsches Hochstift, Frankfurt am Main 81

Germanisches Nationalmuseum, Nürnberg 42
Herzog August Bibliothek, Wolfenbüttel 27
Michael Jeiter, Morschenbroich 15
Jürgens Photo, Berlin 211
Kunsthistorisches Museum, Wien 22, 85 (Foto: F. Meyer)
Landesbibliothek, Fulda 33
Österreichische Nationalbibliothek, Wien 53
Picture-alliance/akg-images 14, 32
Picture-alliance/dpa 195, 208, 209, 212, 215
Rheinisches Bildarchiv, Köln 89, 103
Staatsarchiv Augsburg 44
Stadtgeschichtliches Museum, Düsseldorf 93
Stadtmuseum München 189 unten
Stiftsbibliothek, St. Gallen 30
Süddeutscher Verlag, München 162 oben, 189 oben
The Nation, New York 165
Ullstein Bilderdienst, Berlin 176
Verkehrsmuseum, Nürnberg 120
© 2005 VG Bild-Kunst, Bonn 154
Walters Art Museum, Baltimore 124
Wartburgstiftung, Eisenach 60

Der Verlag hat sich bemüht, alle Rechteinhaber ausfindig zu machen. Leider ist dies in einigen Fällen nicht gelungen. Berechtigte Ansprüche werden selbstverständlich im Rahmen der üblichen Vereinbarungen abgegolten.